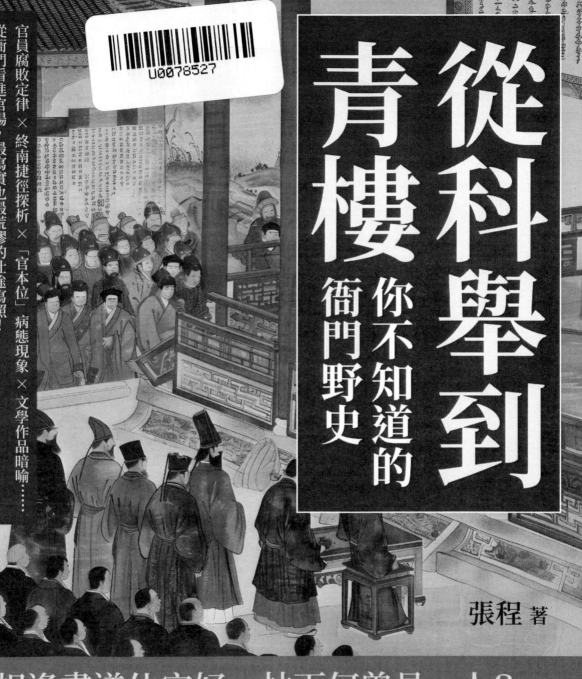

從科舉到青樓

你不知道的衙門野史

官員腐敗定律 × 終南捷徑探析 × 「官本位」病態現象 × 文學作品暗喻……

從荷枰看進官場，最寫實也最荒謬的士途寫照！

張程 著

相逢盡道休官好，林下何曾見一人？

十年寒窗既然那麼苦，苦到不一定有盡頭，怎麼還這麼多人擠破頭？

年少拚命讀書考取功名、為官後拚命左右逢源、年老了拚命在職位上死賴著……

當官到底好在哪？衙門內又是哪種光景？

簡單來說：流水的王朝興替，鐵打的官僚體系！

目錄

第九章

拍案：小說和筆記中的衙門生態

後記

附錄：清代官職表

序

梅毅（著名歷史作家、講壇節目主講人）

衙門口是一個奇妙的地方。站在衙門口往裡看，可以看到官場百態，看一個個官員粉墨登場；站在衙門口朝外看，可以看到世態炎涼，看社會如何圍繞著衙門運轉。看不懂沒關係，所謂「內行看門道，外行看熱鬧」，在衙門口看到的一幕幕，保證精彩。

現在，我的老朋友張程就選擇站在衙門口，對著讀者諸君大談特談古代衙門和官場中人。他談了衙門和官吏的各方面，大到王朝的官制，小到官員轎子的規格，每個方面都獨立成章，又在邏輯上緊緊相扣，最後組成了這本很好看、很耐看的書。這裡面的內容，表面上都在談古代官場，談古代官員的工作和生活，實際上，它在談衙門在古代社會的巨大影響，談了古代中國人對官場的追捧和無奈。

一開卷就直言「科舉考場通向官場」，古代社會對科舉的痴迷就是對官場的痴迷，接著分章節介紹了古代人該如何進入官場，進去後怎麼生活、怎麼工作、怎麼退休，以及退休後的待遇和晚景。把這些內容串起來，就是古代官員的一生了。之後，書中闢出三章，介紹在衙門裡流傳的「官場病」、「衙門規律」和從古代筆記、小說中挖掘的官場案例。如果哪位讀者設身處地，把自己嵌進去，說不定能過一把在古代當「官老爺」的癮。

我以前看到過不少講古代官場的圖書，其中多數是浮躁的出版商找

人拼湊或者「編著」的，內容不忍細看，更不能當真。也有一些是象牙塔中的先生們的大作，一寫出來就準備束之高閣，或者當做「著作等身」中的一本。多數讀者看不懂，也看不下去。但是，張程這本書不同，既通俗又不失嚴謹，既扎實又不枯燥晦澀。張程是政治系出身，又是近年來頗為活躍的青年歷史作家，寫的東西有學院氣，又兼顧了讀者的閱讀喜好。他不是為了寫衙門而寫，而是想把衙門寫好，把衙門裡的古人寫活，從正史、野史、趣史中拉出了不少有趣的人和事來搖旗吶喊，來說服讀者、吸引讀者。

看了後記，我才知道，在這本書中「正史與小說、典故與白話、權力爭鬥和制度變遷、政治史和社會史並肩而立，讀者們可能穿梭在達官顯貴、下僚小吏、落第士人、隱士僧侶甚至市井小民中間，徜徉在不同的朝代和林林總總的衙門之間」。我特意閉上眼睛回顧了一下剛剛瀏覽的內容，還的確有那麼一點「徜徉」在古代市井中的味道。

這趟「徜徉」的感覺是沉重的。衙門制度（官僚制度）是歷史的一大特產，這個制度的弊端和成就一樣明顯。「腐敗就是政治的頑疾，像癌症一樣無法根治」、「官衙的後門直通造假工廠的正門」、「論資排輩的升遷環境，也迫使官吏們要少做事、少出錯，爭取『無災無病到三公…』」唯上和圓滑的古代官風、戀棧不去的老官僚等等，無不指出古代官場的弊病。而種種官場病態的集大成者就是瀰漫中國封建社會的「官本位」思潮。

由此，這本書深入到了社會層面。張程最近從社會史的角度看中國歷史變遷。這也是現在歷史圖書市場的一大寫作趨勢。

是為序。

第一章

科舉：古代官員的考取途徑

　　清朝某年的江蘇鄉試，應考的考生中有位拄著枴杖的老秀才，擠在入場的人群中蹣跚而行，引人注目。主考官仔細打量這名老秀才，大吃一驚：這不是當朝內閣學士兼禮部侍郎王鳴盛的父親王爾達嗎？他忙走上前勸王老秀才說：「老伯正當頤養天年，不必來吃這苦了。」王爾達正色說：「你錯了，大丈夫奮志科名，應當自己取得，如果藉著兒孫之福，自暴自棄，我深以為恥。」王爾達的這份執著在科舉時代贏得了一片讚嘆聲。這片聲音的背後隱藏著全社會對科舉功名的尊崇和追求。科舉入仕是千年官場的正途，如果一個人不是透過科舉而是透過其他途徑做的官，即使位極人臣也覺得是個遺憾。晚清名臣曾國藩 28 歲時以第三甲四十二名的成績考中了進士，應該說年輕有為，很拿得出手。但曾國藩卻對此耿耿於懷，引為終生憾事。為什麼呢？他嫌自己的名次太低了。

　　要想考察中國古代官場和官場中人，科舉是繞不開的話題。科舉引得無數讀書人競折腰，皓首窮經，孜孜以求，進而塑造了讀書人的言行操守。科舉不僅僅是讀書人入仕的許可證、做官的敲門磚，還滲入官員的交往進退、宦海沉浮；它不僅僅讓士大夫們沉溺其中不能自拔，還像是一張大網包裹住社會的各方面。科舉考場直接通向官場，對科舉的痴迷就是對官場的痴迷，對功名的追求就是對官位的追逐。科舉網絡對社會的包裹，其實就是官本位思想在社會的氾濫。因此，科舉不單單是一項政治制度，還擴散為了政治的背景因素。

第一節
科舉還算是個好東西

　　知識分子面臨的首要問題是什麼？是如何實現個人價值。讀書人空懷滿腹經綸，徒有一腔抱負，沒有實現的途徑，什麼都白搭。現代人實現個人價值的途徑很多，可以經商致富，橫跨農工商各業，用金錢來衡量自我價值；可以投身藝術，在歌舞、書畫、戲曲或者工藝美術等領域裡馳騁，張揚個性，追求精神滿足；還可以教書育人，在學術殿堂中著書立說乃至開山立派。然而，古代讀書人的途徑很窄。你去經商，官府對你徵收繁重的稅賦，將你視為不穩定的低等階層，老百姓則認為「無商不奸」，把經商致富的人視為「暴發戶」、「為富不仁」；你去做工匠、畫畫賣字或者作曲唱戲，別人視你為賤民，和乞丐同流，還要連累得子孫後代都抬不起頭來：你去教書育人做學問，可是官學都是政府興辦控制的，裡面品級森嚴，儼然一個小官場，去教私塾則要仰人鼻息，為生計奔波，很難安心做學問。於是，古代讀書人可選的道路幾乎只剩一條：做官去！只有做官才能獲得施展才華的平臺，才有可能讓理想化為現實。

　　有人說，我不當官，我去做和尚道士，或者歸隱山林，總可以吧？且不說大多數的人達不到出家或者歸隱的境界，就算達到了你也還要解決兩個問題：一個是要官府的人承認你的身分，發個度牒給你，不然的

話你就是「野和尚」、「遊方道士」。一個是解決吃穿用度的溫飽問題。東晉末的陶淵明是讀書人歸隱的先驅、千年聞名的隱士，可是除了最初的三四年光陰，陶淵明歸隱的大部分時間生活窘迫，最終在飢寒貧病中死去。沒有「阡陌縱橫」的經濟基礎，世外桃源只能是個傳說。在古代，出家和歸隱更多的是讀書人自我炒作、自抬身價求官的終南捷徑。

所以，如果古代讀書人不想蹉跎一生、無所作為，就必須去做官。士（讀書人）和仕（做官）合而為一。儒家宗師孔老夫子就在仕途上孜孜以求，三日見不到君主就有惶惶不可終日之感；亞聖孟子更是大呼能幫助君主治亂平天下的，「捨我其誰」。孟子進一步說明：「士之仕也，猶農夫之耕也。」「士之失位也，猶諸侯之失國家也。」（《孟子‧滕文公下》）比兩位聖人晚些時候的蘇秦刻苦學習，留下了「刺股讀書」的典故，他稱得上是學識淵博、能力出眾，但長期沒有官做，生活窮困潦倒，「羸縢履蹻，負書擔橐，形容枯槁，面目黧黑」，連父母兄嫂都不理他，真可謂是孟子所說的無地流民、亡國諸侯。待到遊說諸侯成功，蘇秦身掛六國相印衣錦還鄉，父母張樂設飲提前走了三十里地迎接兒子。嫂子更是匍匐在地長跪不起。蘇秦問嫂子：「大嫂，妳為什麼前倨後卑，態度反差這麼大？」

嫂子回答：「因為小叔子現在做了相國，地位尊貴，有萬貫錢財啊！」蘇秦不禁感嘆：「讀書人貧困的時候，父母不把你當兒子看；發達了以後親戚都來巴結你。人生在世，權勢地位的力量真是強大啊！」有沒有做相國，並沒有影響蘇秦的學問才能，但決定了蘇秦的生活境遇，決定了他能否實現心中的抱負。秦漢以來，做官更是成為衡量讀書人貴賤榮辱和人生價值的唯一標準，成為他人對待讀書人的最主要考量因素。

讀書人全往仕途上擠，那麼什麼樣的人才能當上官呢？

　　最初的官位是世襲的。一個人的家庭出身決定了他的政治地位，王公卿士世代壟斷官職。平民子弟想要躋身官場就必須付出極大的努力，建立傲人的功績。西漢之後，徵辟制興起，成為世襲制的補充。朝廷可以徵召地方賢才，官員可以薦舉孝子廉吏做官。徵辟制為官場選取了部分德才出眾的官吏。但這樣的操作缺乏透明度，徵辟的標準操於權貴之手，得官的人數也很少，對改變平民子弟的政治地位幫助不大。徵辟制到魏晉時代被九品中正制所代替，人才被分為上中下三等九個級別，分別授予官職。權貴家庭把持評定，相互攀附，出現了「上品無寒門，下品無世族」的局面，形成了變相世襲的門閥政治。平民子弟的入仕途徑依然窄小，改變社會地位的可能性不大。權力壟斷官位分配，導致大批身體羸弱、不識五穀、畏馬如虎的世族子弟二十歲就能登殿入閣，而普通人家子弟即使才能出眾，年過三十也僅可補為刀筆小吏，從底層做起。這是不公平的，也不利於政治體制本身的新陳代謝。

　　在這樣的背景下，隋唐科舉制的橫空出世，無疑是歷史的進步。科舉開放了政權，摒棄了出身、地域、年齡等等外在因素，只考量個人學識，允許所有人自由競爭。所有想做官的人，只要能通過統一的考試就能入仕；相反，即便是王侯子弟，考試失利也只能做一輩子平民百姓。這就排除了權力因素的干擾，限制了既得利益集團，在理論上實現了公平公正。同時，考試剔除了那些不學無術的紈褲子弟和碌碌無為的庸才，能為政治體制補充高素質的官吏。這對政治體制的高效運轉和長遠發展是有益的。所以，科舉制設計秉承的公平公正原則和擇才而用的做法，相對之前各項入仕制度有著巨大進步。

　　從制度誕生直到 1905 年的一千三百年間，科舉制在中國雷打不動。

　　皇帝可以換，王朝可以變，甚至統治民族也在變，但開科取士的做

法幾乎沒人變過。可見科舉有它存在的理由。它以開放的姿態，高舉公平公正的旗幟，給所有人入仕的希望。希望在，夢想就在，就有大批人甘願困守其中，支持這項制度。

然而，科舉制在發展過程中產生了嚴重的問題，最終將自己逼上了死亡的懸崖。（1905 年，科舉制被廢除了，但公平公正、擇才而用的考試用人制度並未廢除。）

首先，科舉在歷史長河中附著的越來越多的技術性規定，侵蝕了擇才而用的制度核心，日漸偏離選賢用能的初衷。每一項制度設計的理念總需要具體的規章細則去落實，總需要配合時局、人事各方面的變動而調整。這便產生了種種技術性的規定。這些後生的技術性規定會逐漸擺脫人們的控制，沿著自身的邏輯獨立發展下去。

幾百年後，人們回頭看看某項制度，總會發現它和最初的設計並不吻合。具體到科舉身上，它後來發展出來的眾多規定中最受人詬病、對它傷害最深的就是「八股取士」。

科舉前期，考試文章允許自由發揮，並沒有固定要求。這就使得評判考生文章的優劣難度很大。考生的觀點、體例、行文習慣不同，考官們的標準也不同，總達不成人人滿意的結果。整體而言，文辭華麗、行文流暢又有家學積澱的文章比較受歡迎。這種百家爭鳴、沒有統一標準的局面到明太祖朱元璋時期得到了逆轉。朱元璋是從社會最底層打拚上來的草根皇帝，講究實用且帶有較濃厚的平等思想。據說他主持科舉考試和聽取大臣匯報的時候，總覺得儒生出身的大臣們寫的文章華而不實、言之無物，堆砌的文辭和接連的典故讓他抓不住重點。於是朱元璋萌發了統一文章體例格式的念頭。也有說法是之前的科舉考試有利於權貴富裕人家的子弟出頭（他們往往熟悉政治話語、家學基礎良好），而不

利於文筆樸素、不事雕琢的貧寒人家子弟，朱元璋從平等的角度出發，規定了大家必須寫同樣規格、同樣內容的文章，盡可能地去除家庭基礎對考生的影響。朱元璋規定的標準文章就是「八股文」。

八股文有很多硬性要求。比如，文章的題目只能出自四書五經，選取其中的句子或者段落為題。考生們也必須根據四書五經的精神作答。朱元璋原來想冒認南宋理學大師朱熹為祖先（他自己的祖先拿不出手），大臣們趕緊勸諫說朱熹的年代離得太近了，不適宜當王朝的祖先。認祖不行，朱元璋就捧出朱熹對四書五經的解釋來，作為全國讀書人學習和考試的教科書。朱熹那些並不成熟或者零散的隻言片語，搖身一變成了金科玉律。舉子們只能運用朱熹之說，連繫題義闡述道理。文章的格式也被限制得很死。全文分幾個部分，每個部分怎麼寫、用什麼句式，哪一句話亮出觀點，哪一句話是引用都有規定。文章的主要部分分為起股、中股、後股、束股四個段落，每個段落要各寫兩段，因此得名八股文。這八個段落的句法、字數都是有限制的，每一股的內容必須要有一正一反、一虛一實、一淺一深的對比。如此一來，考官的工作量大為降低，一眼就把卷子看得清清楚楚。但如此千篇一律的應試文章能反映出考生的真才實學嗎？

朱元璋的出發點是好的，但他高度規範的文章要求遇到現實趨利的中國人就變了樣。八股文很快墮落為死板、保守的牢籠。讀書人聚精會神地研究八股文的格式、句法，將四書五經和朱熹文章從頭背到尾，什麼秦歌漢賦、什麼唐詩宋詞都拋之腦後，更毋論民心國情了。每次考試結束，高中者的文章便被收集彙編起來出版售賣。讀書人奉之如寶，逐字逐句研究。因為四書五經中可出試題的句落有限，有錢人更是在考試前聘請八股高手押題、寫文章，然後為子弟們開「輔導班」、「加強班」，

專門背誦這些押題文章應考，竟然屢屢有得手考中的。

　　清朝名人王士稹說過一則沉重的笑話：有個後輩書生在讀《史記》，本鄉一位前輩進士過來問他：「你在讀什麼書？」書生說：「《史記》。」進士問：「誰寫的？」書生回答：「司馬遷。」「司馬遷是哪年的進士啊？」「司馬遷是西漢太史令，沒有功名。」進士不悅，說：「原來沒有功名啊！那我拿他的書來看看。」他拿過《史記》翻了幾頁，扔在一旁說：「此書於科舉無益，看它做什麼？」

　　由此可想而知，八股取士選擇的大多是死背少數幾本書，只會寫八股文的書呆子。明清筆記留下了許多又呆又木，生活了無情趣，更無動手辦事能力的八股高手的形象。朱元璋爭取平等和提拔實幹人才的本意算是徹底落空了。

　　徐大椿的《道情》對八股高手有形象的描述：「讀書人，最不濟。爛時文，爛如泥。國家本為求才計，誰知道變作了欺人技。三句承題，兩句破題，擺尾搖頭，便道是聖門高弟。可知道『三通』、『四史』，是何等文章？漢祖、唐宗，是哪一朝皇帝？案頭放高頭講章，店裡買新科利器。讀得來肩背高低，口角噓唏，甘蔗渣兒嚼了又嚼，有何滋味！辜負光陰，白白昏迷一世。就教他騙得富貴，也算是百姓朝廷的晦氣！」顧炎武曾憤慨地說：「八股盛而《六經》微，十八房興而二十一史廢。」「愚以為八股之害，甚於焚書。」焚書坑儒活埋的只有數百人，而八股取士禁錮的是數百年讀書人的智商和精神。

　　發展到最後，連皇帝本人也看不下去了。光緒皇帝有一次親閱進士考卷，發現大多數考卷雷同，毫無用處，不禁感嘆說：「以這種方式錄用人才，也難怪學非所用。」（《清稗類鈔》）除了八股文外，還有其他技術性規定與擇才而用的本意背道而馳。比如清朝中期後規定科舉文章的字數以

700 字為限，不能超過；又比如科舉考試閱卷的時候偏愛卷面整潔、筆跡工整的卷子，帶動讀書人耗費許多精力去練習楷書和行文布局。清朝中期後歷屆高中者無不寫一手工整規矩的楷書。尤其不應該的是，道光朝後對文字筆畫吹毛求疵，一豎沒寫直、彎鉤沒提好等細枝末節都能成為落榜的理由。至此，考試淪落為書法遊戲，與考生的思想見解無關了。

　　除了技術性規定外，權力因素逐漸攻占科舉的各方面，埋葬公正公平原則。

　　科舉興起，權力因素在理論上被排除在外，但在實踐中始終虎視眈眈，一有機會就滲透進來。考慮到科舉關係國家權力要交給何人掌握，關係到王朝的長治久安，歷朝歷代都將科舉制度視為天下政務的「根本」，上級重視、制度嚴密、獎懲鮮明。科場舞弊卻治而不絕，從未斷過。《清稗類鈔》的訟獄類開頭就是大量的科場舞弊案子，犯案者奪名、殺頭、抄家、全家罰作奴僕。可是犯案者依舊前赴後繼。科舉的成功是維繫和擴大權力的正途，是獲取衍生權力和收益的起點，值得一代代人以身試法、以命相搏。

　　明清科舉徹底被權力因素所攻陷。《清稗類鈔》向我們展示了清朝科舉的實際情況：每科五六月間，是確定正副考官、同考官的時候。北京城和各省省城就炸開了鍋，有權有勢者開始預作準備，或晉謁，或賄賂已經或可能成為考官的官員。考生入場的時候，正副考官自己中意要錄取的門生親友、監考官員暗中答應錄取的考生，再加上達官貴人們塞條子打招呼要求錄取的考生，如麻如粟，占去了大部分的名額。考官們與其是在閱卷，不如說是在權衡各方關係。關係戶很多，錄取名額有限，考官們必須反覆推敲，比真正按照真才實學來評定高下更加辛苦。他們先按照打招呼的人的官爵高低來錄取囑託的關係戶，如果官爵一樣高，那就先錄取升

官潛力大、黨羽多的人囑託的關係戶；其次是按照賄賂的多少來錄取關係戶，如果考生給的錢一樣多，那就兼顧一下名聲的高低、答卷的優劣。最後的錄取名單，寫上那些必須錄取的考生之後就沒有幾個名額了，再挑選幾個有真才實學的孤寒考生，列名其上，以塞人口。

順天府的科舉，因為地赴京師，弊端最深。順天府科舉的正副考官和同考官們，一般是京城裡的高官顯貴，不用皇帝公布名單人們也能猜個八九不離十。有能力者早早地就針對這些人進行巴結賄賂，「輦金載寶，輻輳都下」，「按圖而索」，「萬不失一」。

最後，《清稗類鈔》的作者徐珂承認：「銓政（指科舉取士）縱極清平，能免賄賂，不能免人情。」這裡的「人情」指的是中國社會廣泛存在的關係網絡、泛化的權力關係。人情比赤裸裸的賄賂屬害，考官未必會收賄賂，但他怎麼樣都擺脫不了泛權力的網絡——事實上，很多關係戶並沒有向考官行賄。高官子弟往往不需要向考官行賄，就能在考試中受到照顧。而一些富商子弟，即便是送了錢，也不一定能金榜題名。為什麼？因為考官也是官，處於權力網絡之中，受到種種關係的制約，也需要維繫和擴大權力和地位，「雖未必盡納財賄，而欲結權貴樹黨援之心則同」。「人情」不能免，也就意味著權力因素始終影響著科舉選官，扼住了官場准入的咽喉。

在仕途門口，貧寒子弟和普通人家的孩子們又一次成了弱勢群體。

科舉的第三個大問題是助長了讀書人的利祿之心，只知有舉業功名，不知有天下和百姓，只知有官爵品級，不知有人格和善惡，進而連累全社會瀰漫著濃郁的官本位思想。功名惡化為評判人生價值的唯一標準，腐蝕了社會的道德良知。一部《儒林外史》彙集了許多活生生的例

子，書中滿是怵目驚心的話：「有操守的，到底要從甲科出身。」「如果有學問，為什麼不中了去？」「只是有本事進了學，中了舉人、進士，即刻榮宗耀祖……人生世上，除了這件事，就沒有第二件可以出頭。」

先秦時代的讀書人有很功利的利祿思想，將學問和能力作為追求富貴的工具，所謂「學成文武藝，貨與帝王家」。有這樣的想法，無可厚非，只要它沒有充斥於整個腦袋，沒有成為言行的主流就行。政府也很早就用高官厚祿來吸引士人。只是，科舉制強化了這種做法，放大了讀書人的利祿之心。它把科舉入仕捧為官場正途，視其他途徑都是異途，給予有功名的讀書人極大的實利和虛名，讓社會錯誤地在「榮華富貴」、「科舉功名」和「讀書應試」三者之間畫上等號。宋朝的皇帝宋真宗趙恆就是宣傳這一思想的急先鋒。他寫了一首流傳甚廣、宣傳效果很不錯的〈勸讀詩〉：「富家不用買良田，書中自有千鍾粟。安居不用架高樓，書中自有黃金屋。娶妻莫恨無良媒，書中有女顏如玉。出門莫恨無人隨，書中車馬多於簇。男兒欲遂平生志，六經勤向窗前讀。」有了皇帝的提倡，有了金錢車馬、良田美眷的現實誘惑，讀書人一頭栽進「學而優則仕」的追求中去。

清代暢銷書《儒林外史》第十三回透過一個讀書人之口講述了對科舉事業（舉業）的態度：「『舉業』二字，是從古及今，人人必要做的。就如孔子生在春秋時候，那時用『言揚行舉』做官，故孔子只講得個『言寡尤，行寡悔，祿在其中』；這便是孔子的舉業。……到漢朝，用賢良方正開科，所以公孫弘董仲舒舉賢良方正；這便是漢人的舉業。到唐朝，用詩賦取士；他們若講孔孟的話，就沒有官做了；所以唐人都會做幾句詩；這便是唐人的舉業。

　　到宋朝，又好了，都用的是些理學的人做官，所以程朱就講理學；這便是宋人的舉業。到本朝（清朝），用文章取士，這是極好的法則。就是夫子（孔夫子）在而今，也要念文章，做舉業，斷不講那『言寡尤，行寡悔』的話。何也？就日日講究『言寡尤，行寡悔』，哪個給你官做？孔子的道，也就不行了。」這位讀書人把整個讀書人和官場的關係都用「舉業」二字串起來，什麼選拔標準在他看來都是「舉業」，讀書人要不斷適應變化的標準只為求得一官半職，彷彿做官就是讀書人的使命。話雖然直白，倒也坦誠，把明清社會的逐利之心、讀書人的求祿之舉暴露無遺。

　　在這部暢銷書中，有一個膾炙人口的人物，叫做周進。他的身上糾結著科舉所有的弊端，展現了明清科舉墮落成了多麼荒誕的景象：

　　山東汶上縣的窮書生周進六十多歲了，考了幾十年連個秀才都沒有考上，依然是個老童生。科場失意的他非但沒有得到同情，反而遭到了社會的鄙視和士人階層的唾棄。周進先是在縣城裡做了三年教書匠，因為學生考中了秀才再無資格繼續教下去，淪落到郊區的觀音庵裡開私塾餬口。本地的秀才梅玖、舉人王惠經常嘲弄周進，到私塾裡大吃大喝，對他吃三喝四。周進連私塾都教不下去了，只好替一夥商人當帳房。一天，他進省城參觀貢院。觸目可及都是考試用的號房，周進人到暮年卻連坐號房參考的資格都沒有混上。大半生追求功名富貴卻滿腹心酸，飽受他人侮辱欺凌卻無處發洩，周進不覺眼睛裡一陣酸酸的，長嘆一聲，一頭向號房撞去，直僵僵地倒地，不省人事。那夥商人救他醒來後，周進滿地打滾，放聲大哭。幾位商人得知周進的苦楚後，答應每人友情贊助幾十兩銀子，替他捐一個秀才的資格，讓他也過一過進貢院考試的癮。周進忙趴在地上衝著眾人磕頭，說：「若得如此，你們便是我的再生

父母，周進就是變驢做馬也要報答各位！」

　　商人們原本只是讓周進過把癮就走，不想周進這個幾十年的「後進生」，突然在當年的鄉試中爆發了，高中舉人，之後又馬不停蹄在會試、殿試中高奏凱歌，中了進士，做了翰林。這是否能說明科舉取士標準的隨意、不可靠呢？至此，周進算是鯉魚躍龍門，躋身上流社會，整個社會立刻變得笑臉相迎，前後判若兩人。欺負過他的秀才梅玖冒稱是他的學生，辭退他的東家供奉起了他的「長生祿位」，就連周進隨手在私塾中寫的一副對聯也被恭恭敬敬地揭下來裱好。

　　後來，周進外放了廣東學政。老書生掌管了一省讀書人的功名富貴。鄉試中，有個考生提前交卷。周進拿起卷子一看，不知道滿紙寫了些什麼，覺得全是荒謬無聊、空洞無物的廢話。他叫住交卷者打量起來，只見是一位五十多歲、衣衫襤褸、雙目無神的老秀才，名叫范進。周進一問，得知范進考了三十多年始終沒有中舉，家裡窮得叮噹響，受盡了親友鄉鄰的冷遇羞辱。周進不禁嘆了口氣，重新拿起范進的卷子看第二遍，突然覺得文章言之有物、條理清楚了。這是怎麼回事？為了確認，周進第三遍讀范進的卷子，讀完嘆息道：「這樣文字是天地間之至文，真乃一字一珠。」他不僅錄取范進為舉人，還感嘆：「世上糊塗試官不知屈殺了多少英才。」

　　可周進自己何嘗不就是那「糊塗試官」，把一篇文章能讀出前後天差地別的評價來。最大的可能是，周進在范進的身上看到了自己早些年的窮酸落魄相，他錄取的不是范進，而是自己的影子。此事更可印證八股取士沒有恆定的標準，幾同兒戲。

　　上述種種問題不能不讓科舉飽受詬病。但探本究源，科舉的立意和出發點是無可指摘的。科舉的三宗罪（技術誤人、權力舞弊和助推官本

位思潮）並非由它的核心必然衍生而來，絕非是它的本意。在中國的環境中，又有哪項制度能擺脫這些問題呢？任何制度都不能保證後來衍生的技術規定不會脫離制度核心；權力始終是飄蕩在任何制度頭上的一道陰影。而官本位思潮早於科舉而生，科舉助長錯誤思潮的確不應該，可是它和其他制度一樣，也是這股思潮的受害者。對官位的追逐、權力網絡氾濫和人情世故是中國歷史發展的頑疾，病因肯定不是科舉制。相反，如果科舉能夠擺脫這些濡染，真正貫徹開放、公平、公正的理念，量才而用，那必能吸納天下賢才，讓寒士開顏、世家子弟奮發。它畢竟是古代中國人經過幾千年的挑選，試驗了多種選才制度後設計出來的成果。在看到科舉流弊的同時，我們也應該發現它提高了社會流動性，選拔出來不少有真才實學的人物。許多人才並沒有被科舉的問題打倒，而是走出科舉的羈絆，在這套制度中獲得了實現價值的平臺。

利弊相抵，科舉還算是一個好東西。

第二節
科舉之難難於上青天

清朝江蘇巡撫恩壽，作風粗暴，對下屬要求很嚴。江蘇省司道以下級別的官員，很多人都受過恩壽的當面斥責，甚至是被指著鼻子痛罵。恩壽接見下屬的時候，總是要大聲喝問：「你頭上的頂戴是怎麼來的？」

（意思是詢問出身。）一天，有一個叫陳季生的下屬去拜見恩壽，恩壽一開口也是這麼大喝。陳季生膽子小，見到巡撫大人早就嚇呆了，現在見巡撫聲色俱厲地這麼發問，茫然不知所對，竟然汗如雨下。呆了好一會兒，他突然大聲說：「卑職的頂戴是在玄妙觀的舊貨攤上，花了八十文銅板買的！」這呆呆的一句話，反而惹得恩壽和旁人哈哈大笑。

　　這是一個笑話。在現實生活當中，一個官員的頂戴、烏紗，物質成本有限，但謀取它的無形成本無法限量。說完了古代讀書人對官場的追捧，我們就來看看古代官員是如何進入仕途的，需要花費怎樣的高額成本？

　　首先，我們僅僅從程序上來看古代人是如何進入官場的。

　　隋唐以後，官員選拔的主要途徑是科舉考試。一個人只要通過了考試，一般都能獲得官員身分。

　　科舉取士大規模興舉於唐朝。唐朝的科舉考試由禮部負責，朝廷允許天下讀書人自由報考，州縣地方官員不得阻攔。相對於之後的層層考試選拔，唐代科舉只考一次，最簡單，最直接，似乎讀書人進入官場的程序成本也最低。但是，唐朝的科舉考試與後世不同的一點是，通過科舉考試的進士僅僅是獲得了一個做官的資格，並不能成為正式的官員。要成為正式的官員，進士們還要通過吏部主持的官員錄用考試。官員錄用考試並不是看一個人的學問高低、文章好壞，而主要是四個標準，分別是身、言、書、判。「身」指的是長相一表人才；「言」指的是能說一口官話，能端官員的架子；「書」指的是能寫一手好字；「判」指的是一個人能寫一篇好的判詞，在公文寫作方面有特長。只有這四項合格了，才能上報皇帝批准，再由吏部授予他正式的官職。通過官員錄用考試，唐朝稱之為「中式」。一個人只有既通過科舉又中式，才能夠邁入官場的大門。

　　由於唐朝科舉考試處於草創階段，規章制度並不像後世那麼嚴格。比如唐朝科舉考試之初是不糊名的，試卷上寫有考生的姓名、年齡、籍貫等內容。考官在判卷的時候，並不僅僅看考生答卷素質的高低，也要參考考生平時的文章、名聲，甚至要看這個人的家庭出身，主觀因素很大。武則天當政時，為了防止官員徇私舞弊，開始要求試卷糊名。但是吏部的錄用考試，則要進士去面試，申報自己的出身、家世，包括爺爺、爸爸的身分、有無官職等內容。這樣，負責官員暗箱操作的可能性就很大。因此，讀書人們在唐朝參加科舉和官員錄用考試，不僅要憑真才實學，還要到處拉名人和達官顯貴推薦自己。考生們紛紛奔走於公卿豪門，向他們投遞自己的代表作，稱為「投卷」。投卷在唐朝是公開允許的，考生向禮部投的叫官卷；向達官貴人投的叫行卷。社會名流達官顯貴如果覺得這個考生真有才華，往往會對其極力稱讚，大為薦舉。

　　但一次就大獲成功的人畢竟是少數，絕大多數唐朝的讀書人為了能做官，不得不低三下四，到處去求人，到處去投遞自己的文稿，希望得到賞識和薦舉。長安城中，「天下之士，什什伍伍，戴破帽，騎蹇驢，未到門百步輒下馬，奉幣刺再拜，以謁於典客者，投其所為之文，名之曰『求知己』。如是而不問，則再如前所為者，名乏曰『溫卷』。如是而又不問，則有執贄於馬前，自讚曰『某人上謁者』。」（《文獻通考·選舉二》）可稱得上是斯文掃地。

　　在這麼多失敗的讀書人中，最典型的可能要屬中唐大文學家韓愈。韓愈出身於無名無姓的布衣百姓家庭，雖然從小發憤學習，但歷經三次挫折才考中進士，考中進士以後連續四次參加吏部錄用考試都被淘汰，一度困居長安十年。他曾經自怨自嘆地說，我想當個九品芝麻小官都成了奢望，想獲得一畝之地的官舍都難以實現。唐朝為像韓愈這樣雖然考

中進士，但是在吏部錄用考試當中屢被淘汰的人準備了另外一條做官的途徑，規定：凡是參加三次官員錄用考試都沒有被錄用的進士，可以進入將領和地方官員的幕府做幕僚。

做幕僚滿規定的年限，可以經聘用他的長官推薦，由中央授予州縣地方衙門的參軍、主簿、縣尉等基層職務，正式獲得官員資格。韓愈最後走的就是這麼一條道路。他投奔了徐泗濠節度使張建封，最後由張建封向朝廷上奏推薦了韓愈。朝廷根據張建封的推薦，授予韓愈從九品的四門博士，也就是國子監的教員。如此一來，韓愈比正常科舉中第然後通過吏部考試做官的人整整晚了十幾年的時間。

唐朝讀書人做官雖然多了門路，但是寒素子弟入仕還是相當困難。整個知識界和官場迷漫著一股請託和攀附權富的風氣。等到韓愈做了大官，又成為文豪以後，他也成了讀書人行卷的對象。有一次，有一個考中進士的讀書人來找韓愈，希望韓愈推薦自己。韓愈就為他出了一個主意，讓他住在長安城裡的某個寺廟裡，表示自己清貧廉潔，然後在某天早晨出門遊玩。這名進士一一照辦。到了那一天，韓愈叫上朝廷的另外一位侍郎，一起去廟裡拜訪這名進士。此人已經遵照韓愈的囑託出了門，韓愈和那名侍郎大人當然就撲了個空。於是韓愈提筆在廟門口上大書：「侍郎韓愈、侍郎某某，至此訪某某進士不遇。」由於這座廟在長安的繁華之地，人來人往，這條標語很快就傳遍了整座京城。連兩位朝廷高官、當代文豪親自造訪都找不到的進士，自然是名聲大震，身價陡增。很快，他在吏部的錄用考試當中高中榜首。

唐朝的科舉考試也好，吏部錄用考試也好，主觀性因素實在是太大。整個過程看上去很嚴密，但實際上是一個花架子。到了宋朝，統治者採取了一些措施對科舉考試進行了改革和完善。比如認真執行了武則

天時期就實行的糊名制度，在試卷上不准出現考生的任何個人資訊；同時建立了謄錄制度。考生用墨筆作答的考試原卷被稱為墨卷。為了防止考官辨認考生的筆跡，或者考生和考官串通後在考卷上留下特定的記號，有專門人員將糊名後的墨卷編號，交給抄寫人員用紅筆重新抄寫一份答卷，新卷子叫做硃卷。硃卷抄寫完畢以後，又有專門的校對人員將墨卷和朱卷進行校對，確認無誤後分別封存。墨卷存入檔案，硃卷交給考官審閱。主考們選定素質高的硃卷後，再根據硃卷上的編號調出墨卷，拆開糊名的封口，檢視考生的姓名、籍貫等。這個過程要當眾開封，當眾填寫姓名，當眾放榜公布。為了防止這一過程再有紕漏，放榜後，各地的試卷還要調禮部複查，稱為磨勘。

　　宋朝科舉考試的主考官是由皇帝在考試之前臨時任命的。宋太宗任命翰林學士蘇易簡負責當年的科舉考試。蘇易簡接受任命以後，為了避嫌，將自己關在貢院裡不肯回家，也謝絕與外人往來，以示自己的清白、廉潔、公正。從此，考官接到任命後，都要被鎖在貢院裡面，稱為鎖院制。這項制度也成為一項慣例。

　　唐朝由吏部主持的官員錄用考試，在宋朝也被取消了。讀書人只要透過科舉獲得進士身分，也就等同於獲得了官職。

　　宋朝對科舉考試的大幅度規範和嚴格要求，大大限制了官僚特權，從效果上來看，基本扭轉了唐朝讀書人行卷行賄、依附權貴的惡行。這就保障了有才幹的平民子弟進入仕途。在宋高宗紹興十八年（西元 1148 年）中舉的 330 名進士當中，姓趙的皇氏宗親有 25 人，城市出身但未必都是官僚子弟的進士有 30 人，其餘將近 300 人都是從農村鄉間來的普通地主子弟或者乾脆就是農民子弟。這就大大保證了科舉考試的開放和公正。宋朝的讀書人只要有意當官，能夠通過科舉考試，基本上都能夠做官。

　　明清時期是中國科舉制度高度完善的時期，程序完備、制度森嚴，在社會上影響深廣。現代人講科舉一般以明清科舉制度為對象。我們來看看明清時期一個讀書人是如何一步一步走完科舉程序的。

　　讀書人在獲得功名之前統一稱為童生。童生要想獲得功名就得「入學」，參加由政府組織的「童試」。童試每年考一次，因此也被稱為「歲試」。童試由縣裡組織，主要考一個讀書人的文字水準，以及他對四書五經的熟悉程度，難度比較小。通過童試的人能夠獲得最初級的功名，被稱作生員，俗稱秀才。秀才是功名的起點。獲得秀才功名以後，讀書人就從百姓階層躍升到士大夫階層。凡是有功名的讀書人可以遇官不拜，遇到訴訟或者刑事案件的時候，官府不能逮捕秀才，而只能傳喚他到庭應訴。如果有功名的讀書人的確涉及違法亂紀，地方政府要向本省學政申請，剝奪該讀書人的功名後才能對他進行審訊並進入司法程序。所以秀才也可算是一個人鯉魚躍龍門的第一步。秀才又分為三種：成績最好的稱為廩生，有一定的名額，入學以後由政府發給一定的糧食；其次是增生，也有一定的名額；童試成績一般以及新「入學」的讀書人被稱為附生。

　　縣裡的秀才為了能參加省裡的考試，要接受本省學政巡迴舉行的考核。成績優良的秀才才有資格去省裡參加更高級的考試。這級考試被稱為「科試」或者「科學考察」。科試每三年舉行一次。

　　省級的考試在省會舉行，稱為「鄉試」，也是每三年一次，和科試期限相同。鄉試又稱為「大比」，由於在秋季舉行俗稱為「秋闈」。鄉試考核的內容比童試要嚴格，除了考核寫作水準以外，還要考核對四書五經等儒家經典的理解程度。鄉試要連考三場，每場考兩天，對人的體力要求很高。考中鄉試的秀才被稱為舉人。頭名舉人被稱為解元。歷史上最

著名的解元可能就是明朝時期的唐伯虎了。唐伯虎當初考中了今江蘇省解元。舉人是科舉功名的第二個等級。獲得了舉人資格以後，讀書人就獲得了做官的資格，可以參加官府舉辦的官員挑選。

鄉試結束後的第二年春天，一般是 3 月分，由禮部在首都舉行「會試」。會試又稱為「禮闈」，或者稱為「春闈」。參加會試的人是各省舉人。會試考的內容除了對四書五經的理解和一個人的寫作水準外，還涉及政策研究的內容，要求考生了解朝野關注的政策、時事，根據儒家經典提出相應的對策。通過會試的舉人一般稱為貢士。貢士的第一名稱為會元。貢士就相當於候補進士了。

再高一級的考試是「殿試」。殿試由皇帝親自主試，一般在會試的第二個月，也就是 4 月分舉行。考試的內容主要是很現實的政策。參加殿試的貢士不被淘汰，所有人都能中進士。皇帝親自將殿試的貢士分為三甲錄取。第一甲賜進士及第，一般只有三個人：第一名俗稱狀元，第二名俗稱榜眼，第三名俗稱探花。如果一個人在鄉試、會試、殿試當中全都考中了第一名，也就是連得解元、會元、狀元三個榮譽，他就可以被稱為「連中三元」。在古代，參加科舉的讀書人連中三元的情況極少。從隋唐時期一直到清朝末年，連中三元的讀書人據說只有十個左右。第二甲一般錄取幾十個進士，他們被賜進士出身。第二甲的第一名俗稱傳臚。沒有進入第一甲和第二甲的貢士，全都被歸為第三甲進士，他們被賜同進士出身。

至此，考試還沒有結束。為了真正獲得官職，讀書人們還要參加最後一輪，也就是第六輪的考試。除了第一甲三人之外的其他進士在清朝還要參加「朝考」。朝考本是清朝初期皇帝為了防止科舉考試中作弊，對所有已經被錄取的進士再次進行考核。後來逐漸成為慣例。朝考內容多

有變化，一般包括兩方面，一方面是論、疏，主要是考一個人的政策研究能力和公文書寫能力；另一方面是考一個人的詩文，也就是文學、書法等文藝水準。朝考優秀的人可以進入翰林院，被稱為庶吉士。其餘進士則直接進入官場，被分別授予主事、知縣等職務（後期多為候補官）。其中成績最差的則被分配到地方各省任知縣。

一個讀書人經過從童試、科試、鄉試、會試、殿試到朝考的六輪考試，如果每一輪都順利過關，就算是正式端上了鐵飯碗，躋身於官僚階層了。

那些在之前考試中淘汰出局的讀書人，也有進入官場的機會。

舉人如果在會試中屢試不第，可以直接到吏部註冊，申請獲得一定的官職，一般是地方州縣長官或者輔助性官員。朝廷每一年分配給舉人的職位很少，大概是 40 到 100 個左右。直接去吏部申請官職的舉人要參加一輪考試，被稱為「大挑」或者「揀選」。考試內容跟一個人的文字水準或者政治能力無關，主要是看一個人的面貌，即此人長得有沒有官相、有沒有官員的架子、有沒有官員的氣場。

一般情況是，如果一個人臉長得方方正正、身材修長、行為端莊穩重，即可通過「大挑」，直接獲得低階官職。在清朝，考中舉人的讀書人能進入官場的比例大約為一半，另一半人終生老於鄉間，做鄉紳。（《中國古代的士人生活》）

在沒有考中舉人的秀才當中，也有一定比例的秀才可以進入官場。明清時期，官府會挑選秀才當中成績或表現優異的人進入京城的國子監讀書。國子監的學生被稱為「監生」，也被稱為「貢生」。

貢生的意思是把人才貢獻給皇帝，相當於舉人的副榜。在實際操作中，各個地方通常過個兩三年就推薦一批資格老、年紀大的秀才到國子監讀書，稱為歲貢。因為貢生一般都是按照資歷和年齡，依次升入國子

監讀書，所以民間又將貢生稱為「挨貢」。清朝大文學家蒲松齡就是「挨貢」出身。他因為考中秀才後長期考不中舉人，後來憑著年紀長，排隊捱上了貢生。地方上推薦的監生也好，貢生也好，其實並不需要真到首都國子監認真讀書，秀才們更多的是爭一個身分。因為貢生在理論上也可以當官，比如蒲松齡就得了一個虛銜「儒學訓導」。儒學訓導是什麼官職呢？科舉時代的官辦學校分好幾級，最高級的稱為國子監，地方上有府學、縣學。蒲松齡的儒學訓導就是縣裡官辦學校的副長官。不管怎麼說，蒲松齡考了幾十年的科舉，總算也在年老的時候混得了一官半職。

擠入官場的舉人、秀才功名遜色於進士，仕途前景也遜色於進士。絕大多數非進士官員，終身徘徊在底層。不過，也並非絕對。

在人事實踐中，個人的機遇和能力很重要。清初兵部尚書兼兩江總督于成龍，是明末崇禎年間的秀才。清朝初期由於地方官吏人員緊缺，朝廷在明朝的秀才當中挑選了一批人出任地方官職。其中，于成龍就在 44 歲那一年被挑選往廣西擔任了一個知縣。于成龍在百廢待舉的情況下，任勞任怨，表現出眾，照樣從一個只有秀才功名的知縣做到了封疆大吏。

以上，透過進士、舉人和貢生資格進入仕途的，在科舉時代都被稱為正途。一個讀書人要按照一定的年限要求，要通過以上的六層考試，並不是一件容易的事情。有很多讀書人考了一輩子，都沒有完成這六個程序。歷朝歷代都留下了很多這樣的例子。

比如，晚唐時期，書生曹松一輩子熱衷於當官，遺憾的是屢次參加科舉考試都沒有及第。唐昭宗天復元年（901 年），曹松 71 歲高齡還參加科舉。朝廷念其年老，特地放水讓他進士及第。當年和曹松一起上榜的，還有王希羽、劉象、柯崇、鄭希顏等四位年逾古稀的老人，社會上戲稱這一榜為「五老榜」。曹松中進士時已經是鬚髮雪白，滿面蕭然，

風燭殘年了。這樣的老人雖然有做官的資格，也僅僅被授予校書郎等虛職。兩年以後曹松就病逝了。

宋神宗元豐年間，也有一個老書生，年年參加考試，年年落第，在年過七旬的時候，被朝廷特別准許參加進士考試。這名老書生在考試時提筆只寫了一句話：「臣老矣，不能為文也，伏願陛下萬歲，萬歲，萬萬歲。」這一句肉麻的拍馬屁的話，竟然讓宋神宗大為感慨，特意下旨賞給此人官員身分，讓他食俸終身。

到清朝時期，參加科舉考試的人就更多了，其中的科場失敗者也更多。廣東順德人黃章，14歲開始讀書，20歲開始參加科舉考試，到40多歲的時候才通過了最初的童試，取得秀才功名。康熙三十八年（1699年），他參加廣東省的鄉試，也就是第三級的考試，當時已經99歲了。進考場的時候，他讓自己的曾孫提著寫有「百歲觀場」四個大字的燈籠引導入場，轟動一時。在當年，黃章沒有考中舉人，而考中舉人當中年紀最小的是廣東潮州的考生吳日炎，當年只有14歲。道光五年（1825年）廣東又一次鄉試，當年年紀最大的考生是廣州府三水縣的考生陸雲從，年紀已經102歲了，再一次重新刷新了參加鄉試的年齡紀錄。朝廷聞訊後，道光皇帝欽賜陸雲從舉人身分。第二年，陸雲從興高采烈地又趕到北京參加會試，轟動京城，人們紛紛前往觀看103歲的舉人考生。道光帝認為此舉是天下吉祥的象徵，認為陸雲從是「人瑞」，特別恩准陸雲從可以免考，賜予他「國子監司業」的官職。

以上說的是科舉考試程序漫長。其次，科舉考試對一個人及其家庭的經濟要求也很高。

清朝中後期以後，江南地區一個普通私塾老師的薪資一個月大約為四五兩銀子，一年則要五六十兩。雖然科舉考試規定，一個人考中秀才

後就可以進入縣學、府學等公家學堂讀書，但在實踐當中，縣學、府學等公家學堂並沒有成為教育當地讀書人的學校，而成為了科舉管理的衙門。所以讀書人還得自己請老師求學。我們假設一個讀書人從十歲入學到二十五歲考中舉人為止，這 15 年間他都得自掏腰包請老師讀書，那每一年的教師薪資為 50 兩白銀，則他 15 年要付出 750 兩白銀的教師薪資。此外，我們假設他每一年的筆墨書本以及參加童試、科試、鄉試等各級考試的盤纏和考試費用平均下來為 10 兩，這十五年就是 150 兩。兩項相加，就是 900 兩白銀。考中舉人以後，讀書人一般就可以自學不需要再聘請老師了（客觀上也沒有老師敢教舉人）。我們再假設此人參加三次會試才獲得進士功名，則他還需要九年時間。這九年時間，我們還假設他每年花在學習和考試上的成本為 10 兩，這又是 100 兩白銀的開支。至此，一個人從 10 歲入學到 34 歲考中進士，一共花費 1,000 兩白銀的成本 —— 這還不包括和師友交際、考中各級功名後的賞賜和慶祝的費用，更排除了他在科舉考試當中的磕磕絆絆和挫折。事實上，一個讀書人能花 24 年就通過六級考試、獲得官職已經是非常順利了。

1,000 兩銀子對於一個普通家庭來說，無疑是一筆非常沉重的負擔。清末著名思想家嚴復，出生於東南沿海的富裕之地福州。他父親是一位中醫，家境尚可。但在嚴復十二歲的時候，父親不幸逝世，這個普通人家就承擔不起嚴復科舉考試的成本了。已經讀了好幾年私塾的嚴復不得不放棄科舉當官的夢想，進入了福州船政學堂。當時社會上仍然將科舉考試視為一個人成材的正途，而把船政學堂裡面那些西方知識稱為奇技淫巧。只有承擔不起子女科舉成本的家庭才將孩子送入西式學堂。

鑑於科舉考試昂貴的成本和漫長的時間要求，很多人對科場望而卻步。但是他們又想當官，怎麼辦呢？好在每朝每代都有賣官的口子開在

那裡。清朝中後期以後，賣官的規模越來越大，賣出的官帽越來越多，賣官的價格則直線下降。清朝中後期，一個百姓可以買到的最高官銜是道臺，嘉慶年間道臺的價格需要 18,000 兩左右，到光緒十年（1884 年）就已經降至 9,400 多兩，到光緒二十六年（1900 年）更是降至 4,700 多兩。而一個縣令的售價則降到了 100 兩以下，已經低於了讀書人通過正常的科舉程序獲得縣令職位的成本。

於是，富裕家庭，甚至是一般的人家，都願意掏出這筆錢直接獲得官職。相比科舉，這是更直接、更保險、更穩妥的做法。《清稗類鈔》就記載：「捐納，到同治光緒年間，流品益雜。早晨交錢，晚上就換上了頂戴花翎，根本不管買官者是販夫走卒還是富家小廝。

小康人家的子弟，不讀詩書，只想著累積資金捐職，作為將來吃飯謀食的工具，美其名曰『討飯碗』。至於富商巨室家財萬貫的人家，即便是襁褓中的乳臭小兒，都有紅頂翠翎，家長給捐了候補道臺，又給加捐了二品頂戴花翎。」

第三節
別有一番苦滋味

科舉考試的漫長過程和經濟方面的壓力，對讀書人來說還是外在的考驗。讀書和科舉本身的苦則是內在的考驗，尤其考驗一個人的毅力、

能力乃至體力。其中包含著更大的苦，

白居易曾經述說自己讀書的辛苦：「二十已來，晝課賦，夜課書，間又課詩，不遑寢息矣。以至於口舌成瘡，手肘成胝，既壯而膚革不豐盈，未老而齒髮早衰白，瞥瞥然如飛蠅垂珠在眸子中也，動以萬數。蓋以苦學力文所致，又自悲矣！」二十年來日夜讀書不得休息，頭昏腦脹、未老先衰，凡是苦讀過的人都知道這種疲勞過度，乃至懸梁刺股的艱辛。

對於科舉考試的苦，北宋的蘇洵曾經回憶自己應考的辛苦。

「自思少年嘗舉茂才，中夜起坐，裹飯攜餅，待曉東華門外，逐隊而入，屈膝就席，俯首據案。其後每思至此，即為寒心。」蘇洵用了「寒心」二字，讓後來者讀來寒心。而對科舉考試描述最悲慘、也最詳細直接的莫過於明朝末年江西人艾南英。他說：

「考試一般都喜歡選在秋冬季節或者是初春的時候舉行。當時正是一年當中最冷的時候。考試都是在凌晨入場，到了考試那一天的時候，雖然地上還結著冰，瓦上還掛著霜，天寒地凍，甚至寒風刺骨，參加考試的考生們都得早早地準備好，在考場門口等著。開始入場的時候，考生們看到負責的官員穿大紅顏色的官袍，坐在堂上。廳堂裡燈燭輝煌，官員們圍著火爐烤著火，而各個考生不得不脫掉衣服、鞋子、襪子，接受兵丁的檢查。所有考生都得左手拿著筆硯，右手拿著脫下來的衣服，幾乎是赤身裸體地站在庭院裡等候接受檢查。如果運氣好，負責的人先喊到你的名字，你就可以先接受檢查，少挨一會兒凍。如果運氣不好，最後才叫到你的名字，你站在露天中挨凍一兩個時辰都是有可能的。檢查的時候，兩名兵士負責一個考生。上至考生的頭髮，下至考生的腳指頭，兵丁都會一一檢查過去，不會有任何遺漏。就算一個人再身強體

壯，在秋冬季節這樣裸露在外面，走完整個程序也會牙齒打顫、渾身發抖，腰以下部位幾乎凍得沒有感覺了。

「有時候，童試或者科試會遇到烈日炎炎的酷暑。省裡的學政和州縣負責的官員們，一般都穿著輕便的衣服坐在樹蔭底下納涼，喝著茶，旁邊還有人給他們扇扇子。而應考的考生們則排著整齊的隊，擠在庭院裡，既不能夠帶扇子，又要穿戴整齊，坐在考場上答卷。因為應考的人很多，而考場是固定的，常常是幾百個人擠在一間酷熱的房子裡，一起揮汗如雨地答著卷。整個房間瀰漫著汗臭味、腥昧。為了照顧考生，考場也準備了飲用水，也有專門負責倒水的差役，但是沒有一個考生敢去飲水。因為一旦有人離座去飲水，考官就要在他的考卷上做上記號，懷疑他有作弊情形。那樣的話，考生即便是答得再好、字寫得再工整，也要降一等錄用。所以，所有的考生寧願忍飢挨餓，冒著酷暑，也要正經八百地坐在那兒答卷。

「考試正式開始。考官先公布題目，題目由一個教官在上面宣讀。為了照顧一些聽力或視力弱的考生，題目會寫在一塊牌上，由專人拿著到考場四周巡視一遍。即便如此，因為一天會出好幾道題目，同時這個牌子不可能巡視到所有地方，總是會有人聽不清題目或者是看不見題牌，但是又不敢去問旁邊的考生 —— 因為一旦和旁邊的考生交頭接耳，考官又會在你的試卷上做上標記。專試開始後，考場四周都有負責的兵丁，所有的考生都不能仰視，更不能四處張目，也不能伸腰打哈欠，更不能靠在桌上或者側著身子。有以上任何情形，都會被監考官懷疑作弊。結果常常是有些考生腰痠背疼，或者憋著尿，甚至手腳都麻了也不敢動一下身子。考生們坐的蓆子是官府採購的，經辦人員常常侵貪採購經費，買來的蓆子又薄又窄小，質量差。身材稍微胖一點的考生都不夠坐，坐

久了身體也很不舒服。一排考生坐一條長席，只要有一個人動，所有的考生都能感覺到。考試所用的硯臺，也是由官府負責採購的。同樣，採購來的硯臺，質量差，做工粗劣，常常磨不出墨來，有些考生把大量時間都花在了磨墨上，手都磨酸了也磨不出好墨。如果一個人非常不幸坐在了屋簷下，又偏偏遇到了下雨，他就只能用自己的衣服小心地遮住試卷，快速寫完，快速交卷了事。」所以艾南英感嘆，科舉考試「蓋受困於胥吏之不謹者又如此」。

「等到閱卷的時候，主考官和從考官每人要看幾千份考卷，每個人寫的文章有平奇虛實、繁簡濃淡，而考官又有自己的偏愛喜好，並沒有固定的、統一的、讓所有人都信服的評卷標準。（評判帶有很大的偶然性和不確定性。）即使一些飽學之士也不一定能錄取。被錄取的人常常要感謝上天的恩惠。」對於落第試卷，考官一般要附上批條，扼要說明淘汰的理由。批條總是籠統地兩三個字敷衍，比如「欠妥」、「欠穩」之類。有一個士子領到落第試卷，發現批條為「欠利」二字，於是題詩：「已去本洋三十圓，利錢還要欠三年。」他將批條上的「利」曲解為了「利息」，大概是他為本科舉考試借貸了 30 塊銀元，需要還上三年的本息了。還有一個落第考生的批條只有「粗」一個字，他題道：「自憐拙作同繆毒，一入卿房便覺粗。」大概他覺得文章粗糙與細膩與否，與閱卷考官的品味息息相關。而一張試卷竟然貼著「豬肉一斤，雞蛋三十枚」的批條！

原來，批條都不是考官自己親自動手貼上去的，而是命僕人代勞。

僕人或者不識字，或者隨手黏之，誤將考官要採辦的物品清單當做批條貼上去了。

「等試卷評定以後，主考官端坐堂上，地方政府相關官員站立一旁。所有的考生都要低頭哈腰走到考官面前，跪地接受考官的教誨，不敢發

出聲音。得到自己的名次、接受教誨以後，各個考生從角門才能出去，等回到家裡以後早已是面目全非，說不出話來了。」

　　艾南英所說的考試還僅僅是初級考試，到了鄉試、會試的時候，考場的環境更差，搜查防弊更嚴格。清代鄉試的考場檢查極嚴，考試之前、考試之後、場內、場外，都有嚴格的規定。對於考生夾帶紙條的防範尤其嚴格，考生進場的時候要全身進行嚴格的搜查。為防止夾帶，還規定考生必須要穿可以拆縫的衣服，鞋和襪必須是單層的，皮衣不能有面，氈毯不能有裡；禁止攜帶木櫃木盒、雙層板凳；被褥裡面不能裝綿，硯臺不許過厚，筆管須鏤空，蠟臺須空心通底，糕餅餑餑都要切開；嚴禁交通囑託，賄賣關節，嚴禁士子與員役協同作弊，違禁者嚴處。

　　商衍鎏在《清代科舉考試述錄》中描述順天（北京）貢院的內部情形：大門前有一座「天開文運」的牌坊，其他與各省貢院基本相同。各省貢院均建於省城東南，貢院大門上正中懸「貢院」墨字匾額，大門東、西建立兩坊，分別書「明經取士」和「為國求賢」。貢院大門為東、西兩座轅門，進大門後為龍門，龍門直進為至公堂，是監臨和外簾官的辦公處所。在龍門和至公堂中間，有一樓高聳，名曰明遠樓，居高臨下，全闈內外形勢一覽無遺。監臨等官員可登樓眺望，稽查士子有無私相往來、執役人員有無代為傳遞之弊。龍門、明遠樓兩側是士子考試的號舍，號舍自南而北若干排，每排數十間乃至近百間，順天和某些大省貢院的號舍總數可達萬餘間，中小省也有數千間。（號舍是三面圍牆，一面敞開，僅有一肩寬；上下有兩塊活動木板，考生將下面的木板後挪，權當座椅，將上面的木板前挪，伏在上面答卷。考試期間，考生終日禁錮其中，寫作、飲食、休息都在狹小的空間內完成。號舍不僅狹小，還有「光線昏暗」、「漏風漏雨」、「夏熱冬寒」等等特點，遠比童試、科試

時的席地答卷辛苦。）貢院四面圍牆遍插荊棘，四角各有一樓，以為瞭望。考試期間，貢院四周派軍隊分段駐守巡邏。

考生們要蓬頭垢面地參加幾天幾場的考試，其中的艱苦更是難以訴說 —— 難怪人們對年過古稀還堅持奮戰在考場上的舉子要深表欽佩了。

南宋福建莆田人方疇，在紹興八年（1138年）參加進士考試的時候，曾經遇到過這麼一件異事。會試要考三場，方疇在第三場考試的時候，準備交卷了，突然發現腳邊有個東西，拿起來一看，是一張卷子，上面只寫了本場考試的前三篇文章，文章文辭通順。

但是，方疇很不理解為什麼這個考生不答完後面的題目就扔下考卷出場了。方疇自己答完了，覺得還有剩餘的精力，就把撿到的這張卷子也幫他答完。答完後把自己和他的卷子都一同交了上去。此後，方疇也就忘了幫忙答卷的那個考生叫什麼名字。後來方疇中了進士，為祕書省正字。一次，他偶然想起了這件考場奇事，就和自己的幾個同僚和賓客談了。賓客當中有一個人和方疇是同年中的進士，聽的時候默然無語。第二天，這名賓客穿戴整齊，非常隆重地來拜見方疇，說：「我當日考試的時候，突然身體不舒服，不能支撐，就搖搖晃晃地出去了，都不知道自己的試卷放在了什麼地方。

出來的時候，我已經滿心絕望，誰想放榜時發現自己的名字也在榜上，恍然間還以為是跟我同名同姓的。如果不是方大人這一席話，我還不知道自己的恩人是誰呢！」這名賓客的運氣真是好，遇到了像方疇這樣既熱心又有能力幫他答卷的考生。多數的時候，考生在答卷的時候遇到天災人禍，身體不支的時候就只能自己承擔了。更糟糕的是，考場就是戰場，考生和考生之間的傾軋、勾心鬥角，讓人更是心力俱疲。

來看些極端的考場悲劇：光緒二十八年（1902年）福建鄉試時，由

於天氣酷熱，考生中暑生病，頭場就有 4 個人死在考場，第二場又有 3 個考生還沒有考完就病死在號舍中。有的考生則發瘋了，咸豐年間某次浙江鄉試，一名山陰考生突然發瘋。他不答題，只在試卷上題了兩首絕句，其中一首是：「黃土叢深白骨眠，淒涼情事渺秋煙。何須更作登科記，修到鴛鴦便是仙。」署名是「山陰胡細娘」。「胡細娘」回到寓所便死了。光緒十一年浙江鄉試第二場即將開始的黎明，一個考生用小刀在自己的腹部上猛劃了十幾下，被抬出了貢院。有的考生不堪忍受考場的巨大壓力，直接在考場中自殺。光緒壬寅科（1902 年）浙江鄉試，「場中考生死者三人。一死於蛇，一以燭簽自刺，一自碎其睪丸」。那得是多麼巨大的苦楚和壓力，才讓後兩位考生選擇了那般痛苦的死法啊！

第四節
考試定終身，悲喜兩重天

　　對於平民子弟來說，科舉考試幾乎是實現人生跨越、進入官場的唯一管道。對於絕大多數希望在官場有所作為的人來說，科舉考試是唯一的正途。所有人都對科舉考試傾注了過分的關注。蒲松齡在《聊齋志異‧王子安》中向我們講述了科舉考試結束之後發榜之前，考生們的緊張和滑稽情形：

　　「秀才入闈有『七似』焉：初入時，白足提籃似丐；唱名時，官呵隸

罵似囚；坐在號舍答卷的時候，孔孔伸頭，房房露腳，似秋末之冷蜂；走出考場的時候，神情惝恍，天地異色，似出籠之病鳥。考完後，考生都盼望著結果釋出，內心是草木皆驚、胡思亂想。一想到自己能高中，就彷彿頃刻間出現了海市蜃樓、榮華富貴撲面而來；一想到自己要落榜，就則瞬間身體冰涼、靈魂出竅。真的是坐立難安，似乎被蜜蜂叮咬了一樣。忽然，有差役快馬過來傳送喜報，考生們的神經一下子繃到了極限。如果沒有自己的喜報，考生神色猝變，嗒然若死，就像中了毒的蠅蟲，打他都沒有感覺。

落榜的考生，最初的時候心灰意冷，大罵考官瞎了眼睛，筆墨無靈，發誓要將案頭的書本、文具都燒了；燒了還不解恨，還要把灰燼碎踏成泥；踩踏了還不解恨，更要將灰燼倒到陰溝裡去。他們往往還發誓從此要披髮入山，面向石壁，做一名隱者或者苦行僧。誰膽敢再和自己談八股文，一定當和他動刀子。過了幾天後，落榜者的怒氣漸漸平了，又對科舉考試心癢癢，又開始像破卵之鳥銜木重新營巢，再次投入科舉鏖戰之中。每次科舉發榜的時候，此情此景都一再重現，當局者痛哭欲死，旁觀者看來卻非常可笑。」

落榜者如此反應，正是因為科舉高中能帶來巨大的榮耀和現實利益。它的吸引力太大了，大到能改變考生的命運。一個人一旦科舉成功，馬上門庭若市，全家風光起來。同鄉、同學，乃至七大姑八大姨都來了。有來祝賀的，有來請吃飯的，有來乞討舊衣舊筆舊書的，有來求新詩的，有來求你寫對聯的，甚至有書商找你把往常做的文章、寫的詩句，結集出版的。如果是未婚的青年才俊，上門提親的媒婆會蜂擁而來，女方的條件一個賽一個地出色。女方家庭也不再考慮什麼門當戶對、財力婚房等物質條件了，只要是新科舉人、進士，哪怕是出身佃農

家庭，地主也願意將女兒嫁過去。

考中進士以後，進士名錄會向全國釋出，名列其中者會全國知名。康熙八年（1669 年）的冬天，浙江德清的舉人蔡啟傅到北京去趕考，路過江蘇山陽縣（今江蘇淮安）的時候，知道該縣縣令邵某人是同鄉，於是就前往拜訪。他把自己的名片遞進去以後，邵某人卻在上面批道：「查明回報」，還以為蔡啟傅是前來打秋風、揩油的人。蔡啟傅受到這種侮辱當即掉頭拂袖而去。第二年朝廷公布了本年科舉高中的金榜，榜發到山陽縣，邵縣令赫然看到狀元正是同鄉蔡啟傅，馬上後悔不已，重金謝過。一次考試、一張金榜就這麼改變了蔡啟傅的命運。這就是科舉考試對一個人「登龍門」般的作用。

洪州（今南昌）人施肩吾在唐憲宗元和十年（815 年）考中進士，衣錦還鄉途中寫了〈及第後過揚子江〉，用考試前後心態的對比真實地反映了科舉對讀書人「登龍門」的作用：

憶昔將貢年，抱愁此江邊。魚龍互閃爍，黑浪高於天。

今日步春草，復來經此道。江神也世情，為我風色好。

為了鼓勵天下讀書人安心讀書，為了鼓勵天下的士子都迷戀科舉考試，政府刻意營造了科舉高中的隆重和尊貴，朝廷用各種方式來顯示科舉的榮耀。比如皇帝要親自召見所有的進士，依照科舉名次唱名傳呼，叫做「傳臚」。對於讀書人來說，由皇帝金口玉言叫你的名字，是人生莫大的榮耀。到了清朝，「傳臚」發展成為一個盛大的典禮，在紫禁城的正殿太和殿舉行。除了有新科進士全體亮相以外，王公百官也要整齊排列，在鼓樂和鞭炮聲中注視著新科進士接受皇帝的恩賜和檢閱。第一名進士，也就是狀元，最為光彩奪目。他的名字首先被皇帝叫出來。聽到名字後，狀元要向前站到太和殿丹陛下的中間處。此處的巨石上雕刻著

飛龍，是只有御駕才能經過的地方。狀元站在御駕所經的地方，左右兩邊交叉披著兩條紅綢帶，帽子上插著兩只用薄銅葉製成的金花，美其名曰「十字披紅雙插花」。在皇帝的打量和眾人的羨慕中，狀元的獨享殊榮可想而知。

「傳臚」之後，還有大規模的慶賀宴會。唐朝進士的曲江唱和，本質就是慶祝宴會。從宋朝以後，進士的慶祝宴會被稱為恩榮宴，由政府出資舉辦。赴宴的除了新科進士還有此次科舉考試的所有負責官員以及禮部尚書、侍郎等眾多的官員。皇帝會派皇親國戚來賜進士酒宴、衣物、果品，在恩榮宴上進士們都會吃到御膳、喝到御酒。一甲的三位進士用的是金碗，隨其量盡醉無算。從唐代開始，新科進士一般在益江宴會之後會到雁塔題名。宋朝以後，題名改為立碑。國子監會立下每一屆進士的碑。到清朝，工部撥出專門的建碑銀兩，交國子監為進士及第者刻碑留名，為天下讀書人典範。北京城的熱鬧還沒有結束，在進士的故鄉，喜報早已傳到家鄉。相關部門會豎起彩旗，敲鑼打鼓、**轟轟**烈烈地把捷報送到進士的家裡去。於是，世態炎涼、人情冷暖都可以從科舉考試中得到展現。

對於高中者來說，之前的所有付出都是值得的，都得到了回報。那麼那些科舉落第的失敗者呢？他們怎麼辦？

落榜考生們不僅面臨從頭再來的問題，還會受到社會的鄙視。

比如忠厚無用的好人范進，考到五十多歲還不曾進學，當時已經是面黃肌瘦、花白鬍子了，戴著一頂破氈帽，穿著一件破舊的麻布直裰，在十二月的寒風裡凍得瑟瑟發抖，一副失意潦倒的可憐樣。同鄉們都去慶祝考中的人了，沒有人知道五十多歲、不名一文的老范進是如何踉踉蹌蹌、蹣跚地回到自己的茅草屋裡去的。這不是《儒林外史》的虛構，

現實情形的確如此，而且有過之無不及。

清朝嘉慶年間舉人李貽德，年過五旬，屢次會考不中。有一年，他的一個同年申舉、之後同樣屢試屢敗的朋友死在了北京。李貽德寫詩哀悼：「故鬼未還新鬼續，憐人猶自戀長安。」道盡了科場辛酸。不久，李貽德也病死京城。

唐朝元和十年（815年），舉子廖有方落第之後前往四川旅遊散心。他走到寶雞西邊的時候，住在一個旅館裡，突然聽到有呻吟之聲。他循聲找去，在一個陰暗的角落發現了一個貧病交加的青年。

廖有方問他的來歷。那青年回答說：「我在長安趕考數年，至今未遇知音。」彌留之際，那青年掙扎著向廖有方磕了一個頭，託廖有方在他死後一定要為他收屍安葬。說完該青年就死了。廖有方感慨自己與他同病相憐，把鞍馬、行李全都賤賣給村民，備了一口薄木棺，安葬了此人。廖有方臨行時不勝悲涼，既不知道這位死者的名字，也不知他家在何處，只能作了一首詩作為留念：「嗟君歿世委空囊，幾度勞心翰墨場。半面為君申一慟，不知何處是家鄉。」

以上兩個例子都是因多年科舉不第而死的例子。還有一些考生因為屢次科舉不第而精神恍惚乃至精神失常。唐朝趙璘在《因話錄》中記錄了這麼一個例子：當時有個讀書人叫做陳存，寫了一手好古文，可惜就是不擅長考試。也許是心理壓力過大、過於緊張，每一次考試來臨的時候，陳存都會有「突發狀況」，要麼身體不適，要麼發揮失常，老是考不中進士。禮部尚書許孟容知道陳存有真才實學，在他主持科舉考試的時候，決定多方為陳存提供方便，一定要讓陳存考中進士。陳存知道後千恩萬謝。臨試的前一夜，陳存的心情依然萬分緊張，同伴就幫他準備了食物，安慰他舒緩情緒，趕緊休息。第二天五更天了，陳存還沒有起

床去參加考試，同伴就進來叫他，叫不應，仔細一看，陳存已經中風癱瘓了。南唐時期，讀書人齊愈考中進士。得知喜訊後，齊愈騎馬在街上走，走著走著，突然大笑不止，從馬上摔了下來。旁人將他扶起，許久才把他救活過來。

陳存也好，齊愈也好，都是因為對科舉考試過於關注，乃至於精神有所失常。乾隆時期，寧波有個秀才叫金法，屢次考試不成，得了瘋病，被家人鎖起來已經有好多年了。乾隆三十年（1765 年）浙江鄉試，金法的病突然好了，就進場參加了考試，竟然一舉考中舉人。中舉後赴宴的時候，金法突然想起自己在考卷中有一個問題沒有答，深恐被考官發現以後會取消自己參加會試的資格，於是瘋病復發，再次被家人鎖禁起來，不讓外出，幾年後不治身亡。

也有一些人對於屢次考試不第，採取了自己的反抗。大詩人溫庭筠的兒子溫憲應考，相關部門因為他的父親的文章當中譏刺時政，又嘲諷大臣，懷恨在心，特意壓制溫憲，不讓他及第。溫憲鬱鬱不樂，就寫了一絕句在寺廟的牆壁上，其詩曰：「十口溝湟待一身，半年千里絕音塵。鬢毛如雪心如死，猶作長安下第人。」唐朝末期，秀才黃巢考試不中之後採取的對策更為極端。他在考場失利以後寫了一首菊花詩：「待到秋來九月八，我花開後百花殺。沖天香陣透長安，滿城盡帶黃金甲。」意思是我不陪你玩了。他直接就走到了政權的對立面去，後來成了農民起義的首領。類似的還有清末的洪秀全，鄉試不中，憤怒地說：「改天，我自己開科取士！」

果然，在他建立太平天國之後，真在南京辦起了科舉；浙江省貢院門口有一副對聯，是清代著名學者阮元在擔任浙江巡撫的時候寫的。這副對聯的上聯是：「下筆千言，正桂子香時，槐花黃後」；下聯是「出

門一笑，看西湖月滿，東浙潮來」。它用文學的語言表現出了考生的自信，突顯出了科舉考試陽光的一面。只要考生有本事，大可笑傲考場。然而，科舉考試的成功與否，並不是取決於一個考生的真才實學，其中有很多偶然性的因素。考試就是緊張、激烈的競爭。自有據可考的唐高祖武德五年（622 年）的第一位狀元孫伏伽開始，到清光緒三十年（1904年）最後一位狀元劉春霖為止，在 1283 年間中國只產生了 504 名狀元。而參加考試的考生，數以百萬甚至可能千萬計。並不是所有的人都能在科場成功，絕大多數人注定要像范進那樣窮困潦倒，或者是像陳存那樣過於緊張而精神失常，甚至像金法那樣得了精神病以後，不治身亡。

當然也有少數人像黃巢那樣，看破科舉，走到了政權的對立面。

第五節
金榜題名只是漫漫長路的第一步

北宋年間，宰相王欽若被罷後出守杭州。某日屬縣官員全來參衙。

王欽若看到錢塘縣尉（縣令的輔官，負責治安）是個蒼髯白髮的老頭，步履蹒跚，顫顫巍巍地艱難走了進來。王欽若覺得很不成體統。人都如此老邁了，能幹什麼政務，還戀棧不去，不是誤國誤己嗎？所以，他打算找個藉口責備錢塘老縣尉幾句，然後讓他辭職了事。

開口一問答，王欽若大吃一驚。這老頭竟然是自己的同年進士，年

輕得志卻輾轉幾十年還只是個縣尉小官。王欽若感覺淒然，轉而同情起老縣尉來，表示要向朝廷薦舉他。老縣尉寫了首詩謝絕了王欽若的好意：

> 當年同試大明宮，文字雖同命不同。
> 我作尉曹君作相，東君原沒兩般風。

想當年，老縣尉和王欽若都是金鑾殿上的佼佼者，科舉高中，騎馬披花，不免躊躇滿志。幾十年後，當年的進士才俊，有的出將入相飛黃騰達，更多的人則是沉溺下僚，陷於州縣衙門的文山會海中變成了白髮人。人人都羨慕進士的好處，卻不知中國歷史上的多數進士都在州縣佐貳小官的級別上徘徊，部分人晚年能以中級官員身分退休，只有少數人才能躍升為顯達貴臣。有多少當年的青年才俊，被仕途坎坷消磨了指點江山的激情與抱負，最後變成像錢塘老縣尉那樣處理機械事務，機械地支取俸祿養家餬口的冗官小吏。

新科進士看似風頭正勁、光彩奪目，實際上距離當大官做大事還有遙遠的距離。考中了進士，你又能怎麼樣呢？正如《孽海花》諷刺小說中，一個宰相府的家丁嘲諷一名趕考的舉子說：「你們這樣的讀書人我看多了，即使你考中了進士，最多也就是朝廷中一個普通的辦事員或者在地方上沉溺於州縣衙門，一輩子出不了頭。你要想出頭，還得靠關係，攀附權貴，不還得求到我們宰相府來，不還得求我嗎？所以你不要以為自己是舉子，甚至中了進士就有什麼了不起。」這名家丁的話雖然粗糙，但是道出了殘酷的現實：金榜題名還僅僅是一個人邁出了官場生涯的第一步而已。

我們來看看歷朝歷代新科進士如何獲得官職，如何才能擁有法定

權力？

　　在唐朝，通過科舉考試的進士還得通過吏部的正式官員錄用考試才能做官。到了宋朝，讀書人只要科舉及第，馬上就獲得了官員資格、發給官服。但是這些進士僅僅是有了官員資格而已，除了考中一甲的三名馬上得到重用之外，其他官員並沒有實權，全部被發送到地方上去擔任州縣輔助官員，進行歷練。其中，發榜時名列前茅的少數進士特許在中央掛名，再到地方上去擔任州縣職務，類似於後代的「掛職下基層」。他們比絕大多數名次不高的進士許可權要大，可以親自簽署公文。而名次居於中下游的進士就只是進入地方「領導團隊」而已，不能在任何公文上簽字、做出決策。即便如此，宋朝還是被稱為文人的天堂。畢竟，一旦考中進士，就能夠正經八百地當官了。

　　明清時期，從考中進士到正式當官之間還有一段漫長的過渡期。客觀上，官職是有限的，遠遠接納不了源源不斷湧入的進士。

　　比如清代會試中名額一般為百餘名或二三百名，最多一科為 406名，最少一科為 96 名。此外還有透過其他途徑獲得官員資格的人。而退出官場的人數要低於進入官場的人數。於是，明清朝廷演化出了完備的進士分流、安置辦法。

　　首先，選拔進士中的優異者進入翰林院「重點培養」。

　　一甲三名進士立即安排進入翰林院。《明會典》卷五記載：「凡進士選除，洪武年間定，第一甲第一名除翰林院修撰，第二名第三名除編修，其餘分送各衙門內辦事，內外以次兼除。」這種做法後來沿襲成為一個制度。狀元馬上授予修撰（六品），探花和榜眼是編修（正七品），他們算是獲得了正式官職。進士中也只有他們三個人，才能一考完就有正式官職。

　　清朝的「朝考」程序會選拔一批進士進入翰林院，擔任庶吉士。庶吉士並非正式官職，而相當於翰林院的實習生，在翰林院裡自學或者跟從前輩翰林深造。此舉俗稱「選館」。庶吉士可看作是進一步的學業考查，翰林院長官會定期督導、考試庶吉士。等到一定期限（一般是三年）後，翰林院會留下其中學業突出的人，授予編修或者檢討等職；其他庶吉士則心有不甘地被請出翰林院，等待重新安排工作。此舉俗稱「散館」。

　　能留在翰林院是進士最好的出路，能獲得較高的起點。不同的官職，與個人的發展和利益息息相關。這裡就要插述一下不同官職的特點和分類。比如官職可以分為「大小」，也可以分為「忙閒」、「冷熱」等等，但最重要的兩個分類是「清濁」和「肥瘦」。「清」官和「濁」官是相對於政治前途來說的。就好像清水上升、濁水下沉一樣，清官的位置比較清高、顯貴，上升的空間和機率很大；而濁官的位置比較低沉，上升的空間和機率比較低。「肥」官和「瘦」官是相對於收益來說的。肥官所處的位置收益大，瘦官自然收益小，手頭拮据。對於初入官場的人來說，自然希望能得個清要的官職，圖謀日後的大發展。

　　翰林院的官員俗稱「翰林」，正是中國古代官場頗為清貴的職官。因為親近帝王，有大把為帝王講課、做文學侍從和接受特殊任務的機會，翰林們不僅可能在最高層面前展現自己，還能開闊眼界、鍛鍊能力。帝王對翰林也很優待，入宮辦事的翰林參加宮廷內宴，往往和一品高官同坐；翰林的提升也快。更重要的是，朝廷將翰林當做是高級官員的預備人選。唐宋以來，由翰林轉任高級官職的人很多。明朝更是在人事制度上規定：「非進士不入翰林，非翰林不入內閣。南北禮部尚書、侍郎及吏部右侍郎，非翰林不任。」

明朝內閣大臣，百分之九十以上都是出身翰林的進士。因此，翰林為歷代朝臣所重、文士所榮。新科進士入翰林院是最好的仕途方向，稱得上是「正途中的正途」。

第二，沒能進入翰林院的進士要分發到朝廷各部和地方州縣。

這些人包括朝考成績不佳、沒能當上庶吉士的進士，也包括散館後沒能在翰林院「轉正」的庶吉士。

這些人一般都希望「留京」，被分配到中央各部和御史臺等處當京官。畢竟京官比地方官還是要「清」。明朝時期，「人中進士，上者期翰林，次期給事，次期御史，又次期主事，得之則忻」。可見翰林是最佳選擇，給事中（有監察各部、駁回聖旨的特權）是第二選擇，當御史是第三選擇，實在不行也要擠入中央各部當主事。

至於去地方上當個知縣、縣丞之類的，明代進士視如畏途，「若鶴鷺之視腐鼠」。誰要是被分配到地方去當知縣（新人一般被分往偏僻、貧困的小縣），則「魂耗魄喪，對妻子失色，甚至昏夜乞哀以求免」。主要原因還是知縣的工作內容繁雜，對個人實際辦事能力要求較高，升遷競爭激烈，弄不好就像錢塘縣的那位老縣尉一樣，一輩子在地方官職上轉來轉去了。

如果進士先從中央做起，前途就不一樣了，譬如某名進士先做御史，一定期限後轉任地方官，官運就不同了。一方面，他熟悉中央工作，又累積了不少人脈，以後跑部找人都方便；二來，資深御史到地方可以從知府做起，即便是調任知縣，也是地處要衝、市井繁榮的大縣。

其實，地方政府對進士知縣還是相當歡迎和優待的。第一，明朝隆慶年間史科給事中賈三近說：「封疆大吏們對待州縣長官，都要看出身，如果縣官是進士出身則優容禮遇，不然就輕視怠慢。同樣是為政寬鬆，

進士知縣就能得到『善於撫民』的評價；而舉人知縣或者雜途知縣則被斥為『姑息養奸』；同樣是為政嚴苛，進士知縣則為『精明』，其他知縣則被斥為『苛戾』。」天啟年間，吏部尚書趙南星也承認：「現在各省對地方官的考核，只要是進士出身的，都『大賢』；舉人或者秀才出身的，等級都一般；至於雜途出身的，考核都墊底。」如此看來，進士身分在地方官府還是相當吃香的。比如，張之洞擔任湖廣總督的時候，一次接見一位候補知府。張之洞翻閱他的履歷，知道是監生出身（當時許多監生是買的功名），就命左右取紙和筆來，寫了「錫茶壺」三個字問他：「做官必須識字，你認得此三字否？」那候補知府回答：「此錫茶壺也。」張之洞大笑送客，第二天就將他遣送回原籍，還在公文中寫道：「該官能識『錫茶壺』三字，孺子可教，可以讓他繼續讀書五年，再來當官。」這個笑話表明，當時社會對非進士出身的地方長官是輕視的。第二，進士分配地方任職在清朝還可以免去候補之苦。清代官多職少，任官要按照先後、資歷候補。但是進士下來後，被稱為「老虎班」，「遇缺即補」，直接插隊排到隊首，出任實職的時間大大縮短。

因此，到了王朝末期，政治風氣敗壞，許多新科進士反而希望能擔任地方官。他們衝的不是「清濁」，而是「肥瘦」和實權。畢竟在黑暗的王朝末期，實權和金錢更實在。晚清時，庶吉士們寧願三四年書白念，放著翰林職位不要，而要去地方做知縣。而「不幸」轉正為翰林的庶吉士則愁眉苦臉。

第三，到各處實習的進士都有一個或長或短的實習期，期滿後才能授予正式官職。

清朝對進士要考察一段時間，進行甄別，才實授官職。留在京師供職的，叫分衙門「學習行走」。如乾隆二十八年進士費淳，分發刑部學

習，三十二年才實任主事，見習期是四年；乾隆三十四年進士張誠基，分到戶部學習，三十七年才擔任主事，見習期是三年。如果被分配做外官的，就叫發省「差委試用」。如乾隆二十八年武進士柴大紀，分發福建試用，三十六年九月補授福建水師提標左營守備，見習期達八年；舉人莉道乾通過「大挑」獲知縣任職資格，乾隆三十一年分配湖南，到四十二年才出任麻陽知縣，見習期長達十一年。

實習期間，衙門的上級會分派一些具體的工作。衙門機關裡事務繁忙，實習的進士們如果比較能幹，就可以和正式官員一樣處理政務，卻不能在公文上簽字畫押 —— 也就沒有實權。實習生只領取俸祿，沒有其他各種實際收益，但是官場的應酬支出卻一樣也不能少。這就造成實習的進士們生活困難，要借債度日。對於實習時間較長而又老實辦事的官員，上司會設法安排一些「差遣」（臨時任務）幫他們增加收入。所謂差遣，在刑部就可能是外出查辦案件或巡獄錄囚，在戶部就可能是清理漕運鹽務，在都察院就可能是出巡按察，雖然實習生依然要跟在長官和前輩的後面，卻可以謀取俸祿之外的收益。比如，各省鄉試需要大批閱卷的官員。這些人往往由實習進士擔任。他們去閱卷，既有一份「加班費」，又可能收受考生的贄敬（被錄取者送給考官的禮金），聊緩一時之需。

實習期有長有短，表面上來看決定因素是所在衙門的編制有無出缺，也取決於實習生辦事能力的大小。實際上，決定性因素是實習生與衙門長官的關係好壞，能否快速融入所在的官場環境中去。

實習期內，新官們學習的不僅僅是行政辦公事務，更要學習為官技巧、官場規律和處世之道。只有那些在後一方面學習優異的實習生，才能為官場真正接納。至於那些在實習期間表現木訥、清高、強硬、胡鬧

053

的實習生，自然實習期就長，即便通過實習獲得了官職，也是冷板凳。可以說，一個人實習期間，官僚體制就已經對他進行甄別了。

　　實習的環境和要學習的內容，和讀書人們之前的經歷完全不同。如果說充滿競爭和狡詐的衙門是正常場所的話，那麼之前的書齋就是「溫室」和「無菌室」了。從無菌室中走出來的官場新人們，必須盡快在實習期間適應現實，才能邁好官場的第一步。

第二章

職責：古代官員的職場生活

　　唐代文豪柳宗元在柳州當太守的時候，書寫當官的不易：「郡城南下接通津，異服殊音不可親。……愁向公庭問重譯，欲投章甫作紋身。」他說的是一個異鄉官員到任後的尷尬，人生地不熟，語言又不通，只能「愁向公庭問重譯」。柳宗元是山西人，聽不懂部屬差役們的廣西話，人們也聽不懂柳老爺的滿口山西話，於是衙門裡就必須有翻譯。如果本地恰好沒有懂柳宗元家鄉方言的人，就得再多找一個翻譯，多一層翻譯了。迴避制是古代官員任職的基本原則，官員不得在祖籍、家鄉或者有近親的地方任職（清朝又增加了廣東、福建特定地區的人不能去臺灣任職的規定）。而中國又往往十里不同音。官員上任，找翻譯就必不可免了。

　　另一個故事說的是乾隆嘉慶年間，河北鉅鹿知縣稟覆直隸總督的公文。他在草稿中凡是引用總督公文原話的，都只寫「云云」二字，想讓謄寫的書吏補入。這是官場慣例，官員們每天埋首文山會海，為了節約時間和精力，文書草稿常常簡寫。幕僚在審讀草稿的時候沒注明，就交給了書吏。結果書吏竟忘記照抄，也只寫作「督憲云云」。直隸總督拿到回文後，批道：「吏云云，幕云云，官亦云云，速將該承辦書辦提解來轅，仰候本部堂當堂云云。」幸好時任直隸總督比較大度，沒有認真追究，如果遇到一個刻薄、嚴厲的長官，猜想鉅鹿知縣和經手書吏都要撤職了。

　　以上兩個故事只是展現了古代衙門生活的一角而已。古代官員在衙門中工作、交際，如果是地方官，衙門還是他們的家。古代官員的衙門世界豐富多彩，又因為年代的久遠而沾染了太多的塵埃，讓人看不清楚。本部分就梳理古代官吏的工作情況，包括新官上任、收入待遇、工作內容、同僚吏役們的情況等等，希望能向讀者展示一個比較清晰、生動的古代官吏職場生活圖景。

第一節
走馬赴任和身分證明

　　一個古代官員獲得了任命，要去赴任了，那麼他怎麼證明身分呢？要知道，中國古代官員採取嚴格的迴避制度，不得在本省或者有親屬的地區任職，沒有旁人可以替他證明，那麼新官來到一個人生地不熟的地方，怎麼證明自己就是新到任的父母官呢？

　　現代技術的發展，使得人事檔案的傳遞、調閱非常簡單，人們很容易確認官員身分。古代並不存在完備的人事檔案，且簡單的檔案又都儲存在京師，傳遞起來異常困難，驗證起來也不確鑿。所以，古代官員上任，主要憑藉兩樣東西自我證明：一是委任狀，一是身分證明，合稱官憑。前者用來證明官職變更，後者用來證明自己就是那個新官。（至於象徵權力的官印，是新官到任後與原任官員交接獲得的。讀者千萬不要為影視劇所迷惑。）這兩件東西的具體名稱歷朝各有不同。委任狀的名稱有「敕牒」、「旨授」或「判補」等；身分證的名稱有「告身」、「出身」或「官照」等。隋唐後，委任狀由吏部頒發，官員上任手持一份，中央備案一份。一般是紙質或者帛質的，上面注明委任某人為某衙某官，具有時效性。身分證則由中央統一製作，通常在官員取得官員身分的時候（比如考中進士）授予，由官員自己留存，沒有時效性。一些朝代的官員身分證死後也不收回，可以傳給子孫作為紀念。在宋朝，官員身分證「告

身」除抄錄任命某人某品級官員的檔案全文外，還要寫明他的祖、父、己三代，籍貫，出身，最後授予的長官及承辦人員還要簽名、蓋印，程序複雜、鄭重。古代官員即便沒有擔任實職，也可以憑身分證享受相關的待遇。

因此，官員的身分證比委任狀更重要。我們就詳細說說古代官員的身分證。它除了是享受待遇的憑證外，還可以憑此獲得衍生收益。比如宋朝官員可以定期獲得提升，即便退休了也能循例升遷。

浙江縉雲人湯舉做了一輩子官，最後以從七品的承議郎退休回鄉養病，在家逝世。湯舉逝世前，朝廷已經循例將他升為正七品的員外郎了，正式檔案還沒下來。宋朝官員升遷要換新告身。告身到手了，事情才算是確定了。縉雲縣令王令洙提前知道了，忙通知湯家祕不發喪，趕緊花錢去京城先把老爺子的新告身辦下來。湯家人忙派人進京花錢，不到一個月就把湯舉的新告身辦下來了，然後發喪。七品是一道門檻，七品及其以上的官員可以庇蔭子弟免試當官。新告身讓湯舉的兒子湯思退可以蔭襲入仕 ── 雖然湯思退後來成了「奸邪誤國」的奸臣。

告身的形狀各有不同，隋唐時朝廷發給官員「魚符」作為身分證，隨身攜帶，出入宮廷、官府的時候驗證用，魚符用木頭或者金屬精製而成，形狀像魚，分左右兩片，上鑿小孔，以便繫佩。「魚符」上刻有官員的姓名、任職衙門及官居品級等。當時，凡親王和三品以上官員的魚符以黃金鑄製，五品以上官員的魚符為銀質，六品以下官員的則為銅質。唐朝官員們都在腰間懸掛魚符，旁人遠看材質就知道他的大概品級，近前一看就知道他的具體情況，類似於現代的胸牌，相當方便。武則天稱帝期間，一度將魚符改為龜符，三品以上高官佩金龜袋（裝龜符用）。李商隱〈為有〉詩云：

「無端嫁得金龜婿，辜負香衾事早朝。」因為掛金龜袋的人都三品以上，每天要早起上朝。後人將條件優越的新郎稱作「金龜婿」，典故就出在這裡。宋代，身分證不再是魚符，但仍隨身攜帶。明代，官府用象牙、獸骨、木材、金屬等製成片狀的身分證，稱為「牙牌」。上面刻有官員的姓名、職務、履歷以及所在的衙門。到了清朝，官員告身可能還是片狀的，類似許多官員出入宮廷用的「腰牌」。不過後期，官員的身分證可能變為了紙質的，稱為「官照」。為了防止偽造身分證，從五代以來官員身分證明開始描述官員的歲數、相貌，比如「長身品紫棠（膚色），有髭鬚，大眼，面有若干痕」，或說「短小無髭，眼小，面無斑痕」之類。但是這樣的描述畢竟比不上照片，且符合簡單相貌描述的人可能很多。比如老舍的父親當年在紫禁城裡為皇上當差，做禁軍軍官。他出入宮門全憑一張寫著「面黃無鬚」字樣的腰牌，核對一下就讓進去了。但是，面色發黃、沒有髭鬚的男子應該很多。因此，儘管有身分證，古代驗證官員真偽依然很難。往往是，一個年輕人拿著官憑，就說自己是某某某，新任某某官。對方最多看看憑證上的朝廷大印是不是真的，上面有沒有錯別字，對這個年輕人是否就是某某某則無法當場驗證。如果有懷疑，你可以跑到京城的吏部去查證，可是吏部見過某某某的相關人等也只能向你描述該人大致長相。如果冒充者不是體形相貌明顯不對或者真人有特殊長相（比如身高兩米，左手七個手指頭，腦門有個「官」字之類），騙局很難被揭穿。

歷朝歷代都有假冒官員的案子，從中透露古代官員的身分證明制度存在諸多紕漏。

據朱鼎臣《唐三藏西遊釋厄傳》記載：唐朝貞觀初年，蘇北考生陳光蕊高中狀元，後被授予江州刺史之職，坐船赴任。船伕劉洪動了謀財

害命霸占嬌妻的歹念。劉洪將陳光蕊殺害推入江中，霸占了陳光蕊的妻子，拿著陳光蕊的官憑、官服赴任江州刺史，並沒有被人識破。江州來了一位新刺史，水照流生意照做，一切照舊。劉洪連續十八年都在江州為官。到第十九年，劉洪被揭穿了。原來陳光蕊的妻子到江州後產下一個遺腹子。為了孩子不落入惡棍劉洪之手，她把男孩拋到江中，寫血書說明身世。這孩子後來被金山寺的長老搭救，長大後剃度為僧。他知道身世後，回江州找到母親，報仇雪恨。陳光蕊兒子出家後的法號是玄奘。他就是大名鼎鼎的唐僧。

《警世通言》第十一卷「蘇知縣羅衫再合」講了一個更曲折的故事，說的是明朝永樂年間蘇雲赴任浙江蘭溪知縣，半路上遭強盜徐能搶劫。蘇雲同樣被拋入大江，蘇夫人則僥倖逃脫，但是剛生下的嬰兒被徐能養為己子，取名徐繼祖。十九年後，徐繼祖中了進士，當了監察御史，這才報仇雪恨。

《清朝野史大觀》記載康熙初年新任池州知府郭某在赴任途中被強盜殺害，妻兒被強盜擄掠。強盜發現官憑後，也冒名到池州上任。冒牌官的日子過得舒服，就是不斷有親朋好友來池州拜訪或者投奔。這些老郭家的親友進了知府衙門就沒有出來過 —— 全被強盜殺死在內衙了。在外面，這強盜可能長得挺有一把手的樣子，地方上頗信服他。重要的是，人家把池州治理得井然有序，訓起話、辦起事情來頭頭是道，轄區下沒有犯案發生、百業興旺發達、人民安居樂業。年終考核的時候，上級對假知府評了「政理精明」。

唯一讓上級官員有點不滿的是，池州府的錢糧收齊了，也看著存放在府衙裡了，可就是遲遲不願解送到省裡來。後來，郭某的一個小舅子發現身邊的親友一去池州不復返，覺得蹊蹺，也跑到池州了。

他比較精明，沒有直接去見姊夫，而是在路上觀察知府模樣。結果發現池州知府竟然不是姊夫，肯定是假冒的。小舅子就尋機混入知府衙門，從被羈押的姊姊那裡得知真相，趕緊跑到省裡報案。安徽省衙高度重視，調集重兵殺入池州，圍住知府衙門，抓獲了假知府真強盜。

調查發現，池州府衙府庫有白銀八萬兩。據強盜交代，他準備收齊十萬兩稅銀後，捲款潛逃，過逍遙日子去，可惜在成功的前夜功虧一簣了。最後，這個很有行政能力的強盜被處決了。

古代讀書人，尤其是科舉制後的讀書人，絕大多數都沒有全面發展。那時候也不興什麼素質教育，讀書人光知道讀書，不知道實踐；光知道往上層跑，不知道底層的基本情況，捧著子曰詩云亂談，花拳繡腿的多，真才實學的少。一旦遇到問題了，從書齋裡出來的新官們還真不能解決好。強盜們就不一樣了，他們畢業於社會大學，做強盜前做過販夫走卒，知道社會實情，做了強盜後走南闖北，眼界大開，冒充起官員來把政務處理得好好的。

到了晚清，拜大規模賣官鬻爵所賜，官員隊伍大肆擴充。很多人都是拿著官照、沒有實職的候補官。他們當中的很多人一輩子都得不到實職。逐漸地，官照惡化為可以買賣的商品。比如有人早期捐了官，手持官照當做期貨，一邊享受官員待遇，一邊伺機尋找合適價格將它售賣。又比如在《近二十年目睹之怪現狀》中就有一位名叫伊金庸的官員用官照抵押向妓女借錢的描寫：「這『伊金庸』，便是我的名字；這『三十五歲』，便是我捐官那年的歲數；這『身中、面白、無鬚』，便是說我的相貌；這一顆紫花色的，便是戶部的印。」「凡我們做官的人，都是靠了這一張照做憑據，倘使沒有這張照，你也說是官，我也說是官，有什麼憑據呢？」其實，當官員身分可以如此作踐的時候，官照乃至官職本身都沒有什麼意義了。

第二節
古代官員的具體工作

　　到任後，官員們就要正式開始工作了。那麼，古代官員都做些什麼日常工作，怎麼工作，有什麼作息規定？本文就以地方縣令的工作為主，兼及中央地方各層官和吏，來討論古代官員的工作情況。

　　縣令（宋以後多改稱知縣）可能是每個朝代人數最多的官職了，在清末全國共有 1,700 多名實職知縣，遠遠超過了其他的職位。

　　同時，縣級政權是古代的基層政權，故有「君權不下縣」之說。朝廷的政令最終都需要縣級政權去貫徹落實，老百姓們直接打交道的也是縣級官吏們。縣政的好壞對於整個政權來說關係重大，故又有「天下事莫不起於州縣，州縣理則天下無不理」之說。

　　縣令直接治民，為民之父母，「父母官」說的就是他們。清代州縣署衙常有縣官自撰的衙聯，比如：「眼前百姓即兒孫，莫言百姓可欺，當留下兒孫地步；堂上一官稱父母，漫說一官易做，還盡些父母恩情」；「民不可欺，常愁自折兒孫福；官非易做，怕聽人呼父母名」；「到處皆稱父母官，要對得自家父母，方可為人父母；此中易作子孫孽，須顧全百姓子孫，以能保我子孫」；「人人論功名，功有實功，名有實名，存一點掩耳盜鈴之私心，終為無益；官官稱父母，父必真父，母必真母，做幾件懸羊賣狗的假事，總不相干」。

　　這些對聯的中心意思都是說要愛民撫民，無私為民。縣官工作的首要內容就是撫慰百姓、教化百姓。

　　後人看史書，其中名臣良守們的傳記中總是離不開教化百姓的內容，要麼是發展教育、督促學業，要麼是杜絕淫祀、幫助百姓樹立正確的價值觀，要麼是招攬流民、安頓貧弱困苦之人，要麼就是巡視鄉里、傾聽百姓疾苦。似乎一個文官沒有愛民教民方面的成績，就稱不上是一個好官。在這樣的氛圍中，歷朝地方官都要做些體恤民情的事情，比如不定期地去官學中對秀才學子們訓訓話，有表現欲的官員就來個「微服私訪」。不過這些「親民之舉」多是表面文章，鮮有實效。一個地方的人文水準不是縣令訓話能提高的，百姓的疾苦也不是微服私訪能根治的 —— 事實上，官員的「微服私訪」常常是做給別人看的「高調訪問」。

　　清朝時，縣官的親民教民之舉逐漸固定為「說善書」、「講聖諭」。縣官根據皇上聖旨的意思，結合古代現代和縣裡內外的好人好事，用通俗的形式向聚集的百姓宣教，就算是盡到了教民之責。

　　郭沫若在《少年時代》裡對此有生動的描述：「我們鄉下人每每有『聖諭』的先生來講些忠孝節義的善書。這些善書大抵都是我們民間的傳說。」 「在街門口由三張方桌品字形搭成一個高臺，臺上點著香燭，供著一道『聖諭』的牌位。在下邊的右手一張桌上放著一張靠椅，如果是兩人合演的時候，便在左右各放一張。」宣講者「朝衣朝冠的向著『聖諭』牌磕四個響頭，再立著拖長聲音念出十條『聖諭』，然後再登上座位說起書來，說法是照本宣科，十分單純的；凡是唱口的地方總要拖長聲音唱，特別是悲哀的時候要帶著哭聲」。「這種很單純的說書在鄉下人是很喜歡聽的一種娛樂。他們立在聖諭臺前要聽三兩個鐘頭，講得好的可

以把人的眼淚講得出來。」這樣的活動在大街口有，但更多的時候還是在官衙門口舉行。「八字衙門朝南開」，這「八字」就是兩面用來貼各種告示的高牆。縣官們常常在牆壁上貼些教民的內容，比如「農閒時不許賭博，農忙時不要遊蕩」、「人人親善，家庭和睦」等。人們習慣將衙門口當做資訊總匯和聚會談話場所，正好方便縣官組織「說善書」、「講聖諭」的活動。有時衙門口會唱大戲，縣官高興了，也會上臺對百姓們講講「官民一家親」、遵紀守法的道理。

其實，每個官員也都知道，親民、教民都是表面文章，可以作為仕途點綴，卻不能讓自己加官晉爵。你看歷史上，有幾個官員是因為下鄉巡視、和百姓談心或者對學生訓話而升官的？上級最看重的、決定晉升的關鍵因素是錢糧賦稅的徵收情況。畢竟經濟基礎決定上層建築，收不上財富來，整個體制就被釜底抽薪了，意識形態和方針政策都將是空談。

古代官員無不將錢糧當做日常工作的重中之重來做。新官到任後就迫不及待地「查問錢漕、糧米、地丁、屯糧、漁租、雜稅若干，前任已徵若干，已解若干，務要查明批回」，這是在了解本地錢糧租稅的基本情況；「問每年可有多少契稅，現在有無瞞稅者，問明詳敘，回官出示，嚴禁瞞稅；查問前任現在契尾存餘有若干」，「查問常平、社倉積穀額數若干，現存倉中若干，查明斗級甘結、前官有無虧欠穀項，問現存何處，務要開呈清單」，這是在了解本地徵收錢糧的慣例和家底；「此地有無請帖承充牙行，雜稅額規每年徵收若干，此地有無領帖承充者，並問鹽店當規若干」，這是在問之前當地錢糧是如何徵收的。其中的「牙行」類似於官府和百姓之間的中間人、收稅「承包商」；「前官簽點銀匠何人，如妥送規禮，可回官另點別人」；「有無民欠，有民欠即回官出票催追」；「有無正副鑲丁軍家，務要查明，防備上憲提丁追費」，這就涉及財政開支情

況，新官開始要「清欠」催款了。(《清代的「家人」》)

此後，官員對錢糧徵收時刻掛在心頭。以下資料是從隨從角度說的日常錢糧工作，可以看出此項工作之煩瑣：「平日錢糧櫃上徵收之錢，簽差下鄉；追收之錢，必嚴令每日繳進。錢糧、地丁、屯糧、漁租、隨漕雜款等項額徵多少，而上下兩忙批解，必須要戶糧虜開一清單摺，安放辦公之處。平常至錢穀處商敘解者，總宜喚經承同去商敘」；「遇比較之日，送、必得早晨傳戶糧房送比簿比差，即令傳其管頭、總頭差役，催追欠數；午間傳齊站班人等，如有欠差，實意不下去者，喊伺候，如齊者請官坐堂」；「申報上憲委員承催，或催漕、催徵、催錢糧、催交代、催契稅、催挪墊，或提費，或提經承銀匠，或踏看水災，或看旱災，或散賑撫卹等事檔案，呈官判閱日期，……此總出進由簽稿處經過」；「春季勸農，務須力備辦花炮、酒、葵扇等項賞號，回官標牌定日期下鄉」。遇到收不上的錢糧，縣官常常免不了帶上一大幫衙役，親自下鄉催逼，搞得鄉間雞飛狗跳的，遭人忌恨，自己內心也老大不忍。此外錢糧工作還包括繳送錢糧到上級部門、管理庫房等。如果當地在漕運、海運沿途，縣官還要花大量精力協助辦理漕運事宜。親民教民的表面文章還可以糊弄一下，錢糧徵收則是白紙黑字、實實在在的，如果動手腳事蹟敗露那就要革職罷官了，甚至追究刑責。

縣官的第三大日常工作就是聽訟審案。我們常在影視作品上看到百姓攔轎喊冤、擊鼓報案的場景，說的就是縣官的司法工作。古代縣官要定期開放衙門，聽任百姓上門訴訟。遇到突發案件，縣官則要出門辦案。他集勘查、審訊和初判等工作於一身，任務很重。

而歷朝歷代對司法工作又非常重視，將之提高到關係社會穩定、展現皇恩的高度，容不得絲毫的冤假錯案。所以，聽訟審案的重要性僅次

於錢糧徵收。

　　後人以為縣官審案的時候很威風，動不動就打人家板子。實際上，清朝縣官的司法權力很小，也就局限在杖、笞等直接的身體懲罰，至於流放、徒刑、死刑等判決權都在上級衙門，縣官只能提出處理意見。他對所有案子都不敢馬虎，務求精確，因為所有案卷都要上交府、省複查。中央的刑部還可能隨時抽查任何一個案子。對於死刑判決，不僅府、省要重審，案卷（有時還包括犯人、證人）要報送刑部終審。對重要的、認為有疑點的重案（往往是死刑判決），中央還會組織三法司（刑部、大理寺、都察院）會審。所有死刑，都要等到刑部的確認後，才能執行。王朝還為老百姓設計了一整套信訪、申訴的程序。當事人覺得縣官初判有冤，可以到上級衙門上訪，甚至直接去告御狀。出現冤假錯案肯定會影響初審縣官的仕途，稍微嚴重一點的就要革職罷官。覆審的府、省官員如果沒有發現冤錯，比如晚清的浙江官場官官相護，釀成楊乃武、小白菜冤案。此案經過事主家人一再上訴申辯，最終平反，追究之前歷次審訊官員責任。浙江北部府縣官員幾乎為之一空。

　　這一切都造成縣官審判的時候戰戰兢兢，刑訊慎重。官吏們不僅直接與嫌犯打交道、勘查現場，就是用刑時也親自隨時檢視傷痕，不漏過任何一個細節。

　　以上就是古代縣官的三項主要工作：教撫百姓、徵收錢糧、司法審訊。其他還有一些工作內容，比如轄區內出現了土匪強盜，又沒有鬧到需要正規軍來剿滅的程度，就需要縣官帶著縣裡的衙役捕快們去剿滅了；比如轄區出現了水旱災害或者地震海嘯等，縣官有救災濟民的責任；還有一些特殊事例需要縣官打理：藩屬朝貢使團過境，正規軍過境，上級交辦案件「異地審理」等等。

需要指出的是，許多政務最後都落實到檔案案牘之上，文字工作在古代官吏工作中占據很重要的分量。「衙門公事，全憑文案。」

地方官埋首「文山」之中，花費大量時間來寫作、批閱文案。他們往往聘請一整套文字團隊，協助工作。所以文字水準的高低，對古代官員的仕途影響很大。乾隆年間，新疆準噶爾部發生叛亂。軍情急報傳到北京時，已是夜裡。乾隆皇帝急命太監將值夜班的軍機章京巴延三叫來，「立降機宜，凡數百語」，然後讓巴延三速速擬旨。

不料巴延三是個齷齪無能的庸才，文字水準極差。他的軍機章京是鑽營來的，平日混在同僚中濫竽充數，為人不齒。這回遇到了真正的考驗，巴延三嚇得渾身顫慄；汗流滿面，回到軍機處提著筆一個字也寫不出來。在一旁等著取稿的小太監鄂羅里發急了，乾脆代他擬稿，憑著記憶將乾隆的意思整理了出來。不想，乾隆讀稿後非常滿意，過幾天向軍機大臣傅恆專門誇獎巴延三：「汝軍機有若等良材，奚不早登薦牘？」皇帝誇獎了一個人，這個人不行也得行。傅恆自然不敢將巴延三的實情相告，相反馬上推薦他外放道員。巴延三最終做到了兩廣總督。所以，無論在唐朝針對新科進士的吏部選官考試，還是明清時期的舉人「大挑」，都有考核公文寫作的內容。

與「文山」相對的是「會海」，許多政務習慣透過開會解決，許多官員也習慣用開會來落實。於是，中央有朝會、百官大會、宰相會議、部院會議。明清時代，因相權被限，百官大會和宰相會議不復存在，變成皇帝動不動就召見大臣開會商討政務，然後命令相關部門開會提出決策建議來，比如「下部議處」、「著某部擬條陳上奏」等都是皇帝要相關部門開會討論的意思。一定品秩以上的京官或者特定職務的京官，每天都得參加皇帝親自主持的最高會議，通稱「朝會」。許多京官每天上班的第

一道程序，便是「上朝」。朝會是很嚴肅的事情，皇帝派太監在宮門口仔細檢查，對官員的上朝和散朝情況逐一登記。官員因病、因事早退，必須將緣由告知管門太監，以便核查。所以，京官每天的工作很辛苦，深更半夜就要起床，打著燈籠，穿越半個北京城，走向紫禁城。凌晨三點，上朝的官員們就都聚集在午門外，準備上朝。進入宮門後，官員在廣場整隊，準備上朝。若有咳嗽、吐痰或者步履不穩重的，都會被御史糾察彈劾，聽候處理。很多人每天都過得戰戰兢兢。朝會開始後，一般四品以上的官員才有資格回答皇上的問話。不管討論的事情是否與自己有關，官員們都要垂首肅立，不能有絲毫的怠慢和倦態。明朝正德年間的一天，一大幫朝臣在紫禁城廣場上站了差不多整整一天，等著皇帝上朝。到了下午，正德皇帝才宣布：今日取消朝會。

又飢又渴又累的大臣們急於回家，蜂擁而出，一位將軍在午門竟然被活活擠死。可見，上朝開會不是一件輕鬆的事情。

地方各級衙門也有種種會議。日常的屬員向上司請示定奪叫「衙參」，需要討論的叫「衙會」，參加者是本地的所有官員，由主官，也就是一把手主持。雖然地方政府中的官員都是朝廷命官，是平等的同事關係，但主官位尊權重，基本上由他說了算。下屬官員唯一把手馬首是瞻。

古代衙門的上班時間也比較嚴格。京官朝會就不再說了，地方官因為就居住在官衙之中，所以在事實上沒有上下班之分，不論晝夜來了政務都要處理。一年之中，元旦、元宵和冬至等一般是歷朝歷代承認的節假日，此外各朝都有上五天休息一天或者上十天休息一天的規定，或者乾脆就沒有日常休息日（比如朱元璋時期）。

上班時間內，官員不得接待與公務無關的來訪。宋朝還規定在大理

寺等審判機關任職的官員平日禁止請假。當然了，在王朝的末期，官員作息時間往往就形同虛設了。比如晚清，官員們每天點卯形同虛設，有事不打招呼拔腿就走。

以上說了這麼多，其實還漏掉了官吏們最主要的工作內容：交際應酬。大文豪袁枚在蘇州任職的時候，就特別厭煩迎來送往、應酬上司的苦況，常因此無暇問政治民。他覺得自己起早貪黑，風霜寒露中奔忙的，「不過臺參耳，迎送耳，為大官作奴耳」。常常是迎送了東邊，誤了西邊；本以為已準備齊全了待客物品，卻往往缺少某些上司想要的東西。如果不奔忙張羅，屈膝逢迎，就要受到上司的斥責。每次送往迎來，都是身雖去而心不隨，邊迎送邊生氣。一天下來，百姓們又牽衣呼號要求解決他們的問題，於是只好秉燭辦理。理畢又要批閱堆積如山的文書簿冊。公事都辦完了，剛一躺下休息，又接到驛站報告說某官又到了，於是只好馬上又去迎接。（《清代官場圖記》）

唐代大詩人白居易作過多首〈自詠〉詩，抒發官場煩惱，對官場工作有過全面的描寫：「公私頗多事，衰憊殊少歡。迎送賓客懶，鞭笞黎庶難。老耳倦聲樂，病口厭杯盤。既無可戀者，何以不休官？」

最後需要交代的是古代官員的「團隊」情況。後文有專門描寫「團隊團結」的重要性，這裡就先簡單介紹一下清朝地方各級衙門的團隊配備情況。

清朝省級政府一般有巡撫、布政使、按察使，巡撫總攬一省政務，布政使負責民政、錢糧和人事，按察使負責司法審訊。此外還有負責教育和科舉事務的學政和負責軍事的將軍、提督。這套團隊中，自然是巡撫說了算。不過清朝有總督一職，負責一省或幾省政務，地位在巡撫之上，兩者職責沒有明確的區分。如果總督和巡撫同城，就有好戲看了。

比如清末，游百川擔任廣東布政使時，遇到潮州知府出缺。巡撫遞了一張條子給他，舉薦某某人，游百川就上報擬任命某某人為潮州知府。可是，廣州還駐紮著兩廣總督。時任兩廣總督張之洞也遞了一張條子給游百川，舉薦另一個人擔任潮州知府。因為已經許諾了巡撫，所以游百川就把張之洞的條子壓了下來，不辦。張之洞知道後大怒，即日傳見游百川，厲聲責備：「你竟敢藐視我而獻媚巡撫，難道是有恃無恐？」游百川回答：「卑職何恃之有？只因為舊制規定總督負責軍事、巡撫負責行政，卑職這是按制辦理。」張之洞更生氣了：「巡撫也歸總督管，你難道不知道嗎？你說的舊制，哪來的？趕緊找來告訴我，我從此也好不問行政，安心軍事。」游百川害怕了，趕回衙門就翻閱《會典》等制度檔案。遺憾的是，總督和巡撫的職權劃分原本就不明晰，也沒有留下白紙黑字。雖然游百川說的的確是通行的慣例，但他找不出明確根據來。強悍的張之洞步步緊逼，不依不饒，天天派人催問游百川的舊制。游百川最後憂鬱吐血，只好因病辭官。從此，廣東的政務張之洞事事都過問，廣東巡撫形同虛設。

省以下，是道，設定有道臺。但道臺與地方的關係並不緊密，且常常負責特定事務，並沒有形成固定的一級政體。相反，省裡常常直接向府一級發號施令。

府一級的政府，一把手是知府。大府或者位置重要的府，都設有同知，作為知府的副手，或者專門負責特定事務，比如御盜、守備。此外，明清各府置通判，分掌糧運、水利、屯田、牧馬、江海防務等事；置儒學教授等學官，負責教育和科舉。省級官員一般是二三品官員，道府為四五品官員，他們都不直接治民。

直接治民的基層政權就是縣了。一把手是知縣，七品官。知縣之下

有縣丞，作為副手，分掌糧馬、巡捕。如知縣一職空缺，縣丞便可代理知縣。唐宋時期，縣丞、縣尉、主簿等官也從進士裡選拔。明清後，縣丞主要從監生中選拔，一律是正八品。縣裡的「三把手」是主簿，負責戶籍、賦稅等。明清主簿是正九品。「四把手」是典史，主管一縣治安。典史在明清之前叫做「縣尉」。這官劉備當年因鎮壓黃巾起義有功，就在安喜縣當過。唐宋時，人們將主簿與縣尉並稱，通呼作「簿尉」。白居易、柳宗元、賈島、溫庭筠、蔡京、宗澤等人就是從縣尉起步的。明朝將縣尉取消了，以典史和巡檢來代替。清朝的典史常常名不副實，在實踐中常常充任縣衙門裡的事務官角色，又被叫做「吏目」，意思是說他是胥吏的老大。

典史沒有品級，連從九品都沒有搆上，因此被叫做「未入流」。雖然設有品級，但典史也算是官，也是縣級領導團隊的成員，依然可以升遷。至於能否升為主簿、縣丞乃至是知縣，就要看個人的能力和機遇了。

此外，縣級衙門還有巡檢，一般在集鎮、要衝、關隘等處設巡檢司，職掌緝捕盜賊、盤詰奸偽、警備不虞。明清時巡檢有的也是未入流，有的則是九品官。乾隆皇帝巡行熱河時，某太監自恃是天子扈從，沿途滋擾。本地巡檢張若瀛勸了他幾句，太監非但不理會，還將張若瀛痛罵一頓。張若瀛大怒，將太監捆起來痛加大杖。直隸總督聽說後差點沒昏倒，驚呼「張某瘋矣！」馬上寫奏摺彈劾張若瀛，免得引火燒身。沒想到乾隆皇帝認為張若瀛盡忠職守，下旨將他越級提拔為知縣。不過現實中像張若瀛這樣從巡檢提升為知縣的，寥若晨星。

縣級衙門的另一個序列是與學政、教授相對應的訓導、教諭等，有的是八品，有的是九品官。學官大多是正途出身，不少人還是進士，所

以地位在縣級衙門中比較尊貴，知縣和其他團隊成員都要尊稱一聲老師。學官們平日工作也很單純，在縣務中比較超脫。

最後，還有一些最基層的、未入流的小官。比如河泊所官，專門管徵收漁稅；閘官、壩官，專門管水閘水壩的啟、閉、蓄、淺；稅課局大使，專管商賈、儈屠、雜市類常稅徵收；批驗所大使、副使，專管茶葉和食鹽專賣。這些小官負責具體事務，都沒有品秩，但也是官。在這類小官中，最知名的可能要算驛官了。中國古代有發達的驛站網絡，負責官員就是驛官，類似於官辦招待所所長兼郵局局長。這是一個很煩瑣、很辛苦的活，通常被過往官員當做傭人使喚。明朝正統年間，陝西右參政郝敬過華清驛，驛丞張耕野剛巧不在驛館，郝敬大發雷霆，派隨從去他家裡將其捆綁來，毆打至死。理學大師王陽明得罪了權宦劉瑾，被「降五級使用」。他原本只是七品官，降五級能當什麼呢？貴州龍場驛的驛丞。王陽明既受到了懲罰，又留在「官」的範圍內。

上面的人員都是地方官，在州縣衙門中還有一大幫的「吏」在協助工作。比如縣裡遵照中央的六部，設定了六房，分別是吏房、戶房、刑房、兵房、禮房、工房，業務上和中央六部成系統、相對應。許多縣裡還有額外的糧房。這是因為錢糧徵收工作非常重要，分離出來成了一個專門機構，負責虧空填補、收糧事例。這些房中的辦事員，叫做書吏、書辦、曹吏等，也有正式編制，可以吃到一份微薄的「皇糧」。不過，吏的合法收入肯定不足以讓他們養家餬口，加上官吏有別，吏幾乎沒有可能升為官，所以地方小吏們也就破罐子破摔，貪贓枉法，上下其手以自肥了。他們的骯髒勾當，在下文〈難纏的衙門小鬼〉中有詳細介紹。

第三節
難纏的衙門小鬼

　　民謠說：「官不惡衙役惡」「大官好辦，小鬼難纏！」說的是衙門裡的小角色長袖善舞，舞弊長官，刁難百姓，謀取私利的情況。

　　這些小角色，都不是官。除了州縣衙門各房中的書吏，還有衙役等人。衙役本質上是「役」，是官府徵發到衙門裡當差服役的百姓，包括門子、皂隸、聽差、捕快、禁卒、仵作等人。他們所做的事情，都是政府公務。不過，官和吏都有編制，有俸祿，但是衙役們是沒有編制，也沒有俸祿的。這就逼著他們去營私舞弊，賺取外快。

　　宋人說小吏和衙役們「少諳刀筆晚尤工，舊貫新條問略通」。

　　他們中的很多人從小就吃衙門飯，幾十年下來老到穩重，對行政事務、條例和慣例等一清二楚。長官們要在當地開展政務，還真離不開他們。久而久之，小吏和衙役成了一種職業，不用再挑選、徵發了。很多家庭壟斷了吏和役，父子相傳，以當差為生了。當官要迴避，不能在本鄉本土為官，但吏和役不需迴避，家裡幾代人都是衙門裡的地頭蛇，可謂「鐵打的差人，流水的長官」。《舊京瑣記》記載北京當地居民，「士族工商以外，有數種人，皆食於官者，曰書吏，世世相襲，以長子孫。起原籍貫以浙紹為多，率擁厚資，起居甚奢。夏必涼棚，院必列瓷缸以養文魚，排巨盆以栽石榴。無子弟讀書，亦必延一西席，以示闊綽。譏者

為之聯云：『天棚魚缸石榴樹，先生肥狗胖丫頭。』其習然也。」這些人是吏，此外還有「庫丁」、「長班」等差役。他們的特點是「皆食於官」，就是吃衙門飯，靠經手政務牟利的。他們既把政務當做生意，老百姓自然要「出血」了。比如，老百姓去衙門打官司，衙役就可以向當事人索要「鞋襪錢、酒飯錢、車船錢、招結費、解鎖費、帶堂費」等等；書吏可以向當事人索要「紙筆費、掛號費、傳呈費、買批費、出票費、到案費、鋪堂費、踏勘費、結案費、和息費」等等。總之每個細微的環節都要向老百姓索要賄賂。

衙門小鬼強大的後果是挾制長官，為害政治，這樣的例子自古就有。《宋史》記載：陳詁在祥符縣當知縣，因為嚴治貪吏，胥吏們集體罷工，弄得陳詁無法正常辦公，全縣行政機構陷入癱瘓，朝廷要拿陳詁問罪。幸虧有人挺身而出，慷慨陳詞：「罪詁，則奸吏得計，後誰敢復繩吏者？」這才打破了陰謀，同時也明確將官和吏放在了對立面上。《明史》的案例更驚人：曹縣知縣範希正抓到了胥吏受賄的確鑿證據，將他判罪械送京師。但是全縣胥吏聯合起來，誣告範希正「犯罪」！永康縣衙的胥吏更厲害，七任縣令都因胥吏誣告罷了官。沈括《夢溪筆談》記載鐵面無私的包公也曾中胥吏奸計。開封府的一個被告按法律規定應受「脊杖」之刑。他為免受懲罰，就向胥吏行賄求計。有個胥吏終於想出了妙計，告訴被告說：「包公對胥吏干預案件極為反感，對你用刑前，按程序應由我寫用刑文書『責狀』，這時你就大喊冤枉，我自有辦法解救你。」果然，包公過堂審判後，被告就按受賄胥吏教的辦法大喊冤枉，反覆辯解。那胥吏一反常態，破口大罵被告！包公見胥吏觸犯了他嚴禁胥吏涉案的規矩，就把胥吏訓斥一頓，竟把那被告從輕發落了。沈括說：包拯「以抑吏勢」雖然正確，但結果仍然是「為吏所賣」！

　　顧炎武分析胥吏以權謀私的弊端說：「州縣之弊，吏胥窟穴其中。父以是傳子，兄以是傳弟，而其尤桀黠者，則進而為院司之書吏，以掣州縣之權，上之人明知其為天下之大害而不能去也。」雍正皇帝也對胥吏作弊無可奈何：「各部之弊，多由於書吏之作奸。外省有事到部，必遣人與書吏講求。能飽其欲，則援例准行；不遂其欲，則藉端駁詰。司官庸懦者，往往為其所愚；麗不肖者，則不免從中染指。至於堂官，事務繁多，一時難以覺察。且既見駁稿，亦遂不復生疑，以致事之成否，悉操書吏之手，而若輩肆無忌憚矣！」為解決胥吏矇蔽主官的弊端，從明代中葉開始，各級官員只好自掏腰包聘請幕僚、隨從一起上任。這些人由長官聘請，拿長官的薪資，與長官共榮辱、同命運，算是「自家人」。明清的長官們就試圖透過用自家人代替衙門中的胥吏、差役們，達到控制衙門、貫徹政令的目的。比如原來衙門中有看門人，縣官上任後加派自己人當門衛；衙門中原來有管理倉庫的差人，縣官又加派了看守，這樣「一盯一」嚴密控制了胥吏群體，等於是長官們又應徵了一整套地方公務員系統，另起爐灶了。

　　在明清時期，地方官員帶自己的團隊上任，是合法的。比如康熙二十五年（西元 1686 年），朝廷規定：「外任官員，除攜帶兄弟、妻子外，漢督撫帶家人五十名，藩臬帶家人四十名，道府帶三十名，同知、通判、州縣帶二十名，州同、縣丞以下官員帶十名；……（旗人）司道以下等官所帶家口，照漢官加一倍……至旗員有邊疆差遣之事，非民官可比，督撫所帶家口，不許過五百名。」這裡的「家人」絕大多數不是照顧官員家庭事務的，而是處理地方衙門的政務，平日在衙門中對地方胥吏指手畫腳頤指氣使。雖然朝廷對官員攜帶「家人」的數量有規定，但在實際運作中一再被超越。一般知縣上任，隨行的隊伍都有百人之多

了。這些隨從就成了新的「衙門小鬼」了。

長官隨從們的來源有哪些呢？

第一類人是長官的家人親友們。家人和親友是長官最可信賴的人群，用他們既放心，又可以解決親戚們的生計問題，何樂而不為？清朝官場中有「三爺當道」的說法，這三爺指的就是少爺、姑爺和舅爺。他們往往狐假虎威，在父親、岳父或姐夫、妹夫的轄區內作威作福。下屬、胥吏和百姓們忌憚長官，又不敢得罪他們。

第二類人因為一時生活困難，暫時屈尊替人做幕僚或者隨從。

這類人不是出身官宦人家，就是讀書人出身，後來因為家貧或者科舉不利，生計困難，就曲線救國，進入他人幕府做事。一來解決生活問題，再累積點小錢；二來可以提前熟悉政務，累積政治閱歷。

他們最終還是希望自己當官去的，等到時來運轉的時候，或者被他人薦舉，出任官職；或者科舉考試成功，進入仕途；或者用當幕僚、隨從時賺的錢捐班出仕，仍可榮宗耀祖。這類人因為不是以服侍長官為職業，所以被稱為「暫隨」。長官對他們也比較客氣。

第三類人是在社會上磨練多年，精明強幹之人。這類人有的經商多年，生意蕭條；有的自幼奔走江湖，歷練老成；有的遭到挫折，命運乖張，但都是能言善辯、會說話辦事的人。長官發現了他們的才能，聘請為助手。這些人因為一時困難，或者盛情難卻，就同意做了幕僚和隨從，但不願終身為他人做事，所以得名「且隨」。

第四類人是職業隨從。這些人沒有一技之長，不會營商，專喜結交朋友，吹彈歌舞，嫖賭逍遙；或者父母亡故，家產蕩盡，無所可依，都想跟著長官混口飯吃，所以奔走他鄉，充當隨從。這些人久慣風月，眼界開闊，有手腕會權變；在衙門閱歷多年後，進退有據，長官見他勤勞

能幹，委以大事，從此發跡。他們一輩子吃衙門飯，往往積蓄豐厚，為子孫留下不錯的根基。子孫也傾向重走父輩的老路，於是當隨從就成了一種職業。這些人事無常主，哪裡有賺錢的機會、哪裡缺隨從就往哪裡去，以此為業，是長官隨從人員的主力。比如浙江紹興地區，百姓有遊幕四方，當師爺的習慣，所以清朝衙門的師爺多數是紹興人，人稱「紹興師爺」。其他地區的人想打進去吃這口飯，還很困難。

　　清朝時，一個官員得到州縣實職或者差使的時候，往往親友囑託、同僚推薦，一大幫子人爭著來當他的隨從。官員礙於情面，不得不「聘請」。段光清在《鏡湖自撰年譜》中記述他在浙江做知縣時的情況說：「浙省弊俗，一奉委牌，薦家丁，薦幕友，不能計數。」《知府須知》「酌帶家丁」一節中則說：「此一事最難。每遇缺分一露訊息，薦者紛紜，竟有萬難擺脫之勢，而多年舊僕無不願往。若輩存心所為此去發財耳。」

　　清朝中期後，賣官鬻爵盛行，官員情況變得錯綜複雜。官員隊伍龐雜，得到實職越來越不容易，候補的官員越來越多。很多人從候補到實任，往往遙遙無期，生活無著，只好靠借貸過日子。於是就產生了第五類隨從的來源：借貸者。放貸者被稱為「賭子」。為什麼叫「賭」呢？因為他們放貸給生活無著的候補官員，對方沒有資產可以抵押，而且放貸者的收益也是不明確的，類似於賭博。誰都不能保證候補官員什麼時候能得到實缺，得到的是肥缺還是瘦缺。一般「賭子」的做法是，先對候補官員進行考察，探聽候補的順序，順序靠前的就給予銀子；如果順序不靠前，但候補者有其他關係的（比如有親緣權力、地緣權力），也貸給銀兩。放貸的時候，「賭子」和候補官員簽訂合約，注明候補官員一旦得到實職後，要「聘請」自己當隨從，並且說明掌管衙門某事。他們就靠做隨從的預期收入，來彌補借貸的成本和風險。社會上將聘請這類隨從

上任的官員叫做「帶肚子」或「帶賭子」。

賭子行業的行情是：「有放銀三四百兩，議為稿案門上，管一縣訟獄者；議為錢漕門上，管一縣徵稅者。其次放銀一二百兩，議為簽押門上，管一縣案卷者；議為辦差門上，管一縣雜役者。」還有一些賭子為了降低「投資」風險，寧願多花幾百兩，幫候補官員的候補順序向前挪，爭取他早日獲得實職，收回投資。這類隨從在晚清時期特別普遍。江蘇巡撫丁日昌於同治年間承認：「即如江蘇一省言之，道員可由外補之缺，不過二三員；府、州、縣、同、通可由外補之缺，亦不過十餘員，而候補道約有六七十人，候補同、通、州、縣約有一千餘人。夫以千餘人補數十員之缺，固已遙遙無期，即循資格而求署事，亦非十數年不能得一年。」殘酷的競爭使候補官非借貸不可，到任後「賭子」如約而來。如果該名官員候補時間長，借債多，則衙門中幾乎全是「賭子」。說完官員自帶隨從隊伍的來源，我們來看看這些人的執掌分類。按照工作內容的不同，長官的隨從們可以分為六類：師爺，門上，簽押，管事，辦差，跟班。

師爺，是州縣長官的謀主、軍師甚至是助手，直接幫助長官處理政務，為長官的仕途出謀劃策。師爺的教育程度要求較高，一般由「紹興師爺」或者第二類人出任。按照工作內容不同，師爺主要有錢糧師爺與刑名師爺，前者負責處理錢糧徵收和民政事務，後者負責處理司法審判事務，這兩類分別是州縣衙門最主要的工作內容。此外，一些衙門還有「書啟師爺」，主要處理官府公文，幫助長官處理交際應酬。書啟師爺要將長官的各級上司、各位同僚、地方紳士的姓名、品級、履歷、字號、生日等瞭然於胸，其中重要人物的家人情況，包括太太、姨太太、老太爺、老太太、少爺小姐的年紀、生日、喜好也要了解清楚。

門上，又叫門房、門丁、司閽等，負責看管衙門大門和內衙（官員

居所）宅門，稽查出入。此外，門上還負責：一、接收來往的公私檔案，登記後送簽押房處理。二、對於本衙門外送的公私檔案也要登記，發出。三、接待訪客，對於拜訪、自薦的要問清住址來歷，以茶酒相待，然後持帖稟報長官，請示或見或不見；辭行的要問清何日起程，至何地方，有何公事，做好登記，告訴長官；如果是上級官府或者同級官府派來公幹的官人，門上要請至花廳，問明情況，再執帖稟報長官，並知會廚房，備辦飯菜，喚茶房伺候，預備房間等。四、處理門口的報案和擊鼓鳴冤事項，稟報案件，傳集吏役，維持衙署秩序，接待過往人犯。五、籌備官員出門事宜。

官員拜會請客、朔望行香、尋常祭祀、踏勘相驗、考試觀風和迎接差事等等，都由門上安排有關伕役、轎馬、執事、禮物、食物和銀兩等伺候。六、門房還經管茶房、壯役、站夫、轎伕、差役、仵作、禁卒、更夫等工食銀米的給發。可見，門上的職責著實不少，比衙門原設的門房的職責要大得多。古代官員沒有電話，更沒有手機。

官場和百姓要聯繫他，只能透過門上。門上就類似長官的電話和手機，非心思縝密、眼精嘴快的人做不好；

既然門上的角色如此重要，他能獲得的灰色收入也相當可觀。

幾乎所有進入衙門的公私事件和人等都得塞紅包（又名規費、使費、規禮等）。就是縣丞、主簿、典史等官員來找知縣，也得塞紅包。這是門上的主要收入。同時，書吏、屬官辦事支取銀兩，門上也照例按一定比例剋扣為「例扣」，比例大約為十分一二不等。不過，門上不能一人獨吞例扣，而要在所有家人中予以分配 —— 因為這筆收入有孝順整個衙門中人的意思。不管怎麼說，門上是在官員隨從中收入最高的人。《官場現形記》中，蘄州的典史藍某因為幾塊錢和同僚發生爭執，吵鬧到縣衙

門口，被門上一頓冷嘲熱諷。他說：「我平常玩一局牌，輸贏都不止這個數。虧你還是皇上的官呢！」因為收入高，賭子們以充門上為優先選擇。

由於事務繁雜，門上往往有正副二人，多的甚至有十數人。這麼多人又根據工作內容分類，有的專門負責案件，有的專門負責呈詞，有的專門負責差務，有的專門替長官執帖傳話等等。

第三類隨從是簽押。所謂「簽押」，指在簽押房佐理公事的隨從。簽押房是簽發、批閱公文的地方。不過在清朝的說法是，「簽押房如同軍機處也」。任何體制下，公文處理都很重要。單單就印章一事來說，用印的格式、對象、內容、形式、規則都有講究，蓋章一事已從一種權力行為變成為一種瑣屑繁雜的工作。掌印長官本人難以確定，於是就有了專門的「執印之人」。又比如檔案處理，需要分出種類，拈出輕重緩急，使日常公務前後相接、緩急有序。

此外還有公文編輯、校對、簽發等等工作。簽押真正與官、幕接觸，處理政務。門上則是傳達為主，「簽押則不然，一切限額，應催應辦，或奉或報，或先或後，以及填格對讀，皆其任也。」所以，當時有諺云：「假門上，真簽押」。

因為事務繁多，簽押也有多人，分工進行，包括：稿簽（就是簽發文書的人）、審讀、用印、值班、收發、傳稟等。其中由「稿簽」綜理其職。稿簽收到文書後，首先要將其登記掛號，然後根據內容分送長官、師爺或者各房書吏處理。對於各處來文，稿簽要先送長官批閱，再分別送師爺辦理，辦成回來之後稿簽再登記簽發，交給門上送出。

第四類和第五類隨從是管事和辦差。管事是負責具體事務的隨從，比如管倉、管庫、管監、管號、管廚等；辦差則是沒有固定差使的家人。

管倉和管庫分別管理糧食倉庫和銀錢倉庫。管監管理監牢，明清州

縣衙門分內外二監：內監在官署，是監禁已定罪的犯人之所，即常說的「監獄」或「監牢」。外監是差役們臨時羈押嫌疑人的地方，即常說的「班房」。管號是管理驛站的馬房。管廚就是管理廚房。這些地方，本來是有書吏、差役在辦事的，如倉有倉書、斗級，庫有庫子，監牢有禁卒、更夫，驛號有馬伕，廚房有廚師、煮飯、打雜、夥夫等役。州縣長官到任後，加派隨從管理其事。

　　辦差則處理一些機動性強的事務，比如伺候長官出門；迎接上級及辦事員；接送過境差事；到府、到省投文、送禮、批解煤炭、糧米、地丁、人犯等事。這些事情原本就有官吏、兵丁護送押解，州縣長官派隨從護送，即以隨從管理官吏差役。此外，為了探聽上級衙門情況、窺探上級喜好以及做好長官的出差接待，縣級衙門還有派到省、府駐地專門探聽上司衙門關於本州縣事務、上司及官親生辰壽誕等情況的隨從。長年在省會探聽公私事務的隨從稱為「坐省」，在府裡的稱為「坐府」。各上司三節兩壽水乾禮物，以及喜慶大事，一得確信，要預為稟報；本官長有升遷降調之信，按十日一次旬報。也負責照料本官在本省做官親屬的生活。為了管理所有辦差的隨從，地方官往往設定一名「差總」總管其事。

　　最後一類隨從是跟班。跟班才是真正意義上的隨從，只管長官的日常生活，服侍長官的飲食起居、服飾穿戴、日常辦公等。雖然跟班也跟隨長官坐堂、出門，料理拜會應酬事宜，但不管長官的行政事務。這類隨從因為和實權事務離得最遠，實際收入也最低。

　　歸總起來，隨從數量的多少，與當地政務的繁簡有關，也與官員的志趣有關。有人就喜歡親力親為，聘用的隨從自然就少。省會所在的縣（為「首縣」），因為政務繁複，衙門林立，比其他州縣責任更大壓力

更重，知縣的隨從自然就多。比如首縣衙門需要承擔上司衙門委辦的公事。尤其是按察使遇到疑難雜案，一般委發首縣覆審或會審，首縣知縣就需要多聘刑名師爺，或者專設「發審」來承辦案件。

更有趣的是，清朝隨從們因為自身事務繁重或者懶惰，又聘請了自己的隨從。這些人是隨從的隨從，聽從隨從的差遣，除照顧聘主日常生活外，也代替聘主在衙門內外跑腿、辦差。他們被稱為「三小子」或者「三爺」。比如《官場現形記》中的那個蘄州典史藍某，到任後拜訪衙門，對門房裡端茶倒水的「三小子」也客客氣氣地道了聲謝。可見，這些隨從的隨從也不可小看，機緣巧合也可能對你產生實質影響。

由胥吏、差役和隨從組成的非官員集團，構成了龐大的「衙門小鬼」群體。他們經手具體政務，和老百姓打交道，也直接榨取民脂民膏。老百姓們不常見到縣官，倒是經常與這些小鬼打交道，深知衙門小鬼最難纏。後來，連皇帝也知道了這支額外的隊伍的危害。農民出身的皇帝朱元璋即位不久，驚奇地發現自己竟然要發薪資給許多並不在員工名冊裡的「閒人」，大發雷霆。比如朱元璋發現衙門裡的役吏皁隸，依附官威，不務正業，一意害民，僅松江府就有 1,350 名「編外官吏」，蘇州府有 1,521 名。朱元璋痛心地看到自己精挑細選僱傭的官員們坐了位子後，一心享受政府的恩澤，另外僱用了大批衙役胥吏來辦事，把繁雜的政務都推給他們。而這些編外的臨時工坐穩位置之後，接著僱傭「二等臨時工」，把髒活累活又推給他們做，坐享其成。這樣，政府機構越來越龐雜，吃衙門飯的人越來越多。「若必欲搜尋其盡，每府不下二千人。」道光年間，四川巴縣吃衙役飯的約有 7,000 人，而朝廷額定該縣的官吏編制是 70 個，也就是說幫閒之人和法定官吏的比例是 100：1。

最後，以一則笑話結束本文。《舊京瑣記》卷四寫道：宮中太監多無

賴，但是佞佛，又好行小恩小惠。內府果商蔣氏專門負責向朝廷提供果品，各宮太監都要分「例錢」。清末，蔣家因為內務府領款不易（猜想是缺錢，惡性拖欠），家道中落，給太監們的「例錢」往往拖欠。一天，某太監氣勢洶洶來到蔣家「討債」，蔣家男子倉皇逃避，婦女出來接應。太監入門，如狼似虎般拍著桌子，揚言今日如果再不給錢就要以性命相搏。蔣家婦女屏息聽他作威，不一會兒奉上茶水。接下來，蔣家婦女哭聲響起，邊哭邊訴說領款如何艱難，外欠如何急迫，沒辦法付給公公們例錢，只能以死謝罪了。

太監一開始是靜聽，接著擦眼淚，繼而婉勸，最後說：「我們多年交誼，寧忍坐視？」他從懷中取出數金：「區區相助，度此數日，勿過傷也。」蔣家婦女收下銀子，哭泣道謝。太監則殷勤勸慰，最後告別。蔣家對別人說：「這是成文的演戲，如此搪塞已近十年。我們就是有錢也不能給他們錢，一旦給了一個人，幾百人就蜂擁上來了，貪得無厭。我們只能用苦肉計了。」此處，討要例錢的太監，就是那衙門的小鬼了。

第四節
官員也有難唸的經

看到這個題目，很多讀者可能會有疑問：做官，有什麼「苦」，有什麼「累」的？尤其是拜當今影視劇和才子佳人戲所賜，古代官員給人的

感覺都是工作安逸悠閒、私生活多姿多彩，如果連他們都叫苦喊累了，那普通老百姓還怎麼活啊？

且慢下結論，中國古代還真有不少人一邊當著官一邊叫苦不迭，甚至要死要活、哭著喊著申請辭官的。

晚明文豪袁宏道就是個典型。年輕的時候，袁宏道滿腔熱情地追求功名，一門心思要踏入仕途，是個「有志青年」。他自述「少時望官如望仙，朝冰暮熱」，後來在萬曆二十年（1592 年）中了進士，三年以後出任江南富庶之地吳縣縣令，可算是得償所願了。但是官位一到手，袁宏道很快就後悔做官了，向朋友抱怨「作吳令，備諸苦趣」，哭喊：「人生苦短，外面春光燦爛、草長鶯飛，我不知道哪根筋搭錯了，哪裡不能去偏偏自苦來當官！」 源話是「人生幾日耳，長林豐草，何所不適，而自苦若是！」

是什麼讓袁宏道得出如此令人跌破眼鏡的看法呢？

按照他自己的說法，做官「備極醜態，不可名狀。大約遇上官則奴，候過客則妓，治錢穀則倉老人，諭百姓則保山婆」。意思是說，做官如同奴僕、如同妓女，見過的官吏，不論大小全不敢得罪，說不定哪天再碰上了；又像守官倉的小吏一樣，整天算計著銅板錢糧，老是絮絮叨叨，快成祥林嫂了。而且，當官的事務很多，常常是「一日之間，百暖百寒，乍陰乍陽，人間惡趣，令一身嘗盡矣」。因此，袁宏道留下了許多大叫「苦哉！毒哉！」的書信。

讓袁宏道苦惱異常的四項內容，分別是接待上級、迎送過客、收支錢穀、教諭百姓。其中，前兩項屬於官場交際的範疇，後兩項是官員的法定工作。我們來分析這兩部分工作，怎麼把古代官員逼入苦境的。

官場交際是仕途的潤滑劑，衙門中人都難以避免。禮多人不怪。畢

竟大家都要在官場中混，吃這口飯，搞好關係有利於工作，搞不好關係人家逮著機會就陷害你。袁宏道也知道這個道理。

　　他並不是不知人情世故的兒童，更不是愣頭青。他苦惱的是「上官如雲，過客如雨」，也就是應酬太多了。

　　袁宏道在一封信中毫不客氣地指出「過客積如蚊蟲，官長尊如閻老」，這些人全都是來打秋風、吃拿卡要的，幾乎沒有一個人是來辦正經事的。大家都知道蘇州是人間天堂，是魚米之鄉，於是有官職在身的或者曾經有官職在身的甚至即將有官職在身的、辦事路過蘇州的或者不路過但專門繞道蘇州的甚至為了「路過」蘇州而專門找事情去辦的，各路神仙都來了。既然來了，就是客，袁宏道身為地方長官就要出面接待。即便不需要袁宏道吃飯作陪和閒聊，他就是迎來送往，也要耗費大量的時間和精力。

　　應酬是一件苦差事。除了掏錢，袁宏道還要隨時強打精神，滿臉堆滿虛假的笑容，「上官直消一副賤皮骨，過客直消一副笑嘴臉」。主客之間都知道是怎麼一回事，但相互還要說那些言不由衷或者漫無邊際的話。對於袁宏道這樣之前飽讀聖賢書的書生來說，官場應酬無疑是一項既感到生疏又和內心有所牴觸的工作內容。比袁宏道晚得多的張集馨在清朝中期擔任陝西糧道。他的主要工作就是陪客，而且陪的不是陝西糧道衙門的客人。因為陝西糧道掌管西北軍糧，是有名的「肥缺」，陝西官場的慣例是凡有飯局和迎來送往的事，都拉陝西糧道去當冤大頭掏錢。掏錢還是小事 —— 反正不是張集馨自己的錢，讓張集馨受不了的是西安城每天都有客，而且還不止一團客人，常常是開流水席，隨來隨開，隨開隨走。張集馨變成了「釘」在那裡的一個錢包，始終掛著笑容坐在飯局上。觥籌交錯、山珍海味之間，他常常產生不知晝夜、不知身在何處

的幻覺——這應該也算是一種職業病吧？

　　和袁宏道、張集馨一樣，晚清的孫寶瑄也是書生氣很重的官員，不一樣的是，他長期擔任京官。京官雖然不如地方官實惠，可是應酬的壓力一點也不小。孫寶瑄在日記中說到新年拜客的情景：新年時節，京城裡到處是官員們拜客的轎子。轎子裡並不一定有人，往往是個空轎子，在長安街、東城、西城行進，每到一處官員府邸就由僕人上前將主人的名帖遞上去，就算是「拜訪」到了。此所謂「望門投刺」，官員之間並不見面，也不問是否認識。孫寶瑄對這種行為深惡痛絕，但「為社會之慣習，必不可廢」。春節如此，其他節日乃至平常時節也類似。孫寶瑄一次檢查門房記錄簿，發現有許多官員、準官員來拜訪自己，其中絕大多數都不認識，而且一些人居住地極遠。他不禁叫苦不迭，因為他臉皮比較薄，老覺得有客來訪就要回訪，來客住所越遠就意味著孫寶瑄回訪的路程越遠、越辛苦。

　　京官的應酬比地方官更叫人叫苦的一點是：京官沒有直接的財權，不像地方官那樣能讓公家買單，只能自掏腰包承擔應酬成本。

　　那些收入不高又沒有豐厚家產的普通京官，他們把有限的俸祿都投入了無限的應酬中去了，生活再拮据，同僚、同門、同鄉的飯局不能不去，權貴、上司、長官身邊紅人的禮金不能不送，去了怎麼也得坐車，再不濟也得僱輛驢車；怎麼也得有個跟班替自己拿名帖、通稟傳達，再不濟臨時找個兼職的小後生也得充場面。所有這些都是要花錢的，花得大多數京官連累全家人忍飢挨餓、頻繁進出當鋪。三四品的官員在地方上算是高級官員了，但在京城裡依然免不了當了綿衣湊份子錢，和一群官員擠在商業化的會館、客棧中對著幾盤小冷盤「對月小酌」——窮京官不像地方官那樣能吃得起山珍海味。

　　清朝州縣長官一般要聘請刑名、錢穀兩個師爺，分別幫他處理司法和財政事務，但很多官員還會聘請書啟師爺。書啟師爺名義上幫助雇主處理檔案，實際上負責官場應酬文書和迎來送往事務。清朝文學家蒲松齡就做過這工作。康熙九年（1670 年），蒲松齡到江蘇揚州擔任寶應縣縣令同鄉孫蕙的書啟師爺。這個職務讓他叫苦連連。某次寶應縣大災，民不聊生，孫蕙同僚、吳縣的韓縣令就寫信來，拜託孫蕙幫忙低價購買當地少女做自己的侍婢。蒲松齡受命處理此事，他以孫蕙的名義寫了一封信回絕韓縣令：「（買婢女一事）反是老年臺遣人覓之，無所往而不可。弟忝居一隅，救荒拯溺，且愧無術，何敢教之鬻子女耶？」他用冠冕堂皇的忙於救荒賑災的理由堵了韓縣令的口，想必也影響了雇主的官場人情。在〈答李樂陵〉中，蒲松齡大倒當書啟師爺的苦楚：「況送往迎來，則賤如聲伎；婢膝奴顏，則狀同伏鼠。……參揭之票，積案如山；呵叱之聲，聒耳為聾。」對他這樣衙門中的低階人員來說，官場應酬就只有被人呼來喝去、挨罵遭批的份，不覺得苦才怪呢？

　　倒完官場應酬的苦水，古代官員對於正常的公務也有滿腹苦水。

　　袁宏道就哭訴「簿書如山，錢穀如海」，埋怨工作量太大了。

　　所謂的「簿書」就是檔案案牘。明清官場有個壞作風，就是用檔案來落實檔案、用通知來落實通知、用訓示來落實訓示，袁宏道很大一部分工作就是把自己埋在文山會海之中。用他自己的話來說就是「直消一副強精神」，硬撐著去批示公文。到了清朝，被文山會海搞得苦不堪言的州縣長官們紛紛自掏腰包設立「簽押房」，僱了一批祕書團隊專門負責公文運轉。

　　所謂的「錢穀」就是從老百姓那裡徵收錢糧賦稅，然後交送上級衙門。這是地方官員最基本的工作內容，也是鞏固王朝統治的基礎工作。

錢穀事務既瑣碎又繁重，袁宏道抱怨「錢穀多如牛毛，人情茫如風影」。這裡的「人情」指的是民心民情，是讓袁宏道這樣從書齋中走出來的官員頭疼的事情。他們和底層人民比較生疏，對任職地方的居民實際情況並不熟悉，也不了解鄉村結構和七拐八繞的人際關係。袁宏道說徵收錢糧賦稅的時候打交道的都是「鶉衣百結之糧長，簧口利舌之刁民，及蟣蝨滿身之囚徒耳」。他往往需要聲嘶力竭地和他們講道理、說政策，還要恩威並施，少不了威脅恐嚇等等，「直消一副狠心腸」。至於那些從農村出身、與勞動人民感情親近的官員又不願意壓迫苛徵。唐朝詩人高適在封丘做縣尉的時候曾寫道：「只言小邑無所為，公門百事皆有期。拜迎官長心欲碎，鞭撻黎庶令人悲。」官員們初入官場，多少想建功立業、有所作為，沒料到每天就是「鞭撻黎庶」、面對老百姓。難怪高適要大發牢騷了。

無論是案牘勞形還是錢糧瑣碎，官員們都要遵守像蜘蛛網一樣的規章制度，不能觸犯。高適去做官的時候，好朋友杜甫就提醒他：「脫身簿尉中，始與捶楚辭。」（〈贈高適〉）意思是說做官和做文人不同，做官有做官的規矩，觸犯了就要挨訓。杜牧也在〈寄姪阿宜〉詩中說：「參軍與簿尉，塵土驚勘襄。一語不中治，笞箠身滿瘡。」意思是說基層官員（參軍、主簿、縣尉等）過著惶惶不可終日的生活，在官場一說錯話就會遭到鞭打、捶打。官員犯錯有這麼嚴重嗎？有。如果真的「依法辦事」的話，官員們的日子會很難過。唐代官員還算幸運的，因為唐朝的清規戒律還算少的，之後歷代相沿襲，規範越增越多。官員們經常被上級或者仇家陷害、打屁股（專業術語是「笞杖」），理由包括超額制用吏、執行公務延誤、值班遲到或者早退、沒有及時赴任、越級辦事或不請示辦事等等，甚至上司覺得你的建議、公函或者言行有「違制」就可以打你

屁股。北宋的時候，徐州學官陳後山聽說著名作家、社會活動家蘇東坡去杭州赴任太守經過江蘇，沒有請假就跑到南京去找蘇東坡交流寫作去了。馬上就有人彈劾他「擅離職守」，陳後山的前途就這麼沒了。

說完地方官，京官的職業生涯也不好挨。比如南齊時，東昏侯蕭寶卷生活作息十分奇特，喜歡晝伏夜出，通宵達旦地玩挖洞抓老鼠的遊戲，害得大臣們天天清晨準時趕到朝堂等皇帝上朝，皇帝不來又不能走。大家都那麼空等著。到了清朝，歷代皇帝都相當勤勉，即使去城外圓明園休養的時候也堅持批閱奏章、接見大臣。圓明園離北京城有四十多里地，「閣員奉事者夜半即起，乘騎達園，雞猶未鳴耳。閣臣省其事具奏，奉諭畢，閣員馳回城，日尚未午。每日如是，亦可謂不憚煩矣」（《十葉野聞》）。每天後半夜奔波四十多里地去圓明園，一個上午都在匯報工作接受指示，又要在中午之前趕回城內，下午還要處理皇帝交辦的政務，沒有好的體魄還真受不了。

人們總是羨慕那些在皇帝身邊的紅人、近臣。一般京官也想方設法要到皇帝身邊當值，「京朝各官，以儤直內廷為榮」，但局外人不會知道其中的辛苦。首先，長期對著皇帝垂首肅立，「氣血下注，十指欲腫」，老是低頭彎腰脊椎也不太好。其次，如果奉命去草擬聖旨、制定規章或者編輯書籍，「則終日伏案而坐，兩腳不得屈伸」。

康熙年間，王圖炳入選南書房，奉命抄寫《華嚴經》全部。他抱怨說：「伺候時立得手痛，鈔錄時寫得腳痛，此苦豈外廷所知？」曾國藩當京官的時候，長期在宮中面聖，或垂首聽訓，或跪地接旨，百無聊賴之餘竟然把宮中痰盂上的刻字都記住了。這段子雖然誇的是曾國藩「有心」，實際也反映了在皇帝身邊的無聊與辛苦。

應酬之多、公務之重讓官員們的生活異常緊張。袁宏道「朝夕趨承

檢點，尚恐不及」，「七尺之軀，疲於奔命，十圍之腰，綿於弱柳」，完全是一個沒日沒夜工作，累壞了身體的模樣。他擔任的吳縣縣令是個肥缺、要職，因此應酬更多、公務更重。袁宏道常常是在深更半夜剛剛應酬完，頭昏腦脹之餘又要開始處理公務，睡不了幾個時辰又忙亂地爬起來去趕下一場應酬。袁宏道也和張集馨一樣，「幾不知有昏朝寒暑」。日子稍長，他感覺做官「漸入苦境」，「膝欲穿，腰欲斷，項欲落」，大叫「人生作吏甚苦，而作令尤苦，若作吳令，則苦萬萬倍，直牛馬不如矣」。既然官場生活連牛馬都不如，那還有什麼值得留戀的呢？袁宏道「去志已如離弓之箭，入海之水，山嶺之雲，落地之雪」，一連寫了七道辭職報告遞上去，毅然決然地辭官回家去了。

　　袁宏道是到官場走了一遭，受不了官場的苦和累，最終掛冠而去。比他早一千多年的嵇康站在官場之外就看到了其中的苦和累，主動與官場絕緣。在〈與山巨源絕交書〉裡，嵇康列舉了自己不適宜做官的「必不堪者七，甚不可者二」。所謂「七不堪」是指不堪早起、不堪被人跟蹤、不堪端坐公堂、不堪文牘、不堪交接俗人、不堪瑣務、不堪弔喪，大抵說自己受不了衙門的規矩和各種人情往來。所謂的「二不可」則涉及精神層面，一是嵇康「非湯、武而薄周、孔」，思想為世教所不容；二是嵇康「剛腸疾惡，輕肆直言，遇事而發」，個性不適合當官。雖然絕大多數人不像嵇康那樣坦白，但官場對人的精神的壓抑甚至是扭曲，比起客觀的應酬與公務，更讓人受不了。

　　袁宏道還算坦白，用了比較隱晦的詞語來表達當官時精神的壓抑：「文雅都盡」。我們就來看看官場怎麼就讓人喪盡文雅了。

　　古代官場有其運作邏輯和一整套或明或暗的規矩，它們和官員入仕前的思想觀念不盡相同。比如官場高度的科層結構決定每個職位的主次

尊卑，一個官員的地位取決於他的屁股坐在什麼位置上，而不看他的腦袋裡裝了什麼東西。這讓那些初入官場的進士們有些接受不了。比如唐代進士張象出任華陰縣主簿，擔任縣令的助手。

縣令老拿一把手的權勢壓他，張象感嘆：「大丈夫有凌雲蓋世之志，而拘於下位，若立身矮屋之下，使人抬頭不得！」最後辭官而去。宋朝進士司馬池的官場起點也是主簿。知縣大人也老拿權勢壓他。一次，司馬池去找知縣辦公事，知縣南面傲坐，連禮也不還。

司馬池大為光火，走到知縣面前，一把將上司的身體揪正了，讓他好好辦公事。不過，並非所有官場新人都有司馬池這樣的魄力，他們只能懾於職位、資歷、背景等等的淫威，小心翼翼地過著壓抑的生活。

又比如，官員和官場的關係不能用「付出和收穫」的思路來衡量、不是說官員工作努力、有政績就能提拔的。理論上，官員們從低階做起，好好工作就能循級而上，人人都有可能升遷至高層。但絕大多數認真工作的官員們最後都沉積在基層，被壓制在低階職位上。州縣衙門、六部機關不知道擠了多少之前披紅戴綠、如今目光呆滯的進士們。當年意氣風發、指點江山的新官們經過幾十年的壅滯沉淪，不得升轉，如果沒有主動辭官，最後無不成為「沉穩幹練」、低調中庸的老官僚了。遙望當年的理想抱負，得失、冷暖只有他們自己知道。

更讓官員們精神緊張、內心難受的是官場險惡，不知道怎麼的就可能掀起萬丈波瀾，剛才還趾高氣揚的高官顯貴轉眼間就可能淪為階下囚或者千夫所指的批判對象。袁宏道就坦陳應酬和公務「苦則苦矣，而不難」，讓他犯難的是官場的明槍暗箭、窩裡鬥。「唯有一段沒證見的是非，無形影的風波，青岑可浪，碧海可塵，往往令人趨避不及，逃遁無地。難矣，難矣。」其中的艱難困苦，一言難盡。

　　南齊的時候，陳顯達打了半個多世紀的仗，又僥倖在歷次權力鬥爭中都站對了隊伍，還幫南齊三代君主殺了無數的人，最後才在年近古稀之時當上了太尉。位極人臣後，陳顯達高處不勝寒，一味謙遜退讓，禁止子孫過豪華生活，乘坐的車駕軲轆腐朽了也不換，自家的侍從警衛都用年老病弱的人。一次宮廷酒宴，陳顯達趁著酒興向齊明帝蕭鸞索要枕頭。蕭鸞很痛快地就給了，陳顯達撫摸著枕頭說：「臣年已老，富貴已足，就少一個枕頭枕著去死了，所以乞求陛下將這個枕頭賜予我。」這話說得嗜殺成性的蕭鸞心中都悲涼不已，含糊地對陳顯達說：「你醉了。」但是，陳顯達最終還是逃不了滿門抄斬的厄運。陳顯達的同僚沈文秀是尚書僕射，為了避禍，請病假長期躲在家裡不問政務，最終還是全家被「賜死」。死前，子姪們都埋怨沈文秀：「你既然當了尚書僕射，就不可能全身而退。」在這裡，當官就不僅僅是苦和累的問題了，全家人的生命都時刻受到威脅。

　　整體而言，古代官員是一個壓力很大、很苦很累的職業。雖然看似生活穩定、收益豐厚，但是需要官員們拿著身體、精力、人格尊嚴甚至是生命安全去交換的。

第三章

祿秩：古代官員的待遇

　　清朝乾隆、嘉慶年間的內閣大學士劉墉，也就是被當今的影視劇捧紅的那個「劉羅鍋」，一次到金山寺遊玩。寺裡的接客僧見他穿著「布衣芒履」，瞟了一眼，冷冰冰地說：「坐。」對小和尚說：「茶。」冷場了一會兒，接客僧問劉墉是幹什麼的。劉墉回答：「為官。」接客僧馬上熱情起來，說：「請坐。」並吩咐小和尚「泡茶」。劉墉坐下一會兒，接客僧又問：「閣下官居何職？」劉墉慢吞吞地說：「大學士。」接客僧大驚失色，連忙改容恭敬地說：「請上坐！」又忙著再吩咐小和尚「泡好茶」。接客僧請劉墉為寺院題詞，劉墉寫下一副對聯，上聯是：「坐，請坐，請上坐。」下聯是：「茶，泡茶，泡好茶。」（清丁柔克《柳弧》卷一）

　　這幕似曾相識的情景，充分顯露了中國人熱衷官場的原因：當了官之後，可以獲得巨大的福利。到寺院裡，小老百姓只能喝白開水，官員就能喝上龍井。從「茶」到「泡好茶」的變化，還只是有形的、可以用錢財衡量的福利。而「請上坐」的待遇可不是一般人可以享受的，即便是腰纏萬貫的富翁，也不一定能享受如此的優待。我們如果再仔細想像一下，金山寺的接客僧觀察劉墉的眼神，極可能經歷了從冷淡的漠視，到正常的平視，再到最後的獻媚般的仰視，凡此種種，就是當官的好處。

　　現在各地還保留有名為「迎官亭」或者稱「接官亭」之類的古蹟。古代有官員過境，地方官吏就在迎官亭迎來送往。遙想當年，官員過境，萬頭鑽動、旗幟招展、鼓樂聲聲，場面隆重而熱烈，與一般百姓的孤獨行路和商家的匆忙趕路形成鮮明對比。每當此時，總會有大批百姓圍觀，對著各位官員及其隨行人員、對著大箱小箱的餽贈禮物、對著官場的儀仗與做派指指點點，羨慕不已。其中大多數是跑前跑後的小孩子。官場的氣派讓這些孩子們從小就知道當官的好處，讓其中天資聰穎

的小腦袋頓生「大丈夫當如是也」的感慨。於是，又一批熱衷官場的人產生了。

第一節
古代官員的薪資

　　古代官吏到底能拿到多少薪資呢？

　　先秦時期，大多數官吏都有爵位、有封地，他們從封地能固定獲得大額收入。而封地就是君主給他們的工作報酬。進入漢代以後，官和爵逐漸分離，絕大多數官吏並沒有封爵，只能靠薪資生活了。漢代以「石」來衡量官吏的級別和領取俸祿的多少。以石論秩，是因為戰國時候有用穀衡量取酬的做法，石是最大的量器（一石大約有 120 斤），所以用石表示官員的等級。比如，太守是二千石，縣令、縣長有八百石、六百石不等，普通小吏可能也就一百石。這既是官員的級別，又是官員每年能領取的俸祿。不過在發放的時候，朝廷不可能讓官員去搬一麻袋一麻袋的穀物回家，還是要折合成錢發放。比如東漢官員的俸祿就是「半錢半穀」。應該說，百石級別的小吏的薪資收入是相當低微的，如果僅靠薪資生活，溫飽都成問題。漢宣帝就承認：「今小吏皆勤事，而俸祿薄，欲使其毋侵漁百姓，難矣。」為了不讓官吏貪贓枉法，同時又解決他們的生活困難，朝廷對中低階官員多有照顧。比如漢明帝有一晚看到值夜班的

中書官員只能帶糟糠充飢，大為感慨，從此規定值班官員一律享受免費餐飲。此外，漢代官員還有免費住宅、公車和服裝待遇等。

西晉時，官府為官員制定了授田和蔭福的制度。授田，是指官員根據品級高低可以占據一定數額的、不用納稅的田地。最低階官員的授田數也有 10 頃，即 1,000 畝地，而當時普通人家能有幾十畝地就算是小康人家了。蔭福，是指官員及其家人可以免除勞役，多者擴大到九族範圍，小的也有三世。此外，許多人投靠官員，自願為門客、奴僕，也可以免除差役。授田和蔭福兩項制度，後世的具體規定有所不同，但惠及官員的實質一直保留了下來。後代官員可以正大光明地兼併土地，不交糧納稅、不服勞役。

唐代官吏的薪資大為提高，包括祿米、俸錢和職分田等。其中職分田是根據品級，對官員分配一定數量的良田；俸錢又稱月俸，最為豐厚，不但有生活費，還包括辦公費，而且金額不斷提高。唐玄宗年間，月俸增加了雜用、防閤和庶僕等內容。防閤是一種衛士，相當於後世的警衛員，五品以上的官員可以配置；庶僕是一般的傭人，配給六品以下的官員。此外，各項免費待遇照舊。唐朝官員的待遇比漢代大為提高，但和宋朝的同行相比還是望塵莫及。

宋朝被稱為讀書人的天堂，除了政府對讀書人的尊崇優容外，還因為官員們待遇極高，待遇是歷朝中最優厚的。大小官員錦衣美食，生活奢華。宋朝官員俸祿豐厚，朝廷變著法子地發錢、發東西給官員。祿米、俸錢是基本的收入，正一品官月領祿米 150 石，俸錢 12 萬文，外加每年綾 20 匹、羅 1 匹、綿 50 兩；從九品官月祿米 5 石，俸錢 8,000 文，外加每年綿 12 兩。官員們還領取職錢（俸錢類似基本薪資，職錢類似於職位薪資），享受免費住房、食宿和隨扈。朝廷為每個官員配備免費僕

人，最低的官員配給一名僕人，宰相可配給 100 人。之外，官員可享受名目繁多的福利補貼，比如茶酒錢、廚料錢、薪炭錢、馬料錢等等。「有茶酒廚料之給、薪蒿炭鹽諸物之給、飼馬芻粟之給、米麵羊口之給。其官於外者，別有公用錢，自節度使兼使相以下，二萬貫至七千貫，凡四等；節度使自萬貫至三千貫，凡四等。觀察防團以下，以是為差。公用錢之外，又有職田之制，兩京、大藩府四十頃；次藩鎮三十五頃；防團以下，各按品級為差。選人、使臣無職田者，別有茶湯錢。」（趙翼《廿二史札記‧宋制祿之厚》）這些福利補貼合起來蔚為壯觀，比月薪高多了。即便如此，皇帝似乎還覺得過意不去，動不動就賞賜大臣。「李沆病，賜銀五千兩。王旦、馮拯、王欽若之卒，皆賜銀五千兩。」「戴興為定國軍節度使，賜銀萬兩，歲加給錢千萬。王漢忠出知襄州，常俸外增歲給錢二百萬。」「楊徽之遷侍御史，賜錢三十萬；魏廷式為轉運使，賜錢五十萬；宋搏為國子博士，賜錢三十萬。班僅庶僚，非有殊績，亦被橫賜。」「甚至魏震因溫州進瑞木，作賦以獻，遂賜銀二千兩。」（《廿二史札記‧宋恩賞之厚》）遇到一次這樣的賞賜，勝過好幾年甚至十幾年的薪資。更讓人羨慕的是，宋朝官員還有許多「默許」的收入。比如官府用公家錢借貸的利息大部分進了部門「私房錢」，隔三岔五在官吏們中間均分；官員憑朝廷發的「給卷」在全國各地可以白吃白住，甚至領用糧食、衣服等；宋朝官員還有定期免費療養的待遇，稱為「祠祿之制」。所以，在宋朝做官就意味著榮華富貴。宋朝政權開放，多數高官都是出身貧寒的讀書人，比如宰相呂蒙正和范仲淹，儘管為官廉潔，生活都富足奢華。比如呂蒙正退休後，在洛陽建有「園亭花木，日與親舊宴會」；范仲淹捐錢在家鄉修建「義莊」，贍養族人。

　　宋朝一滅亡，官吏們的薪資就每況愈下。元朝官員的薪資絕對值並

不算低，而且朝廷一再加俸，無奈元朝的俸祿是全部用紙鈔支付的。恰恰元代是通貨膨脹最嚴重的朝代，官吏加俸的速度遠遠趕不上物價上漲的速度，他們的實際收入很低。

明朝的開國皇帝朱元璋是個嚴厲而吝嗇的老農民，為明朝官員制定了低俸制。後來歷任皇帝雖然有所增加，但無奈基數太低，明朝官員的薪資始終在低水準徘徊。明朝正一品高官每年祿米 1,000 石，俸鈔 300 貫；從九品官員祿米 60 石，俸鈔 30 貫。其中多數是折合成錢支付的。收入本就不高，加上朝廷折算的時候比率不合理，明代官員的實際薪資很低，要供養全家、送往迎來、維持體面生活，著實非常困難。最典型的一個例子就是海瑞。他是完全靠合法薪資生活的，窮到要親自種地、老婆紡紗的地步，去街上買了二斤肉給老母親過壽就在官場傳為「爆炸性新聞」。

清朝繼承了明朝的低薪資制度，官員的俸祿很少。京官無論文武，年薪分別是一品 180 兩，二品 155 兩，三品 130 兩，四品 105 兩，五品 80 兩，六品 60 兩，七品 45 兩，八品 40 兩，正九品 33.1 兩，從九品 31.5 兩，另根據俸銀多少發俸米若干。地方官員則只有銀子，沒有俸米，文官的年薪與京官相同，武官減半。這個標準是相當低的。康熙時御史趙璟以七品知縣為例說明了官員生活的困難。知縣每年合法收入只有 45 兩銀子，每月三兩多，但是一戶人家就是粗茶淡飯，加餵養馬匹，每天也得花銀子五六錢。知縣每月薪資只能支持五六日，剩下的二十多天都將忍飢挨餓。官員「不取之百姓，勢必飢寒」。到了雍正時期，雍正皇帝為解決低收入和高貪汙之間的難題，設立了「養廉銀」制度。之前，地方官員都私自徵收火耗銀；現在，雍正規定火耗銀由省級政府統一管理，分配給地方官，作為生活和辦公補助。養廉銀的數目大大超過

各級官員的俸銀。比如地方總督可達到 15,000 兩，遠遠超過了一品官的年薪；知縣的養廉銀也有上千兩，基本能滿足他的支出了。京官也能拿到一筆養廉銀，不過金額要遠小於地方官。

有人可能要提出異議了：「你說了這麼多，說的都是官吏們的法定薪資，但是當官的都不靠薪資活著。他們有名目繁多、金額巨大的灰色收入。」的確，古代官員還有大量非法定的但不算非法的收入，可稱之為「灰色收入」。《官場現形記》曾生動描述地方官吏的灰色收入：「向來州、縣衙門，凡遇過年、過節以及督、撫、藩、臬、道、府六重上司或有喜慶等事，做屬員的孝敬都有一定數目，什麼缺應該多少，一任任相沿下來，都不敢增減毫分。此外還有上司衙門裡的幕僚，以及什麼監印、文案、文武巡捕，或是年節，或是到任，應得應酬的地方，亦都有一定尺寸。至於門敬、跟敬，更是各種衙門所不能免。另外府考、院考辦差，總督大閱辦差，欽差過境辦差，還有查驛站的委員，查地丁的委員，查錢糧的委員，查監獄的委員，重重疊疊，一時也說他不盡。」

這灰色收入又是一件說不清道不明的事情，沒有統一的標準或者明確的數據。大抵上，一個官吏灰色收入的多少，主要決定於他官職的肥缺、為官地的貧富、經手政務的輕重和個人能力的大小了。這裡說一下清朝官員一項重要的灰色收入：火耗。官府徵收皇糧官稅，在儲存、運輸的時候難免有損耗，因此朝廷允許各地「酌情」提高一點稅率來彌補這部分損耗。明朝之後，各種賦稅折合成銀兩徵收。老百姓交上來的散碎銀子需要官府熔鑄成官銀，由於成色不同和製作有差，難免造成損耗，朝廷也允許各地適當加徵銀兩。額外徵收的部分，完全由地方官說了算，徵多少、用多少、怎麼用都是不違法且缺乏監督的。清朝中期，各地方稅銀每兩加徵四至五錢不等，官糧一石加徵二升到一斗幾升不

等，除了彌補正常損耗之外（正常損耗率不會高達百分之四五十）剩餘銀糧全都進入了州縣官員的私囊，成為包括清官在內整個官場公開的灰色收入。

貪婪之徒，往往到任即提高耗羨標準，甚至有加徵比例超過正稅本身的。此外，清朝官員的膽子最大了，敢把國家的正式稅收扣留遲交一兩個月，放在票號裡吃利息。這些錢都入了私囊。

合法的非法的、白色的灰色的各項收入合計，一個官員一年能賺多少呢？一個清朝知府，不貪不占，一年收入穩超一萬兩，而且還能獲得百姓讚譽。所謂「三年清知府，十萬雪花銀」，並非虛言。

在西部小縣城，典史的年收入超過一千兩白銀，一般差役年收入也在一千兩左右。這是什麼概念呢？北京城的一套平常四合院，售價在二百兩銀子左右，這還算是高房價（京城地段好，買的人非富即貴）；南方一畝農田的售價在四五兩銀子之間，這還得是良田。一個典史如果不吃不喝不應酬（當然這是不可能的），一年下來可以在北京買五套宅院，或在南方置辦百畝良田。

官員的收入雖然複雜、模糊，但收入總額和兩個因素息息相關。第一大因素是品級。古代官員的收入是和品級連繫在一起的，中低階官員收入低微，高層官員收入高、待遇好。唐代大臣裴冕原先是個小小的行軍司馬，在安史之亂中靠勸進唐肅宗起家，很快被提升為副宰相。他第一次見到自己的薪資表（俸錢文簿），喜形於色，對著子弟大呼。因為副宰相的薪資，完全超過了習慣於領行軍司馬薪資的裴冕的意料之外。清朝的吳鼐在當儒學訓導小官的時候，寫詩評價教官的窮：「諸公莫說教官窮，說起窮來不算窮。中轎居然安七尺，上臺也只打三躬。老夫子叫人人是，外翰林稱個個同。日上三竿猶未起，勝他多少磕頭蟲。」「百

無一事可言教，十有九分不像官。」「教無可教偏稱教，官不成官卻是官。」吳鷫心態好，所以能安貧樂道。不過像他這樣的人，官場上畢竟是少。為了謀取更大的收益，官吏是擠破了腦門往上衝。

影響收入的第二大因素就是實際權力了。實際收入和實際權力緊密相關，地方官的實際收益大於京官，因為前者直接治民，在轄區內說一不二；掌握核心權力的吏部、戶部官員的收益大於其他部門的同僚，因為吏部管人，戶部管錢，都是核心權力。六部中刑部最清苦（因為沒有掌握財權，也很少有工程），刑部官吏自然不能靠俸祿生活，就在刑罰上打主意。清朝，刑部以廢黜嚴刑峻法的名義，取消笞杖，改作罰金攤派給地方州縣，規定每縣每年向刑部上繳 200 兩銀子。這筆銀子就是刑部諸官的法定之外的衍生收益了。翰林院為了改善滿院文人的經濟情況也開發「收費專案」，比如奉旨撰擬冊立冊封嬪妃的冊寶文、冊封王公貝勒貝子的冊誥文、悼念大臣親貴的諭祭文等，都要受封對象或受祭者的家屬交納一筆錢「潤筆」。再比如欽天監比刑部、翰林院更清苦，人家只管天文曆法，和官員和百姓沒有直接關係。不過欽天監依然能靠「攤派皇曆」賺錢，每年頒發皇曆以每本 2 兩銀子的高價攤派給地方州縣。

雖然收益只有刑部同僚的百分之一，欽天監官員們也總算有筆衍生收益——現實中似乎沒有純粹的「清水衙門」。

湖南善化黃氏對族中任官者應向家族事業的捐款有數額規定。

同樣是官居七品，知縣的定額是 100 兩，京部的主事卻是 20 兩，品級依次遞升的員外郎、郎中、科道京卿等分別為 30、40、60 兩，直到侍郎才達到知縣水準的 100 兩。這基本上能反映京官和地方官的實際權力大小和實際收益多少。

從黃氏家族的捐款規定中，我們也能看出，京官要遠比地方官窮。

清朝專門有「窮京官」一說。例如：咸豐二年（西元 1852 年），曾國藩出任江西鄉試正考官，赴任途中接到了母親病逝的訃聞，竟然沒錢回家奔喪。曾國藩當時 42 歲，歷任朝廷各部侍郎，依然窮得叮噹響。出京前，北京家裡已經一個銅板都沒有了，全靠友人資助勉強支撐。江西官員和各地朋友湊了一千兩份子錢才解了他的燃眉之急。久旱逢甘霖，曾國藩趕緊拿出三百兩託人捎回京城還債，又拿出二百多兩送到省城還債，拿著剩下不到四百兩銀子回家替母親操辦喪事。

七品的翰林院編修一職是無數讀書人夢想的職位，可是它一年的收入只有 45 兩俸祿再加幾斤祿米。這樣的收入根本就不能在北京維持體面的生活。有京官寫曲抱怨說：「淡飯兒才一飽，破被兒將一覺，奈有個人兒卻把家常道。道只道，非嘮叨，你清俸無多用度饒，房主的租銀促早，家人的工錢怪少，這一隻空鍋兒等米淘，那一座冷爐兒待炭燒，且莫管小兒素食傍門號，眼看這啞巴牲口沒麩草，況明朝幾家分子，典當沒分毫。」一句「一隻空鍋等米淘」說出了多少京官的心酸，他們每月月底發愁房租，店鋪裡賒了許多帳卻又不得不經常應酬送禮，為此不知多少官員低頭遮臉跑當鋪。明清時期，許多京官外放外地的知府、藩臬甚至巡撫，第一件事情就是籌錢去當鋪贖出家當。

各部官員高高在上，為什麼窮到這步田地呢？主要還是實際權力小導致實際收益低，根本承擔不起高額支出。

京官的支出有多少呢？第一筆支出是生活消費，包括正常的吃穿住行。北京本地的官員還好，如果是外地來京為官的，怎麼也得租個像樣的房子住，怎麼也得養一兩個傭人？那每個月起碼要二三兩銀子，大半的月薪就沒有。這還不算吃飯、穿衣、坐轎的錢。第二筆支出是家庭支出，父母需要供養、弟弟需要資助、老婆要買胭脂、兒子要上私塾，處

處都得花錢。一個家族出一個在北京當官的人不容易啊，親戚們都指望著他接濟呢！如果再納幾房小妾，每個月剩餘的那一小半收入不管怎麼掰成兩半花都是不夠的。第三筆支出是應酬支出。官場講人脈，不去衙門坐班沒關係，不去應酬卻是萬萬不能的。你不應哪部分人的約，你就被排除在那個圈子之外了。隨著人脈越來越廣，應酬也越來越多。這些應酬可都是自掏腰包的。即使快成乞丐了，朋友、同僚有難或者邀請，再困難也得不落人後。

　　京城中眾多的中低階官員，實權有限，實際收入還不如一些部裡經手瑣事、管手續後勤的胥吏。一方面是僧多粥少、競爭激烈，另一方面是待遇低微、生活艱難。要平步青雲，要熬出頭，自古都是要付出代價的。如果說有外快，也就是業餘兼職打工賺辛苦錢。

　　民國大總統徐世昌就做過晚清的翰林院編修。徐世昌家境普通，科舉費用還是妻家資助的，好在他教過私塾，以翰林編修之尊「重操舊業」在北京城達官貴人家裡當家庭教師，補貼家用。老母和妻兒則長期留在河南老家，沒錢接到北京來團聚。徐世昌就這樣一個人在北京苦苦熬了10年。多數京官的情況和徐世昌相似，一些年紀大的連到有錢人家當家庭教師的工作機會都得不到。

　　京官普遍有的一項收入是「打秋風」。「法定」的打秋風收入在夏天有「冰敬」，冬天有「炭敬」，過年過節的時候還會有零散收入，都是下屬衙門和地方官府「孝敬」的。如果運氣好，交際面足夠廣，地方官員來京都會拉你去赴宴。大快朵頤之餘，京官們少不了拿點土特產和紅包。另外，商業發達的地區在京城裡建有會館，比如湖廣會館、紹興會館等等。會館由商人修建並運轉，卻和商業關係不大。會館主要目的是為本地舉子和單身官員提供免費食宿，也任由囊中羞澀的京官來蹭吃蹭

喝。窮京官可以解決部分應酬壓力，討得回鄉的盤纏，想發財是不可能的。剩下的就是等著外放或者主持鄉試的時候，貪贓舞弊，狠賺一筆，改善財政窘境了。

許多京官四五十歲了，比如曾國藩、徐世昌，還在北京四九城裡過著既要體面（當官的必需）又缺錢少糧（客觀情況使然）的窘迫生活，做著升官掌權、封疆治國的美夢。絕大多數人不像曾、徐那麼幸運，做了一輩子夢也沒能美夢成真。

清末學問家李慈銘是進士出身的京官，最喜歡罵人，常常和同鄉、同是進士出身的周介孚（魯迅的爺爺）一起罵人，罵官場陋習，罵俸祿太少。除了罵人，李慈銘就寫書信、日記，喋喋不休地訴說生活的困窘。李慈銘擔任戶部江南司郎中的實職，能享受到戶部的灰色收入。即便如此，李慈銘雖然不太熱衷交際，每年支付給各個酒店的飯錢也達到160兩。清朝末期，北京飯館一頓上等酒席的價格不過二三兩銀子。照此算來，李慈銘平均五天要自掏腰包應酬一次。光緒十一年（1885年），李慈銘應酬的資金達到顛峰：681兩8錢。而在光緒初年，李慈銘的親弟弟在老家去世。李慈銘大為悲痛、他認為弟弟是「飢寒而死」的。自己這個哥哥當官後累計才寄給弟弟不到10兩銀子，連自己一年在京城的「酒食聲色之費」的零頭都不到。不是他不想接濟弟弟，而是實在手頭拮据，拿不出再多的錢了。即便如此，李慈銘的財政情況也比周介孚要好很多，後者長期在翰林院當官，後來又擔任內閣中書的虛銜，收入更少，不過支出卻少不到哪裡去。難怪周介孚也養成了罵人的習慣，動不動就罵昏太后（慈禧）、呆皇帝（光緒）了。

問題來了，既然生活這麼困難，那麼多官員為什麼還死守在官場不退卻呢？

因為當官的好處不能只用硬性的收入來衡量，還有許多軟性的好處。而後者才是官吏們關心和追求的。

古代中國社會瀰漫著「泛權力」的風氣。權力因素滲入到各個社會領域，導致其他領域唯官府馬首是瞻。人們對官員奉若神明、巴結逢迎，希望藉助權力牟利。所以，古代官員社會地位高，擁有諸多的隱性好處。官員能夠任意指使下屬和差役。官員許多非工作的事情，比如搬家、過生日、老婆買胭脂、兒子選學校等等，不用他明說，總會有人熱情、主動、提前替他做好。如果僱人來做，這些私人事務會耗費官員不菲的錢財。

還有：古代官員職位穩定，進入官場等於捧得了一個鐵飯碗。任命官員容易，裁撤官員困難。不信，你試試。正式編制的官吏，比如縣令、知府、巡撫和為皇上端盤子的太監，你能裁撤掉哪一個？明朝嘉靖時期的首輔大臣楊廷和就試著裁撤京城的冗雜人員 —— 還都是沒有正式編制的，結果遭人恐嚇、死亡威脅，不得不勞煩禁軍貼身保護。裁撤一事也就雷聲大雨點小，沒有下文了。

還有：古代官員能夠解決子孫就業問題。朝廷允許官宦子孫接班做官，負責為官員家人安排工作，也就是「蔭補」制度。一定級別的官員的近親可以在一定條件下，不用考核，不用競爭進入官場。皇帝過生日，或者聽到某個官員退休、死亡，往往會大發龍恩，授予官員子弟官爵。各朝還有世襲的官職，用來報答官員的功績或者交換他們手中的權力。比如大名鼎鼎的司馬光、戚繼光就出生在世襲官宦家庭，一到年紀就能當官。

北宋文士朱夢說曾上書宋徽宗說：「宦官委任華重，名動四方，營起私第，強奪民產，名園甲第，雄冠京師，賣官鬻爵，賄賂公行，人莫敢

言，道路以目。蓋位高而不可仰，勢大而不可制，官人以爵，而有司不敢問其賢否，刑人以罪，而有司不敢究其是非。」

這裡雖然批判的是宦官，但這些現象在一般官吏身上也存在。

其實，官吏顯性的收入再高，也沒有高到離譜的地步，高到讓人拋棄尊嚴、個性和光陰去換取。絕大多數人並不是衝著有形的收入，而是為了無形的好處去的。穿上官服的那一天，絕大多數的年輕官員都能看到購得的權力選擇權的收益。這個投資收益既高又幾乎沒有風險，而且還可以惠及子孫。

第二節
古代衙門的日常花銷

交際應酬是官吏的重要工作之一。比如唐代衙門裡有人升官了，照例要辦「燒尾宴」（取鯉魚燒尾躍龍門之意），既是祝賀同僚進步，也有歡送他去新的職位的意思。此外，唐朝官員多詩人騷客，動不動就聚會吟詩，來個流觴大會或者曲江唱和什麼的。也就是在這個時期，官府有了專門的宴會吃喝款項，官員們可以動用公款來買單。此後，這筆款項在歷朝都得到保留，只是報銷的流程不同而已。官員聚會、迎新送舊、招待賓客、法定節假等，官吏們都有正當的理由大吃大喝。此外，地方政府還定期「宴犒」本地駐軍將校。在讀書人天堂的宋朝，宋寧宗時又

特許衙門每個月都可以報銷一次沒有任何名目的公款吃喝。長此以往，後世的官吏越來越大膽，都學會巧立名目吃喝了，比如查檢倉庫要吃一頓，出郊勸農要吃一頓，商議公文太晚了也安排一次「公筵」。公款吃喝的報銷手續很簡便，現存的一些單據僅寫上請出差途經本縣的「馬中丞」、「孫大夫」等就可以報銷，也沒有人考核。如果吃喝過於頻繁、金額實在巨大，官吏們也會有所「收斂」，不在本衙門報銷，而找其他衙門當冤大頭。比如清朝道光年間張集馨擔任陝西糧道期間，因為他的職務是出了名的肥缺，所以陝西省級長官迎來送往的吃喝都拉他作陪，其實是要讓糧道衙門買單。

吃喝可不是簡單的工作餐，更不是粗茶淡飯。張集馨回憶：「遇有過客，皆系糧道承辦」，「西安地當孔道，西藏、新疆及隴、蜀，皆道所必經」，「每次皆戲兩班，上席五桌，中席十四桌。上席必燕窩燒烤，中席亦魚翅海參。西安活魚難得，每大魚一尾，值錢四五千文。上席五桌，斷不能少。其他如白鱔、鹿尾，皆貴重難得之物，亦必設法購求。……每次宴會，連戲價、備賞、酒席雜支，總在二百餘金，儀程在外」。「大宴會則無月無之，小應酬則無日無之」，「終日送往迎來，聽戲宴會」。應酬的內容也不局限於美酒佳餚，還要歌舞助興，找漂亮小姐來勸酒。酒足飯飽之後，場面上還有禮物餽贈 —— 這些禮品自然也是公款購買的。比如「江浙諸郡，每以酒遺中都官，歲五六至，必數千瓶」。

我們看古代官衙門口或者附近，必定有酒樓、飯莊，有的還是當地的頂級設施。這些都是做衙門生意的，算是「吃衙門飯」的「衙門市」。完顏紹元在《趣說古代官揚生態》中考證：「盛唐時代各種酒樓餐廳、飯鋪茶肆等餐飲服務業之所以迅速增長，並成為當時一大批商業性城市相繼崛起的體貌特徵，公費吃喝的推動力量實在不可低估。」

比如明神宗時的內閣首輔張居正奉旨回籍辦喪事，沿途衙門都公費招待，「始所過州邑郵，牙盤上食，水陸過百品」。嘉靖三十九年（1560年）三月，左副都御史鄢懋卿奉旨往兩浙、江淮諸地區巡視。鄢御史帶著老婆一起出差，還特製了一頂五彩雙人轎。一路上，鄢御史都預先發文通知各州縣說：本官生性簡樸，不喜迎送，各地飲食供給應該樸素簡單，不得豪華奢侈。不過省府州縣各級官員都知道這些只是官話，沒人當真，鄢御史途經每處都「置酒高會，日費千金」，臨行還有價值巨萬的厚禮相贈。快到浙江淳安縣的時候，鄢御史接到知縣海瑞的一封信。海瑞在信中說：下官接到御史大人的公文後，認真領會儉樸辦事、去除奢華的精神，準備了粗茶淡飯恭迎大人駕臨視察！鄢御史聽說海瑞是個吝嗇得只在老母親大壽的時候才買二斤肉的人，知道淳安無油水可撈，主動改道，繞過淳安而去了。這是少有的遏制公款吃喝風的事例，不過像海瑞這樣的硬漢畢竟太少。

古代的官員如何出行？

漢代讀書人被朝廷徵召後，可以乘坐官府的車輛到長安或洛陽來。人們就根據這個典故，用「公車」來指代有資格乘坐政府車輛的官吏和讀書人。著名的清末「公車上書」中就用「公車」來代指天下應試的舉子。中國歷史上一直存在數量不菲的「官府車輛」——不論是馬車、牛車還是宋代以後的轎子。

西漢景帝時期，朝廷對車輛（當時是馬車）使用制定了詳細的規定，商賈不許乘馬車；不同等級的官員使用不同規格的車輛。除了駕車馬匹數量有差外，區分等級的指標主要是蟠，即車廂兩旁用以遮蔽塵土的屏障，官品六百石以上至千石的官員可以將左幡漆成紅色，兩千石以上的可以將兩幡都漆成紅色。因此，「朱轓」或「朱輪」就成了高級官員

的代稱之一。低階官員不能冒用高規格的車輛,高級官員也不能自降車輛規格。一次,漢宣帝主祀漢惠帝。當天大雨,道路泥淖,韋玄成等幾個前來陪祀的列侯棄車騎馬來到惠帝廟前,遭到相關部門彈劾。韋玄成等人竟然因「車輛降格」而被削去侯爵。韋玄成懊悔莫及,臨終前還告誡子孫切莫在車輛這種小事上釀成大錯。漢代豫州刺史鮑宣按規定要乘四匹馬駕駛的車輛,並且配備覆繒車蓋等裝飾。但他在巡視轄區時,只坐一匹馬駕駛的車輛,並且撤去了車蓋儀從,結果以「違制」被免職。

宋室南渡後,由於南方少馬,以及臨安城(今杭州)道路多用磚石鋪地不便騎馬等緣故,轎子開始普及,逐漸代替了馬車、驢車,成為公車的主要形式。轎子的規格主要展現在轎伕的數量和轎子的顏色、頂部裝飾上。明初的規定是三品以上文官准許乘坐四人抬的轎子,以下官員只准騎馬;勳戚、武官不管老少都不得乘轎;違制乘轎、擅用八抬大轎者,嚴屬懲處。但是似乎一項事物只要和官場等級連繫起來,中國人就趨之若鶩,總想享受到更高品級的享受。到了晚明,連縣丞、主簿和幕屬小吏都「無一騎馬者」,紛紛坐上了裝飾華麗的大轎子。至於高官顯貴坐八抬大轎,更是社會上見怪不怪的景象了。

清朝對官員出行的規定如下:第一,滿族京官不分文武一律乘馬不許坐轎,滿族人只有同時符合「一品」、「文官」和「年老疾病不能乘馬」三個條件,經過特許才可以乘轎。第二,漢族文官可以乘轎,三品以上京官可乘四抬大轎,出京可乘八抬,四品以下可乘二抬轎子,出京可乘四抬。第三,地方官員中督撫可乘八抬大轎,主簿以上可以乘坐四抬轎子,典史及以下只能乘馬。第四,欽差大臣巡視地方,原來級別三品以上的可乘八抬大轎,四品以下的只能 乘坐四抬轎子。很快,滿族官員不許乘轎的禁令在康熙時就被打破。到乾隆時,連滿人軍官乘轎都成了普

遍現象。比如乾隆的親信福康安是統兵的大將軍，連打仗督陣都坐著轎子，還用了轎伕 36 名，交替抬轎。

在轎子裝飾和儀仗方面，清朝規定三品以上官員坐綠呢大轎，儀從有杏黃傘一把，飾以圓金的青扇兩把、旗槍六根、金黃棍兩根等；四品以下官員坐藍呢大轎，道府級別可用杏黃傘一把、青扇一把及「迴避」牌、「肅靜」牌各兩面等；州縣正官和府佐貳官則只許用藍傘、青扇各一；到州縣佐貳這一級，只有藍傘一把、銅棍兩根，教諭、訓導等學官則連銅棍都不許有。但是到了清代後期，這些制度無不成為一紙空文。地方上的七品知縣出行，前有差役鳴鑼開道，緊接著就是只有王公貴族才能用的紅傘，官轎前備份有頂馬、跟馬，左右兩邊持棍的、打扇的、掮官銜牌和「迴避」、「肅靜」牌的、把轎槓的衙役，足足有數十人之多，前呼後擁，好不威風。

根據規定，這些都是明目張膽的「違規」行為。

朝廷對違規使用轎子的情況也下詔訓斥。但只有三令五申，沒有動真格的動作，絲毫遏制不住官吏們對「公車」的追逐。不用說，車輛、轎子和前後簇擁的人基本上都要官府買單。

接下來，我們說說古代官員的住房。

古代京官的住房要自己解決。因為首都人多地少，朝廷無力解決數以萬計的在京官吏們的住房問題，最多就為他們提供辦公宿舍，聊解一時之需。不過地方官的住房都是由政府解決的。地方官工作和生活都在衙門裡。以縣衙門來論，知縣、縣丞、主簿、典史等人都免費住在衙門裡，類似於現在的機關大院。衙門裡房間眾多，足夠官員們將三妻六妾都安頓下來。此項政策的初衷是為了解決地方官的後顧之憂，同時也方便工作。清朝政府為了防止封疆大吏臨陣脫逃，也為了杜絕走後門現

象，規定總督、巡撫衙門不許有後門，就是想把地方高官及其家眷限制在衙門內。所以辛亥革命時，那些畏難脫逃的總督巡撫們就只好臨時鑿穿後牆逃亡了。

古代官員對內衙只有使用權，沒有所有權，一旦任滿或者罷官就要捲鋪蓋走人。地方官的住宅一般用圍牆或門廊和辦公區域劃出界線，俗稱「內衙」或「私宅」等。古人常將「衙內」作為官府子弟的代稱。《清代的「家人」》一文詳細介紹了清代地方衙門的布局，現輯錄如下：

（地方衙門）有「內署」和「外署」之分。「外署」指「大堂」及廂房。「大堂」為地方官處理重大事件的地方；兩邊廂房是六房書吏和三班差役辦公的地方。「內署」指「二堂」、「花廳」、「簽押房」及兩邊廂房。「二堂」是地方縣官處理普通事件的地方。通常所謂「升堂」，指地方官在「大堂」和「二堂」理事。具體在「大堂」或者在「二堂」，要視事件之性質而定。通常，地方官升堂理事在「二堂」。「大堂」則非重大或關係緊要之事不升。與此相應，地方官升二堂與升大堂在體制上也有所區別。升二堂一般穿戴公服，使喚之吏役一般也限於值堂書吏和經承差役，與事件無關之吏役不與；升大堂則州縣官必須穿戴朝服，六房三班吏役都要齊集排衙。「花廳」是州縣官接待賓客和商議政事的場所，具體地點一般在二堂之側，但也有在內宅者。「簽押房」是印官日常辦公的處所，地點在二堂之側。兩邊廂房或者書房是幕友的居所，也是他們辦公的地方。在「內署」和「外署」之間，有一門相通，是為「宅門」。這就是「門上」看管的所在。此門之內，包括二堂、簽押房及廂房和官員家眷、官親、家人等居住之內宅，通稱「宅內」。這就是官員、官親、幕友、家人日常活動的地方。外署之吏役，沒有使喚之令，不得入內。

古人一旦入仕，即可領取官服。讀書人中進士後，就有一道禮節叫

做「釋褐」，主要內容就是脫去百姓衣服，穿上朝廷頒發的官服。隨著官位變遷，官服折舊，古代官員還可以領取新的服裝。這固然可以為官員們節約一筆不小的開支，但官服是按常人身材統一製作的，很多人穿著就不合身了。

官服並不是為了生活和工作設計的，而是為了展現尊卑貴賤和禮法制度，所以有許多不實用的設計、冗大繁重，一般還有好幾件或者飾品相配合。古代官員將全套行頭的官服穿在身上是很受罪的，但凡可以不穿官服的場合，或者相互認識的同僚之間，能不穿官服就不穿官服。同時，他們都僱有跟班挾個包裹，方便自己在官服和便裝之間更換。

明清時期，官服的核心內容是用來展現品級高低的補子，也就是縫在服裝前後正中的兩塊繡圖。補子又有文官與武官的區分。文官補子均繡飛禽，以仙鶴、錦雞、孔雀、雲雁、鷺鷥、鸂鶒、練雀等區分一至九品，武官補子均繡走獸，以麒麟、獅子、豹、虎、熊、彪、犀牛、海馬等區分一至九品。御史及六科給事中等監察官則繡獬豸。此外，凡有慶典，如皇帝登基、萬壽等，官員得穿「蟒服」（亦稱蟒衣或蟒袍），都用印有禽獸紋樣的絲羅裁製，明朝規定一品鬥牛，二品飛魚，三品蟒，四品麒麟，五至七品虎彪，一概用大紅色；八九品及不入流沒有。清朝規定三品以上九蟒五爪，六品以上八蟒五爪，七品至未入流五蟒五爪，均不拘顏色。所以清朝慶典時，官員們穿的衣服花花綠綠的，這段時期又被稱為「花衣期」。

在花衣期，官場忌諱說死談故，凡涉及遺疏、請恤等內容的奏摺都不得在這幾天遞送。

補子是非常嚴肅的飾品，不能出現一點差錯。乾隆時，副都統金簡代理戶部侍郎。他的本職是武官，官服上縫的是獅子補子，現在兼署文

職，就想弄個飛禽補子。金簡不敢開口向乾隆皇帝要，就在補子的獅子尾巴上私自繡了一隻小錦雞。金簡本想過過「文武兼備」的癮，不想被乾隆看到後，專門降旨痛罵。清朝對官服的製作有所放鬆，發官用衣料給官員們；允許他們按規定的樣式和尺寸自己製作，但表示品級的飾物，尤其是補子，必須是由國家製作並發放的。

古代各級衙門都有醫療機構。中央政府有太醫院，州府一級有醫學院，縣裡有專門的醫官。各級醫療機構既是醫藥行政機構，又是醫學教育機構，還是公開營業的醫院。太醫院的業務水平自然是最高，還承擔為地方培養醫生的職責。州府醫院及以上的醫生一般都是太醫院畢業的學生。

雖然各級醫療機構都對外營業，但他們幾乎把全部精力都花在了照顧平級官吏及其家眷、官學師生身上了。比如，縣級醫官要負責縣官和差役們身體健康；太醫院的太醫們除了照顧宮廷人物的身體外，還要為京城官員、朝廷命婦等人出診。比如《紅樓夢》裡賈府的太太、老爺們生病，就是太醫前來醫治的。自然，這一切都是免費的。醫官們還常常往官員家庭送養生保健藥品，或者根據達官顯貴的需要展開會診、研製新藥。醫療可是一個「無底洞」。如果要官員們有償就診，對他們來說可能是一個不小的負擔。不過話說回來，各級醫療機構是同級官府全額財政支持的，官府本來就承擔了所有的開支，本就不應該再付費。

對於官員，醫官們都盡心竭力。因為他們的存在，必須依附同級的政府權力。醫學機構的發展，需要同級政府的扶持。而討好官員能為醫官們帶來切實的好處。比如官員對有恩於己的醫官或者看好的醫官，可以薦舉他們升官，或者給他們的家人實惠。又比如對於解決頑疾宿疾的醫官，官員們也會不吝金錢，多少會有所表示。

一個有趣的現象是，雖然古代官吏可以享受公費醫療，但他們真遇到大病，還是傾向於找社會上的私人醫生。原來，官辦各級醫療機構本質上也是衙門（太醫們都是有品級的），機構本身弊端百出，管理混亂；官員們業務不精，當起官來一套套的，治起病來茫然無措；醫生和學生們損公肥私，內部常常發生盜竊和假藥充斥等情況。官辦醫療機構的藥材採購和使用就是一個黑洞，比如將官家的藥材偷賣給私人醫生牟利，又比如「以臺附易川附，樟腦易片腦」等等，甚至用蘿蔔冒充人蔘。因為醫療機構也是體制內的正式機構，總有人熱衷躋身其中，於是明清都發生過買賣醫療機構編制的事件。各級醫療機構的弊端和醜聞，同級官吏自然看在眼裡，記在心裡。等他們真有大病的時候，哪裡還敢找那些庸醫、惡醫啊？

以上五種古代衙門的消費，都和官吏們的工作、生活息息相關。讀者將它們看做是古代官場福利的一部分，也未嘗不可。但它們對官吏們來說，是好處還是壞處，是自由還是限制，就只有身在其中的人才知道了。

第三節
編制外的官人和衙門

太平天國運動期間，上海租界裡某處掛起了浙江勸捐局的牌子。主事人是前任浙江按察使段光清。之前，太平軍攻破杭州，段光清以「潛逃」罪名被革職。鑑於段光清歷任寧波知府、寧紹道臺，在浙江人脈廣

闊，新任浙江巡撫便委任他創辦勸捐局，籌集軍費。因為寧波人在上海經商者眾多，段光清就把勸捐局開到了上海，「即在夷場租房子一處，貼勸捐條子」。結果，租界殖民當局馬上出面干涉，要查封段光清的機關。段光清可能覺得很委屈：為什麼不讓我在租界向中國人籌款？洋人的理由也非常充分：租界已經是外國人的領土了，中國地方政府的衙門怎麼可以設在裡面呢？

洋人搞不清楚的是：浙江勸捐局是什麼機關？在洋人看來，它執行的是政府職能（為浙江省籌集軍費），主事人也是官員（前按察使段光清），所以是個官方機關。但是在清朝官場看來，勸捐局則不是一個正式衙門。它沒有法律依據，沒有編制，連官印都沒有，所以在租界裡開勸捐局也未嘗不可。這是一個有中國特色的衙門：在體制之內，又在編制之外。

體制的概念範疇大過編制。體制包括硬性的政治組織、政府機構，也包括軟性的規章制度、政治文化等。而編制是衍生的、官僚政治的產物。一個政體成立後，會分門別類設定組織機構，招募定額的官吏差役等。這些有明確法律依據的組織機構和衙門中人，就算是有「編制」的，反之則算在編制之外。有編制的好處除了有一份固定的鐵飯碗外，還可獲得各種固定的收益，而編制之外的衙門和官人往往要自籌資金、「自負盈虧」。古代人擠入體制內，卻不一定能獲得正式的編制，謀得正式的職位，拿到一份穩定的俸祿。於是，歷史上就存在許多體制內的編制外的官人和衙門。上一章我們談及的地方長官自聘的龐雜隨從隊伍，就是這類人。此外，眾多的候補官員，也是有官員身分，在體制內，卻沒有正式編制的人群。

唐朝時期，沒有通過吏部選官考試、沒有擔任實職的新科進士就算

是候補官員。清朝後期，捐納廣開，買官者眾多。一般人家只要能承擔得起買官費用，都捨得為子弟買個官職，進入體制內部。

社會上「官多如鯽」，出現了驚人的冗官冗員現象。清末官員編制在4萬人左右，候補官員人數竟是正式編制的6倍多，候補隊伍越來越龐大。光緒初年，全國僅捐納一途，「統計候補人員自道府以至佐貳，大省輒二三千員，即雲、貴邊省亦有千餘員」。其中蘇南一帶經濟發達，買官的人多，而且購買的級別很高，《官場現形記》中說：「江南本來有個口號，是婊子多、驢子多、候補道多。」南京城裡擁擠著成百上千的候補道臺，都能填補全國的道臺空缺了。

僧多粥少，如何安置正途官員和買來的官員，成了中央和各省頭疼的問題。最主要的辦法就是不管是正途的還是旁門左道的官員，都要「候補」，有了實缺後，再按照資歷先後上任。候補的方法，治標不治本。法定編制有限，各省督撫忙於應付，想方設法「造」出職位來。清末的方法主要有兩種，一種是縮短官員任期，原來是四年的任期現在縮短為兩年甚至一年，原來是實缺實授的，現在改為輪流代理；一種是委派各種臨時差使，增設厘金局、巡防局、禁煙局等臨時機構。沿海創辦的許多洋務企業中，各省總會委任十數員總辦、督辦、會辦等管理人員，這些人不是候補知縣、候補知府，就是候補道臺，甚至還有候補布政使、候補九卿等。即便如此，各省都不能保證每個人都在有生之年當上官。許多候補官十幾年得不到一次差委，幾十年不能署一缺仍是極多。某年元旦，開封文武百官去參拜巡撫。巡撫出了一個對子：「此邦舊有一對聯，出句為『開封府開印大吉，封印大吉』。今為對之日『黃泌廳黃水安瀾，泌水安瀾』。諸公以為何如？」下屬們都說對得巧，意思又吉祥。在座的一個候補知縣喃喃自語，似有所誦。巡撫問他：「足下也有佳

對嗎？」候補知縣回答：「卑職剛好也得一對，只是不敢說！」巡撫一再問他，他才說：「候補縣候缺無期，補缺無期。」

　　後來，候補的順序也被開發為商品，可以買賣。獲得當官資格後，買官者還要花錢將自己候補的順序往前挪，不然就得長年累月苦等著。為官地點後來也被開發為商品，可以買賣。光緒二十七年（1901年）戶部奏准的捐項中就有「捐分發指省」一項。據硃批奏摺記載，候補知州羅榮袞再捐銀一萬餘兩，得到道臺資格的同時獲得了「四川補用」的資格。這可苦了那些家境並不殷實的買官者和那些憑真才實學科舉得官的讀書人，造成了龐大的候補官員隊伍的悲劇。一般的小康人家或者中等偏下人家，為了子弟生計常常傾家蕩產捐納，可是他們那點錢只能換來低品級的小官或者佐貳雜職。蕩盡家產後，全家人都寄希望靠當官的收益生活，不想分配到各省後就被塞進漫長的候補隊伍，開始無望的等待。其間沒有俸祿，沒有收入，只有支出。時間一久，許多候補官員衣食無著，處境悲慘。

　　《官場現形記》曾記載了盤踞在湖北武昌的一大群候補官員的醜態和困境：「大眾一聽首府（武昌知府）有什麼差使，於是一齊攢聚過來，足足有二三十個，竟把隨鳳占圍在垓心。好在一班都是佐雜太爺，人到窮了志氣就沒有了，什麼怪象都做得出。其時正在隆冬天氣，有的穿件單外褂，有的竟其還是紗的，一個個都釘著黃線織的補子，有些黃線都已宕了下來，腳下的靴子多是尖頭上長了一對眼睛，有兩個穿著『抓地虎』，還算是好的咧。至於頭上戴的帽子，呢的也有，絨的也有，都是破舊不堪，間或有一兩頂皮的，也是光板子，沒有毛的了。大堂底下，敞豁豁的一堆人站在那裡，都一個個凍的紅眼睛，紅鼻子，還有些一把鬍子的人，眼淚鼻涕從鬍子上直掛下來，拿著灰色布的手巾在那裡揩

抹。」

　　能天天穿戴整齊到衙門等待差使降臨的候補官員們還算是好的，更有一些候補者典當衣物，無處舉借，帶著妻子兒女啼飢號寒，坐以待斃。歐陽昱在《見聞瑣錄》中記載，某候補知縣分配到省二十年，沒有任何差委，最終凍餓而死。臨終時，身上衣衫襤褸，床上破席一張，地上稻草中躺著奄奄一息的老僕人。該省布政使知道後，動了惻隱之心，給了30串錢殯殮，又以10串錢救濟其僕人。四川總督駱秉章奏報朝廷，一個旗人候補知縣到四川十年得不到差委，飢寒交迫，吞食鴉片自盡。

　　有人敏銳地發現了候補官員身上的價值，從中看到了參與分肥的可能。於是，針對候補官員的貸款應運而生。這就是上文說的賭子們。另一方面，各省年終對長期得不到職務、生活困難的候補官員進行救濟。各省布政使出面籌資救濟。候補官員被分為極貧、次貧二個等級，極貧的官員得到的救濟銀較多，謀取不易。結果，候補官員之間為了謀得救濟，走後門、使手腕、請託成風。如果有人被評為極貧，同輩都紛紛祝賀：「恭喜老兄，今年又得極貧。」

　　應該說，不論是長官的隨從也好，還是候補官員也好，都是專制體制下的皇帝和長官們搗鼓出來的，不是為了控制衙門，就是為了解決財政困難。長官意志在其中的作用很強烈。體制內部沒有編制的衙門，則更是長官意識的傑作了。

　　任何一個政體都有完備的機構設定和人員配置，以使完成各方面的工作。可是皇帝（或者長官）為了大權獨攬，為了更好地貫徹自己意志，都傾向於成立新的機構。這些機構在產生初期就處於體制之內、編制之外的窘境。比如漢代，中央朝政由三公九卿處理，但皇帝更喜歡在內廷招攬品級低下的官員來處理公文件案事務，稱之為「尚書」。尚書們

實際執行中樞政務，卻沒有編制，直到唐朝的時候才名正言順地成為中央政務長官，算是轉正了。到了明朝，皇帝又嫌各位尚書礙手礙腳，箝制皇權，乾脆又招了一批品級低微的文官組成內閣，名為顧問機構，實際上代替皇帝批閱文書、草擬詔書等。內閣運氣不錯，很快就轉正為正式機構了。不過到雍正時，皇帝又嫌內閣還是有獨立意識，又招攬一批低階官員組成軍機處，藉口處理軍務，組成了完全聽命自己、跪聽聖意的祕書團隊。

很快，軍機處轉正為正式機構，成了政務中樞機構。尚書、內閣、軍機處都有一個從編制外闖入編制內的過程，展現的都是皇帝的意志。

此外，政府機構的設定總是趕不上現實的變化。為了應付那些新出現的政務，體制本身不得不產生一些臨時機關。這些機關自然沒有正式編制。比如，歷代政權常根據需要增設編外的圖書編纂和出版機構。這在宋代比較嚴重，皇帝常成立各種編輯部，編撰文獻。這類編輯機關中最有名的可能是清代的「四庫全書館」。清代的四庫全書館就設在翰林院，有總裁、編撰等多人，大名人和坤、紀曉嵐等人都名列其中。地方政府為了修志，也常組織編寫機構。

又比如，兩漢時期設有鐵官、鹽官、工官等，負責鐵、鹽和工藝品等的生產儲運，機構不定、人員不定，隸屬關係也不定；明代為了購買物資，常常任用太監出去設定各種「採購處」，這就完全是宮廷的斂財機構了。

清朝中期後，國家內憂外患，新情況、新問題層出不窮，臨時機構不斷湧現，發展到疊床架屋的程度。當時增設的編外機關大多稱局或處，比如團練局（編練民團的）、厘金局（徵收過境商稅的）、善後局、支應局、洋務局等等。這些機關由正式長官「委員」辦理，負責人一般

稱總辦，此外還有會辦、幫辦等。比如太平天國運動興起，清朝傳統的軍事力量八旗兵和綠營兵不堪一擊，咸豐皇帝通令各地在籍官員和士紳編練民團禦敵。當時以從二品侍郎身分在湖南丁憂的曾國藩就在湘潭創辦團練局，編練湘軍。不過他的湘軍雖然後來發展強大，卻始終沒有「轉正」成為朝廷正規軍。這些編外機關的級別，一般由負責人的品級決定。比如曾國藩的團練局就是從二品的，與其他機關交往可以按照這個級別行文。不過，清末多數編外機關的級別沒有這麼高。省裡創辦的編外機關一般由正四品的道臺任負責人，少數由布政使、按察使等副省級官員負責；府裡創辦的編外機關一般由六七品的候補同知、通判、知縣等負責。

最後一類編外機關的設定，純粹出於皇帝、上司安插私人的需要，或者乾脆就因人設事。比如長官刻意要栽培某個親信，但是正式的編制已經滿了，撤下哪個人都不合適，最現實的方法就是另設立一個下屬機關，任命親信為負責人。這個機關的成效並不重要，等到親信的資歷夠了，或者正式編制有空缺了，就可以名正言順地將他提拔任用了。舉個例子：北宋時期冗官現象嚴重，機構龐雜，很多官員無法安插。宋徽宗時期，蔡京等人想出了一個方法，藉口要「精簡機構」，向宋徽宗建議成立了一個「機構精簡辦公室」—— 講議司。結果，蔡京將一時無法安排的親戚親信都塞進了這個編外機構坐享俸祿。直到宋徽宗禪位，宋朝的機構沒有精簡掉一個，相反還多了一個煞有介事的「精簡辦」。

這些體制內、編制外的官吏和衙門什麼時候能轉正獲得正式的編制，要看官吏們的能力和機遇，更要看皇帝和上司的心思了。畢竟中國古代體制是一個自上而下的專制政體，「編制內外」的把戲是權力強者搞鼓出來的，自然也要他們解決了。

第四節
古代官吏的青樓夢

　　以青樓女子為代稱的妓女歷史悠久，可能比國家和政權的產生還要早。早期的妓女和後世專營皮肉生意的妓女不同。前者比後者的種類要多得多，也要高級得多。

　　妓女分官妓、營妓（軍妓）、家妓和私妓四種。春秋時期，齊國管仲設立「女閭」，開了官營妓女行業的先河；西漢武帝時期，軍營中設有營妓，專門服務那些沒有家室的將士。家妓是王公貴族家中蓄養的女子，不僅面容姣好，還要能歌善舞，具有較高的文化素養。她們能滿足主人和賓客們在情感、生活、交際各方面的需要，能和文人詩文唱和。官妓和營妓的文化素養也不差。她們一般不提供肉體服務，只會在兩情相悅的時候和個別情深意切的賓客發生性關係。而早期的私妓素養較低，做不了官妓、營妓，更入不了王公貴族們的法眼，因此只能個體經營。但即便是私妓，也「賣藝不賣身」居多，很少有專營皮肉生意的私妓。

　　了解了早期妓女的特點，我們就能明白為什麼早期妓女和官吏關係密切。官府中人，包括許多文豪級的官員，沉醉在青樓紅粉之中。社會不會對此非議，官吏們不會因為與妓女有染而影響仕途。

　　官吏們文化素養較高，喜歡和開放、聰明的青樓女子交際唱和；官吏們的生活和工作壓力較大，需要到青樓女子那裡尋找身心的放鬆和精

神的愉悅。唐之前的中國社會氛圍寬鬆，覺得官吏與妓女的交往無可厚非。相反，早期官吏的青樓事蹟往往流傳為民間佳話。

曹操在頓丘令的任上認識了營妓卞氏。他和卞氏生下了四個兒子（包括曹丕、曹植兩大名人），還逐漸以卞氏為正妻。社會並沒有因此指責曹操。曹丕稱帝後，卞氏還升格為了皇太后。魏晉南北朝時，世族豪門蓄養家妓成風。謝安狎妓遊東山，引來官吏和文壇的一片羨慕之聲，成了千古佳話。謝安的聲望水漲船高，無形中增加了政治資本。

大唐盛世，市井繁華，文化昌盛。官吏和青樓往來唱和也達到了顛峰，幾乎有無妓不成席、無妓不歡宴的局面。許多大文豪、大官僚留下了和妓女的往來詩文，《全唐詩》還收有妓女的作品。比如白居易就養了不少美妓，到晚年他還流連在家妓小蠻、櫻桃等人身上。這並未影響白居易的仕途。白居易曾在杭州、蘇州等花柳繁華地當太守。他公開帶十幾個妓女遊覽西湖、虎丘等熱門景區，並寫詩紀遊。如此高調，白居易的政敵們並沒有把它當做攻擊的把柄，可見狎妓遊覽在唐代根本就不算什麼。元稹和白居易齊名，文壇稱他們為「元白」。元白二人都喜歡和青樓女子交遊，還交換過妓女。元稹後來更是官至丞相。

唐代官吏和妓女的交遊還有制度化的趨勢。官吏和妓女成親也為社會接收。比如新科進士們就有遊冶長安「紅燈區」的傳統。「長安有平康坊，妓女所居之地……每年新進士以紅箋名紙遊謁其中。時人謂此坊為風流藪澤。」（《開元天寶遺事》）新科進士們會推選兩名年少俊秀者為「探花使」，「一日看遍長安花」。有人說「探花使」的任務是去城中各名園、花圃採摘鮮花；也有人說所謂的「探花」還包括去平康坊打前站，做好聯繫工作。

傳奇《李娃傳》講了一個故事：山東世族子弟鄭生在長安遇到名妓

李娃，為她耗盡資產，淪落街頭為他人做挽郎。其父大怒，將鄭生痛打了一頓後與他斷絕了父子關係。李娃後來遇到鄭生，收留了他，還自我贖身後協助鄭生攻讀考試。鄭生經過三年苦讀，終於金榜題名，中了進士，出任成都府參軍。其父恰好擔任成都尹，見了鄭生不僅重新認他為子，還主持迎娶李娃為兒媳婦。一個妓女就這麼嫁入了山東世族豪門。

《太平御覽》記載唐代泉州晉江人歐陽詹考中進士後到太原旅遊，與一名太原妓女兩情相悅，訂下婚約。歐陽詹後來返回長安當官，該名妓女留在太原，因病而逝，留下一縷頭髮和遺詩給歐陽詹。歐陽詹不久派人來迎娶赴任，知道消息後悲痛過度而死。後人將之視為愛情佳話。

在這種背景下，官吏們，尤其是年輕官員在勾欄瓦肆中流連忘返。唐文宗年間，杜牧在揚州淮南節度使幕中任掌書記。揚州是淮左名都，自古繁華。杜牧是貴公子出身，喜好聲色冶遊，晚上常流連在青樓之中。三年後，杜牧將赴長安就任監察御史。節度使牛僧孺餞行時對他說：「你前程遠大，但做的一些事情不拘小節，很不好，甚至有傷身體。」杜牧見上級批評自己的私生活，以為牛僧孺不喜歡下屬逛青樓。杜牧一來不好意思，二來擔心此事影響升遷，便矢口否認自己夜遊青樓。牛僧孺笑了笑，命人搬出一個小匣，開啟一看，裡面全是密報，上寫「某夜杜書記宴某家，無恙」或「夜，杜書記過某家，無恙」。原來，牛僧孺並非厭惡下屬逛青樓，而是擔心杜牧這樣的溫柔公子年紀輕輕，夜遊時發生什麼意外。所以他之前派士兵暗中保護杜牧，如今又提醒杜牧注意安全、愛護身體。很多年後，年老的杜牧反省這段揚州歲月說：「十年一覺揚州夢，贏得青樓薄倖名。」

類似的故事發生在宋代的揚州，情形就不同了。王安石任淮南簽判的時候，工作地點也是在揚州。他經常通宵達旦地讀書，白天上班的時

候因為熬夜加上來不及盥洗，顯得蓬頭垢面，精神狀態不佳。頂頭上司、揚州知州韓琦以為王安石夜間沉溺於花間柳巷，很不快，多次批評王安石。王安石也不辯解。兩人關係終至惡化。

官吏和青樓的關係在唐代達到寬容和活躍的巔峰，到了宋代兩者的關係就開始收緊。雖然宋代青樓業依然發達，官府也沒有對官吏出入青樓有禁令，但社會對此開始有所微詞了。比如王安石就因為被上司誤以為夜逛青樓而仕途受到影響。

北宋的情形還好一些。社會剛從盛唐的寬容中走出來，狎妓助興和調解的餘風尚在。據《西湖遊覽志餘》載，每當有新太守上任，杭州營妓都出境迎接，離任之後與太守相好的營妓還與離任太守魚雁往來，時人並不為怪。蘇東坡坐在這個位置上的時候，曾派遣杭妓前往蘇州迎接新太守，並作〈菩薩蠻〉一首，其中的序就寫道：「杭妓往蘇，迓新守楊元素，寄蘇守王規甫。」想像一下，一群杭州妓女「公派出差」去蘇州找兩位高級官員（楊元素、王規甫）「聯繫業務」，是一副什麼樣的情形？著名文人柳永則以豔詞聞名，其詞多描寫青樓和妓女的生活。柳詞傳唱很廣，據說有井水處便有柳詞。在唐代，這有助於柳永的聲譽和仕途。但在北宋，情況就不同了。柳永參加科舉都已經進入了「擬錄取」名單了，到皇帝圈點放榜時，宋仁宗看到柳永的名字，想起了他的豔詞，覺得柳永不適合當官。他就劃去了柳永的名字，在旁批道：「且去淺斟低吟，何要浮名？」後來，又有官員直接向仁宗推薦柳永，認為他才堪大用，還拿著柳永填的〈醉蓬萊〉一詞呈給宋仁宗看。誰知宋仁宗看後，氣憤地將詞稿扔在地上。柳永最終因為與青樓女子交往密切，而被排斥在官場之外。

從柳永和王安石的例子可見，青樓交遊已經成了上級評價一名官吏

進退的標準之一了。官吏們不得不忌諱於此。官吏和妓女結婚的事情，驟然絕跡。比如「蘇門四學士」之一的秦觀貶官長沙，有一名妓女平生酷愛秦觀的詞，對秦觀愛慕情深，願意無條件嫁給秦觀。秦觀硬是不敢娶，只是贈詞相別而已。後來秦觀死在藤州，該名長沙妓女知道後為他殉情，譜寫了一曲愛情悲歌。

如果說北宋官吏和青樓女子的關係還在冷暖、明暗之間徘徊，那麼到了南宋以後，官吏和青樓之間逐漸涇渭分明，漸行漸遠——起碼在制度上是如此。政府開始限制官員狎妓，規定妓女只能為官員提供歌舞和陪酒這類活動；雙方不能發生性關係，違者都要受到各種處分。比如浙江臺州營妓嚴蕊「色藝冠一時」，美名遠播。當時法律規定妓女可以陪伺官員，只是不能同床伺寢，所以官員狎妓之風仍然存在。臺州知府唐仲友就經常在宴會中找嚴蕊作陪。唐仲友的政敵朱熹出任浙東常平使後，就上書彈劾他，其中一條罪名便是唐仲友和嚴蕊有「不正當關係」。

為什麼南宋成了中國古代官吏和青樓女子關係的分水嶺了呢？

之前雙方關係親密，那是因為社會風氣寬容；之後雙方漸行漸遠，是因為南宋之後理學興起，社會寬容度縮緊。朱熹提倡「存天理，滅人慾」，重男女之防。理學成為顯學和入仕敲門磚，讀書人個個是「謙謙君子」，爭相證明自己「坐懷不亂」，以「衛道士」自居。青樓成了讀書人和官吏們批判的對象。有志仕途者避猶不及。

朝野將官員交遊青樓看作是官品敗壞的表現之一，與仕途升遷調轉相掛鉤，官員哪敢再公開狎妓遊玩？

客觀上，官員和妓女雙方的素質也在降低。原先的你唱我和、詩文品評的風氣大減，發生肉體關係的比例大增。越是文化修養高、精神世界豐富的男子，同女子交往過程中就越少有肉慾的成分，更看重友誼和

感情的交流。所謂「真好色者必不淫，真愛色者必不濫」。遺憾的是，這樣的人在南宋以後的官場越來越少。而像李娃、嚴蕊那樣才藝突出、自尊自愛的妓女也越來越少。結果導致官吏和妓女的不正當關係的確影響到了社會和官場的風氣，政府不得不對此加以限制。

到了明朝，限制趨於嚴格。《大明律》規定：「凡官吏宿娼者，杖六十，媒合人減一等。若官員子孫宿娼者，罪亦如之。」明朝的杖責是很厲害的，用大木棍杖責六十下會要了一般體質的官員性命的。即便宿娼官員躲過了杖責，也會被罷官免職，將來永不敘用，等於是和仕途完全絕緣。注意：這條法律的對象除了官員，還包括了「中間人」和「官員子孫」，打擊面很廣。除了法律上的懲罰，犯事官吏還有道德成本。士大夫一旦被發現交遊、留宿青樓，會被社會不齒，終身不容於士林。

明代家妓就此正式終結，官妓還存在。不過，明朝官妓面向市場，向老百姓提供服務，目的是為官府增加財政收入。到了清初，官妓制度被正式廢除，社會上只剩下私妓了。

清朝政府對官員交遊青樓女子做了更嚴厲的限制。《大清律例》「官吏宿娼」條規定：「凡（文武）官吏宿娼（挾妓飲酒亦坐此律）者，杖六十，媒合人減一等。若官員子孫（應襲蔭）宿娼者，罪亦如之。」刑罰沿襲了明朝的規定，還把「挾妓飲酒」也算上了。官吏及其子孫和青樓女子吃個飯、聊個天，也算是犯法。北京城裡的巡城御史就負責查官員狎妓逛青樓，一旦查到就要嚴厲處罰。此例延續到民國。「逛青樓」在清朝和民國時期都是官員的一個「硬傷」，有一票否決的作用。民國初年，財政部僉事劉文嘉和妓女小翠喜兩情相悅，定下婚約。鴇母一意作梗，至檢察廳控告劉文嘉霸占女兒。財政總長知道後，以為「不成事體」，呈明總統將劉文嘉罷免。（《民國趣史》）

　　這就產生兩個問題了。第一，官員們有正常的身心放鬆、精神調解和友情交流的需要，找誰解決呢？在清朝，狎妓是嚴禁的，但「狎優」可以通融，官吏可以招伶人陪酒唱曲。於是乎，優伶在相當程度上取代了妓女的角色。他們大多為年少者，多在二十歲以下，也稱為孌童、優童、歌童等。因為優伶相貌清秀、酷似姑娘，故稱像姑，俗稱兔子。乾隆朝封疆大吏畢沅與京師崑曲旦角李桂官暱好。《二十年目睹之怪現狀》寫到清代官吏可以狎像姑而不可狎妓的情況：「這京城裡面，逛相公是冠冕堂皇的，什麼王公、貝子、貝勒，都是明目張膽的，不算犯法，唯有妓禁極嚴，也極易鬧事，都老爺查的也最緊。……犯了這件事，做官的照例革職。」優伶中有些是賣身的，近似男妓。

　　第二個問題是，為什麼朝廷嚴禁官員狎妓，而各地青樓依然興旺發達呢？

　　不可否認，官員暗中逛青樓依然成風。他們是清代青樓業的消費主力，尤其是清朝後期禁令鬆弛，官員狎妓之風重新興起。北京城中妓館門庭若市，南娼北妓紛紛角逐於官場。清末名妓賽金花回憶：「每天店門前的車轎，總是擁擠不堪，把走的路都快塞滿了。

　　有些官職大的老爺們，覺著這樣來去太不方便，便邀我去他們府裡。這一來，我越發忙了，夜間在家裡陪客見客，一直鬧到半夜，白天還要到各府裡去應酬，像莊王府、慶王府我都是常去的。」其中的原因，還是中國古伐政治存在明暗兩套做法、兩個系統。白紙黑字的禁令總敵不過私底下的通融、操作和人情。相反禁令越嚴，暗中的反彈就可能越厲害。有人作詩談清末北京官僚士大夫習於聲色，其中說到官員狎妓：「街頭儘是郎員主，談助無非白髮中。除卻早衙遲畫到，閒來只是逛衚衕。」一些官吏還納妓作妾。

　　慈禧末期，端方身為出洋五大臣之一出洋考察憲政，途經上海，遇到名妓林黛玉，極為喜愛。端方欲納林黛玉為妾，為周邊的人死死勸說，端方也為個人前途考慮，最終忍痛割愛。慶親王之子、貝勒載振就大膽得多。他去東北考察東三省建立事宜，路過天津，遇到名妓楊翠喜，也極為喜歡。道員段芝貴為了升官，花鉅款將楊翠喜贖身，獻給了載振。載振欣然「笑納」。不久東三省城裡，段芝貴被任命為「署理」黑龍江巡撫。政敵抓住這椿「桃色交易」不放，攻擊載振納妓，要扳倒他，演變成了一椿轟轟烈烈的大新聞。可見，只要沒人管，狎妓交遊並非大事；一旦有人要藉機做文章，任何官員和青樓之間的小事都是大事，能掀起政壇波瀾。

第四章

規矩：古代官府的運轉

《清稗類鈔》詼諧卷有兩則「幽默」的故事。第一則說的是一個人官越當越小的故事。道光年間，鎮平人黃釗赴任某省知縣，到省會拜謁總督。按例，知縣拜謁總督要行跪拜大禮——不是法定的，但現實中一直這麼做。黃釗認為總督和知縣雖然品級相差懸殊，但都是平等的朝廷命官，所以沒有跪拜，只是對總督長揖而已。總督懷恨在心，馬上彈劾黃釗，「建議」將他從七品知縣降為八品教諭。黃釗當了數年教職，「正己率人，士習不變」，應該說政績顯著。因此地方將他「推薦」去北京當京官，擔任九品翰林待詔，又降了一品。黃釗知道在官場混不下去了，不久就辦理了「病退」。

「小官大做、熱官冷做、俗官雅做、閒官忙做」，這句流傳在北京的俗語說的是嘉慶、道光年間四個京官精明的做法。德州人盧蔭溥擔任儀曹郎，在北京完全是個小官，但他氣宇軒昂，在一大堆達官顯貴中議論宏暢，故曰「大做」。而龔麗在軍機處當值，權勢炙手可熱，卻不以奔競趨走為事，故曰「冷做」。戶部官員楊芳燦花錢買的官，從縣裡一步步鑽營到中央來的，是個異途俗官，卻終日與名流雅士唱和，故曰「雅做」。周錫章也在儀曹做官，悠閒無事，卻專以應酬為事，終日奔走不暇，故曰「忙做」。這些人雖然是特例，可也透露了許多做官的「規矩」：隱藏、端架子、交際應酬等等。

古人初入官場，對做官的規矩知之甚少，尤其是在儒家教育的「無菌室」中死讀經書長大的進士們，更是對官場的規範一頭霧水。所以，明清之後新科進士都要到中央各部，或者分發各省「觀政」或「辦事」，也就是任前實習。其間，他們學的多半是怎樣「做官」，而非具體政務。比如，見上司、見堂屬、見同寅、見前後輩要行什麼不同禮儀，官場宴會、紅白喜事、往來應酬中有什麼學問？只有參悟這些「權勢之濃淡，

人情之冷熱」多年後，新科進士才能正式得官 —— 其中的佼佼者往往也能提前授予實職。經過一番歷練後，官場就把官員塑造成了形形色色的、適應官場的模樣。《民國趣史‧試院現形》中提到了民國初年考試選拔縣知事的情形，很能說明官場規則對人的塑造之功。「政府注重老成一派。第一次口試，凡身著華麗衣服，雖答對如流，公事嫺熟，皆不取中。後試者有鑑於斯，均易以寬袍大袖之布衣，做出老成態度，以迎合主試委員之心理，故眾議院門前，又覺生出一種寒酸氣象矣。」從現場考生的神態也能判斷他們的身分：「見有半倨半恭者，望而知為前清府縣，以其曾執手版，且嘗臨民也；有尚帶寒酸氣習者，望而知為前清京官，以其尚未純粹沾染官僚派也；有舉止輕脫得意疾書者，望而知為新畢業之學生，以其未知考試之艱難也。」

在這一部分，我們就來看看古代官場有哪些規矩，這些規矩是如何把官員塑造成需要的模樣的。

第一節
看不見的「效應」

清末，御史劉汝驥外放徽州知府，入見慈禧太后辭行。慈禧太后問他：「你拜謁各位軍機大臣辭行了沒？」劉汝驥回答：「沒有。」慈禧太后就開導他說：「軍機大臣，你一定要去拜謁。你現在是外官了，不再是御

史了。御史是清流，要清正剛硬才能監察百官。今後，你要好好學習應
酬。」慈禧太后金口提醒劉汝驥「學習應酬」，其實就是要劉汝驥順應體
制的要求轉換角色，不然的話他的徽州知府是很難當好的。同樣的話，
清末兩江總督端方對出任知縣的某位名士也說過：「今後你要拋卻筆墨生
涯，淪落宦海了。你買《官場現形記》學學謀官之祕訣否？」類似的話，
唐德宗對拒絕收禮的丞相陸贄也說過，唐德宗私下批評陸贄：「卿清慎太
過，地方官員給你的餽贈，你一概拒絕，會傷害大家的感情，恐怕事情
不通，影響工作。以後像馬鞭、靴子之類的禮物，你但收無妨。」

　　這三個讓人多少有些吃驚的另類段子，背後都有著體制的影子。皇
帝、太后和大臣們都不得不向現存體制低頭。

　　古代官吏身處的政治體制是一個由數不勝數的規章制度、數以萬計
的官僚隊伍和各種不同系統組成的龐然大物。沒有人能說得清這個體制
的形狀、構成，人們對它的運作只能意會不能言傳——即便是身處體制
頂端的獨裁者也是如此。可要講古代官府的運轉，如何了解古代官僚體
制又是不能避開的首要問題。

　　人們需要了解到的第一點是：任何政治體制都是社會的產物。

　　留存千年的政治體制是古代中國社會的產物。它和中國社會的關係
類似於植物與土壤的關係。

　　植物根植於土壤之中，離不開土壤的養分。自然界中沒有無本之
木、無源之水。同樣，古代政治體制也根植於中國社會之中，和中國複
雜的現實和特有的人情世故相結合。錢穆先生就認為：政治制度必須與
「人事」相配合。中國的歷史人物，只有諳熟人情冷暖，懂得人事需求
後，再建立、改革制度，才是錦上添花；反之，如果不顧人事對制度動
刀子，那就是水中撈月，還可能引火燒身。

　　例如，有人認為中國強大的政府的起源可能與遠古時期治水的需求有關；有人認為古代穩固發展的官僚制度和中國很早就開放政權、讀書人群體龐大有密切關係。鹽鹼地種不了水稻，楊梅樹散布在東南丘陵的紅壤上，古代政治體制也離不開中國社會。

　　植物是有生命的，政治體制也是有生命的，相對社會背景具有獨立性。決定植物形狀、長勢的是種子，是基因，而不是土壤。生長在不同土壤中的蘋果有多少、好壞之分，但都是蘋果。而一個政治體制建立以後，會沿著特定的邏輯發展下去，通常會超出人們的預料、操縱之外。政治體制的改革之難，根源就在這裡。古代王朝的末期，政治體制都會漏洞百出，種種弊端為朝野所公認，但是人們就是不知道如何下刀改革，就是下了刀子也會遭遇各式各樣的阻礙和困難。此時，具有獨立性的政治體制已經脫離了官僚群體乃至全社會的手掌之外了。這就彷彿是一個人造機器人，在執行中產生了自己的思想，不受人類的控制了。例如，唐德宗肯定也知道貪腐的壞處，知道官僚體制貪汙的最終都是他這個皇帝的錢，但他還得無奈地勸丞相陸贄不要「眾人皆醉我獨醒」，該拿的還得拿。

　　舉個具體例子：清朝中期陋規盛行、吏治腐敗，道光皇帝登基之初很想改變貪腐現狀。軍機大臣英和就建議道光清查陋規，道光皇帝立即接受，釋出上諭痛斥陋規害民，要求將所有的陋規查明，該保存的留下，該取締的消除。應該說，道光皇帝的改革相對比較保守，是希望透過承認部分陋規來控制其發展。同時，這項改革有皇帝和軍機大臣的強力推動，難道會不成功嗎？上諭發出後，官僚們堅決反對。有的人說承認一部分陋規合法，恐怕會使官吏們膽子更大，增加陋規；有的人說清查行動滋擾百姓，搞得民間不安寧；有的人說皇帝肯定部分陋規，「上

瀆聖聽，於體制似亦未協」。道光皇帝的改革遭遇了強烈的反對，政令幾乎出不了紫禁城。在朝野空前一致的反對下，道光不得不下命停止清查，並且將英和作為替罪羊，罷免了他的軍機大臣職務。對嚴重的腐敗問題，道光只能用一番空話替自己找臺階下：「各大吏正己率屬，獎廉斥貪，如有苛取病民之事，立加黜革釐正，斯吏治澄清，民生日臻饒裕矣。」腐敗是官僚體制的衍生物，隨著體制的獨立發展而日益強大，強大到了擺脫皇帝和軍機大臣控制的程度。

最後，植物也會反作用於土壤。不同的植物在生長過程中會吸收特定的養分，死亡後變為腐殖質回歸土壤，多多少少會影響土壤的成分。政治體制的建立和發展，會強化社會的某種主張或傾向；而它的覆滅，也會成為中國社會的歷史遺產。

所以，不管古代官吏對身處的政治體制多麼不滿，他首先都得被迫接受這就是他要開始政治生涯的背景。正如一個人出生時不能挑選種族、家庭和社會一樣，他要面對的政治體制也是無法改變的。有志於投身其中的人，首先要適應它，投身其中，等到能有能力做些變革才能去做。

如此說來，個人和政治體制的關係從一開始就注定不是平等的關係。首先要承認體制的存在和價值，而不是讓體制承認個人。人和體制的不平等關係還展現在其他三方面：

第一，「付出─回報」規律在政治體制中不成立。我們在生活中，你付出了多少心血與汗水，做出了多少貢獻，就會獲得多少回報，一個人的收穫與他的能力和付出是成正比的。雖然政治體制也可能宣稱如此，可是在實踐中並非如此。並不是官員的能力越強，做出的成績越大，他的官職就越高。歷史上許多學富五車、成績有目共睹的官員，卻是官場

的失敗者。決定一個官員升遷的不僅僅是能力和貢獻，還有各種人情關係和政治需求。這就像制度和人事的關係一樣。一個人關係牢靠、人情練達，如果能力尚可，又做出了一定的貢獻，就錦上添花了；但如果他能力平庸、毫無作為，也不會影響對他的提升。

第二，遊戲規則是古代政治體制制定的，而不是身在其中的官員。誰掌握了規則的制定權，誰就掌握了主動，就能決定遊戲的輸贏、參與者的勝負。官員只能按照體制的規則去生活、工作，而體制可以透過修改規則來淘汰不喜歡或者特定群體的官員。

第三，古代政治體制具有獨立性。這種體制可以拋棄甚至犧牲任何官員，而官員卻不能離開體制。

既然古代官員和政治體制的關係如此不平等，為什麼歷史上有那麼多的人前赴後繼爭著去當官呢？有人告老辭官去，有人星夜赴考場。

這裡，借用物理學上「場」的理論來理解權力場對古代官員的吸引力。力場對身處其中的物體有作用力，磁場也有磁力，那麼權力場對人有作用力。一個人對權力的欲望越大，權力場對他的作用力就越大。反之，無欲就無力。如果一個人對權力不屑一顧，權力場自然對他不發揮作用。他完全可以自由地投身學堂、商場、寺廟或者隱居山林。除非權力的作用氾濫於人類所有領域、所有地方，讓人無處可退，不然一個人如果真想離開權力場，都是可能的。古代中國的一大問題就是人們的權力欲太強，太想進入權力場，這種欲望助推了政府權力的氾濫。

進入權力場後，人們在微觀的操作層面應該怎麼看待體制呢？

我們可以將政治體制看做是一個「黑箱」。官場中人行為的不可預測和政治體制的不透明，是官吏面臨的最大危險。宦海沉浮就好像路人走夜路一樣。從黑箱的概念，我們可以發展出其他概念來：

比如黑箱現象導致了權力場也會產生蝴蝶效應。在自然界，亞馬遜森林中的一隻蝴蝶扇動翅膀可能會在美國東南部引起一場颶風；在體制黑箱中，你不知道關係網絡如何蔓延，也不知道某項動議會牽動多少人物、牽涉什麼系統和衙門。說不定，廣西的一項人事變更會引起黑龍江某人的反感，引發後者的彈劾攻擊。

又比如，體制內部的上政下情在傳達、溝通過程中，不是被人為縮小就是被擴大，沒有原封不動的。政治體制中有個「渠滲效應」，譬如農夫挖水渠澆地，渠首流出的一桶水，真正澆到莊稼地裡往往只有一碗水，絕大部分都在途中滲漏掉了。朝廷有天大的恩惠，到草民手中就變為了一個小饅饅；朝廷三令五申推行的政令，到基層政權往往就是一兩張紙的通知或者會議紀要。這就是「渠滲效應」。北宋蘇轍尖刻地評論道：「貪刻之吏習以成風。上有毫髮之意，則下有丘山之取；上有滂沛之澤，則下有涓滴之施。」這說的是縮小的情況，說到擴大則可以用「喇叭效應」來描述。皇帝、上級的隻言片語在下屬那都可能成為聖旨；而少數人的鼓譟往往蓋過大多數人的冷漠，成為決策者耳邊最尖銳、最需要應付的聲音。「渠滲效應」和「喇叭效應」之所以存在，都是因為在溝通和決策過程中遍布說不清道不明的彎彎繞繞，漆黑一片。

筆者拙著《泛權力》專門談古代權力的泛化，認為權力所有者的實際權力由法定權力和衍生權力兩部分構成。而衍生權力的一大類就是「體制權力」。朝廷工作內容和制度的設計，自然地讓部分機構或者在特定職位上的人擁有比同等級別的機構或官吏更多的權力。這是體制設計造成的，任何體制都不能做到絕對的權力平均。那部分多出來的權力就是體制權力。

清朝有人用「喜怒哀樂」四個字來概括吏部的工作：「文選司掌選

補、推升及班秩、品級諸典，故曰喜。考功司掌考察、降罰及引年、稱疾、給假諸例，故曰怒。稽勛司掌喪制、終養、複姓、更名諸事，故曰哀。驗封司掌封爵、誥命、贈蔭、敘功、吏員考職等事及真人、土司承襲，故曰樂。」（《清稗類鈔》）吏部掌管官吏的仕途命運，所以關係到衙門中人的喜怒哀樂，實際權力遠遠大於同級別的衙門。清朝官員平級調任吏部，部被視為「升官」。吏部多出來的那部分權力就是體制權力。而在康熙年間，康熙皇帝建立南書房掌管機要，很多時候還參與決策、撰寫「密諭」等等。南書房所用的都是些品級不高的文人學士，但他們的實際權力很大。比如文人高士奇出身寒微，一度賣字為生。高士奇受康熙皇帝器重進入南書房後，每次下班回家，還沒到家門口就看到朝廷高官們的肩輿堵滿了門前的衚衕，其中包括大學士明珠等達官顯貴。人們看重的，也是高士奇的體制權力。

　　擁有體制權力的群體，會形成既得利益集團體，成為體制的堅定擁護者。他們想不到的是，如此作為讓他們異化為了附著在體制上的一部分、一個螺絲釘，而放棄了人的主動性和體制主人的地位。比如清朝長期由滿族人控制軍隊，滿族官兵的待遇優於漢族官兵。滿族人立下軍功一次，就可以授予世襲職務。而漢族官兵要奮勇殺敵，立功 24 次才能被授予世職。結果，世襲的漢族軍官寥寥，滿族軍官很多，始終控制著軍隊實權。這也造成漢族武將不肯拚命。乾隆皇帝時期，才將授予世職的條件放寬，規定漢族官兵一旦陣亡就可以授權世職。《嘯亭雜錄》談及此事的時候，將滿漢官兵的不平等待遇歸咎為「有司（相關部門）之責」。當時的相關部門自然是控制在滿族人手中的官兵考核部門。他們是之前陋政的受益者，沒有動力更沒有意願去糾正。

第二節
新官上任必燒的三把火

　　人們常說：「新官上任三把火。」這火可不能亂燒。燒得好了，可以燒出官威來，燒得不好，可能落下「只許州官放火不許百姓點燈」的把柄來，甚至可能引火燒身，丟掉好不容易到手的官位來。那麼，新官上任應該怎麼放火呢？

　　古代新官上任，面臨著種種難題。首先是儒家教育和官員工作實際嚴重脫節。就說語言吧，中國各地方言千差萬別，可能路隔三十里話就說不到一塊兒去了。可是古代就是沒有針對官員系統的官話（相當於現在的普通話）培訓。官員們操著南腔北調到任所後，往往語言不通，彷彿到了外國一樣，不知道其他人在說什麼。

　　而儒家的「仁義道德」、「忠君報國」與官場實際工作要求差別也很大。官場上的應酬來往、錢糧支出、司法判案，還有剿匪練兵，新官們對這些事情聞所未聞，自然也就難以開展工作了。偏偏古代官員的權力又非常大，一個地方沒幾個正式官員，每個官員要管的事情就特別的多，小到鄰里糾紛大到守土迎敵，都是他的事情。這些事務，肯定也是四書五經中沒有的。古代新官剛上任，兩眼一抹黑，完全不知道如何下手理政。

　　所以，新官離不開原來衙門裡的胥吏差役們的協助。而他的第一把

火，就是要管住這些人。

　　胥吏差役們都是本地人，熟悉當地情況，加上在衙門時間長，行政經驗也非常豐富──「豐富」到一些職位子孫世襲的地步。他們承擔了每個衙門的日常運轉工作，但因為不是國家正式編制的官員，沒有可靠的收入。例如小吏可以領到相當於官員俸祿十分之一的補貼，但差役是沒有報酬的義務勞動。按理說，應該沒有人願意當胥吏差役才對，可是偏偏人人都搶著要當，已經當上的人則千方百計保住自己的位置。因為胥役們自有來錢之路，那就是貪汙剋扣、魚肉百姓。比如明末朱國楨曾說：「書算一塗，最為弊藪。各縣戶房窟穴不可問，或增派，或侵匿，或挪移，國課民膏，暗損靡有紀極。」又比如縣衙兩班差役們休息的房子，叫做「班房」，逐漸被差役們用作私設公堂羈押嫌疑犯的地方。「班房」一詞在漢語中逐漸演化為「牢房」的同義詞。差役們從其中撈取的好處之多，不難想像。所以，你要充當胥吏差役竟然要出錢買，稱之為「頂頭銀」或「頂首銀」。地方州縣的頂頭銀價格，在海瑞時代大約為吏房十兩，戶房、禮房、兵房、刑房、工房、承發房各五十兩，而差役中的鋪長、書手、皂隸、門子的頂首銀則低於吏員，基本是根據職位的肥缺程度而定（《海瑞集》上編〈興革條例・吏屬〉）。

　　明朝萬曆年間，林烴擔任知州，裁撤了吏員檢驗稅銀成色的鍛爐──因為與法不符，法律沒有賦予吏員們鍛鑄銀兩的權力。結果州裡的吏員們「叩頭固爭」，林烴還是硬行裁撤。吏員們都快快不樂，公開說：「我們這些人要餓死了。」原來，借收稅之機，剋扣壓榨納稅人的銀兩，是吏員們額外收入的主要來源。林烴廢了這條陋規，豈不是斷了一干人等的口糧。林烴還算是有膽略有勇氣的，如果遇到性格溫順平和，甚至庸碌懦弱的長官，胥吏差役們還敢把持官長，越俎代庖。比如某地

來了一個新科進士出身的縣令，接到某某公文，縣令還不知道如何處理，年邁的書吏已經提筆簽署意見了，還對縣令說：「我輩處理這些公文多年，就應該如何如何處理。」新縣令一時還真不知道如何應付。胥吏差役們在一個地方待了幾十年，甚至幾輩子，互相授受，不斷勾結，根株牽連，不是一般的新官能夠鎮服得住的。

新官和胥吏差役們的關係實在是微妙，他既要依靠這些人，又要防止被他們矇蔽欺騙。

新官上任燒的第一把火就是要對付胥吏差役們，通常的做法是「摻沙子」。新官帶幾個人（一般是經驗豐富的老吏或者師爺）來當助手，協助處理政務。這樣就等於把一個人和一群土豪劣吏的戰鬥變成了幾個人的共同戰鬥。從明朝中後期開始，新官為了駕馭胥吏，逐漸興起了請文友幕賓。新官上任，往往請老到之人或者親友同窗同行，關係介於朋友和僱傭之間。到了清朝，這種關係乾脆演變為純粹僱傭的主官與幕僚的關係了。一個官員上任，帶著一整套行政人馬，一到任就全面接手衙門的各項工作，將原來的胥吏差役置於邊緣地位，只讓他們協助工作。等到下一個官員來上任，前一任的幕僚親隨全部被換上新的一批幕僚親隨，可謂是「一朝天子一朝臣」。這些人幾乎以當幕僚親隨為職業，行政經驗豐富，一點都不用擔心工作進行不了。不過，新官們要擔心一個新的問題：

處理了本地的胥吏差役，如何保證自己聘請的幕僚親隨們不舞弊欺瞞自己呢？

新官上任的第二把火，就是「拜碼頭」，摸清楚當地的官紳士人的情況。

新官是轄區內的長官，擁有最大的法定權力，但在泛權力產生關鍵

作用的中國社會，他的實際權力往往不是最大的。轄區內可能住著退休的、養病的、守孝的朝廷命官，可能住著即將上任的新科進士，新買了官的富豪子弟，也可能住著尚書的岳父、侍郎的表舅、將軍的姨媽，甚至可能住著用不了八竿子就能打著的皇親國戚。他們的官場網絡、人際關係和潛在權力，都會影響當地官員的升降禍福。「為政不得罪於巨室」是千年古訓。這些官紳豪門，剛到任的新官必須抓緊時間，一一拜訪。

　　話說《紅樓夢》中的賈雨村，好不容易當上了應天府知府，剛上任就遇到有人狀告薛蟠強搶民女、打死人命。賈雨村一聽申訴便大罵：「豈有這樣放屁的事！打死人命就白白的走了，再拿不來的。」他正在下令緝拿凶犯薛蟠，就被一旁的門子給制止了。賈雨村和門子來到內室，門子拿出一張紙來，上面寫著：「賈不假，白玉為堂金作馬。阿房宮，三百里，住不下金陵一個史。東海缺少白玉床，龍王來請金陵王。豐年好大雪，珍珠如土金如鐵。」這就是賈史王薛四大豪門巨室，世襲著公侯爵位，家資鉅富，「這四家皆聯繫有親，一損皆損，一榮皆榮，扶持遮飾，皆有照應的」。賈雨村是一家人都得罪不起 —— 他本人就是靠賈家勢力當上的官，而薛蟠恰恰是其中薛家的兒子。最後，賈雨村不僅要將大事化了，任由薛蟠逍遙法外，還要寫信給薛家邀功，說貴公子的事情過去了，安心在外玩吧！

　　這張紙條，門子稱它為「護官符」，顧名思義就是每個官員要想保住官位，就要照顧著上面的豪門巨室。因為「上面寫的是本省最有權有勢，極富極貴的大鄉紳名姓，各省皆然，倘若不知，一時觸犯了這樣的人家，不但官爵，只怕連性命還保不成呢！所以綽號叫做『護官符』」。注意，「各省皆然」，你不論去哪個地方上任，都要買護官符，拜地方豪門的碼頭。

　　鎮住了衙門拜完了碼頭，接下去就要熟悉「業務」了。這是新官上任的第三把火，姑且稱之為「買帳」。

　　買的是什麼帳呢？買的是當地各種潛規則的詳細條目，買的是各級官員的人情關係，買的是上下衙門迎來送往的價格，買的是當地官場的禁忌和各式各樣的「先例」。吳思先生在《血酬定律》中提到各地有黑白、明暗兩套帳。清朝乾隆年間的著名師爺汪輝祖寫過一本《學治說贅》，教導後來的官員和師爺們建立四個帳：正入簿、正出簿、雜入簿、雜出簿。正入簿、正出簿都是明帳記錄著法定的錢糧穀物的徵收、支出數字和官府的合法開銷、法定薪資等。

　　而雜入簿和雜出簿則是上不了臺面的暗帳，記載各種陋規、捐贈甚至行賄、貪挪的金額。後者是不合法卻是官場上「斷不可省者」，從中可以學習每個地方、每個系統官場的遊戲規則。不僅地方州縣有，中央各部各衙門也有。新官要買的，就是後一套帳。

　　《官場現形記》中講了一個湖北興國的新任知州，沒有買好帳，結果丟了官的故事。新知州到任後，前任知州的帳房還沒走，拿著帳本待價而沽，等著新知州派人來買。他深知手中帳本的重要，因為「種種開銷，倘無一定而不可易的章程，將來開銷起來，少則固惹人言，多則遂成為例。所以這州、縣官帳房一席，竟非有絕大才幹不能勝任」。湖北興國到底有多少家底、老爺能貪走多少都得以暗帳為準。

　　交接的時候，新知州就應該派自己的帳房到前任帳房手裡買這本帳簿。根據所在地的肥瘦，暗帳的價格從四五百兩銀子到數十兩不等。興國的這位前任帳房就開價一百兩銀子，屬於「人情價」，並不過分。誰料新知州因為到任就要掏出一筆銀子，捨不得，竟然不買，要前任帳房「無償」交出帳簿。帳房不願意，任憑新老爺一天討要好幾遍，軟硬兼

施，就是不給。後來，新知州工作進行不了，只好忍痛掏出了一百兩銀子，卻不料前任帳房嫌他吝嗇，早偷偷地把帳簿做了手腳，比如把應酬的金額給改小了，以前知府老爺生日要送 200 兩銀子的，他改為 150 兩，卻把其他開銷給改大了，比如衙門差役的工錢每月給 2 兩銀子，他改為了 3 兩。至於現任道臺老爺忌諱「六十四」和「喜」字，同知老爺的太太喜歡牡丹這些資訊，帳房都通通撕掉。很快，按照假帳參與遊戲的新知州招惹得同僚厭惡，種種公事也往往因為「不合規矩」進展得挫折連連，最後不得不掛冠離職了事。

掺沙子、拜碼頭和買帳，是新官必須正視的三把火。有人可能奇怪了，這其中怎麼沒有一件事情和老百姓的生活有關係呢，難道父母官上任不先關心老百姓嗎？

當年賈雨村就有這樣的疑惑。他覺得門子的話說得有道理，但是自己「蒙皇上隆恩，起復委用，實是重生再造，正當殫心竭力圖報之時，豈可因私而廢法？」因此，他這個新官，還想秉公執法、為民做主。結果遭到了門子的一頓冷嘲熱諷：「老爺說的何嘗不是大道理，但只是如今世上是行不去的。豈不聞古人有言：『大丈夫相時而動』，又曰：『趨吉避凶者為君子』。依老爺這一說，不但不能報效朝廷，亦且自身不保，還要三思為妥。」門子是這麼說的，事實也是這麼殘酷的。如果你不燒那三把火，那麼非但報效不了朝廷，而且自身官位也難保了。這背後有整個官僚體制在強力推動。

想在衙門裡立足，想好好地把官做下去，就得認真地掺沙子、拜碼頭和買帳，然後才是公開亮相：到孔廟、關帝廟、文昌廟、城隍廟去拜神靈，宣誓自己大公無私；貼出告示，接見小學生和老百姓們，說明自己要為民造福！

第三節
衙門提拔人的條件

　　唐代著名詩人韓翃，早在唐玄宗天寶年間便考取進士，但仕途一直不順，將近三十年後到唐德宗建中年間仍在汴宋節度使兼汴州刺史李勉麾下做幕職。韓翃的同僚多是年輕後生，視他為遲暮老朽，他頗有些心灰意冷，時常稱病在家。一天半夜，一位平日有交情的韋巡官突然來找韓翃，滿臉喜色地向他祝賀：「恭喜老兄即將出任駕部郎中知制誥！」駕部郎中是可以穿緋服佩銀魚的高級官員；知制誥類似於皇帝的機要祕書，還管寫聖旨。這兩個職務一結合，可就是響噹噹的實權職位了。韓翃坐慣了冷板凳，根本不相信天下有這等好事，嚴肅地對韋巡官說：「必無此事，定誤矣。」韋巡官說：「我剛看了邸報。報上說，知制誥缺員，中書省推選了兩個人，皇上都不滿意。中書省就奏請皇上自己決定人選。皇上批覆：『與韓翃。』中書省檢視官員名錄，現任官員中有兩個韓翃，一個是江淮刺史，另一個在汴州替人做幕僚，搞不清皇上中意哪一個，便將兩個韓翃的履歷都送進去。皇上批覆：『春城無處不飛花，寒食東風御柳斜；日暮漢宮傳蠟燭，輕煙散入五侯家。與此韓翃。』」韋巡官問：「這不就是你寫的〈寒食〉詩嗎？」韓翃這才覺得自己升官有望了，興奮了一夜。第二天早晨，李勉帶著僚屬，集體登門向韓翃祝賀了。

　　這樣的戲劇性情節，猜想所有衙門中人都希望發生在自己身上。升

官是官吏們的奮鬥目標，也是評判官場中人成功的唯一標準。那麼，古代提拔官員的標準是什麼，看重哪些因素？

正如韓翃的例子揭示的，古代官員獲得提拔的首要因素、最強而有力的籌碼就是得到皇帝（或者達官顯貴）的青睞。傳統的專制政體的權力結構是自上而下的，下級的權力來源於上級。皇帝（或者達官顯貴）看中的人選，自然是遇缺即補、重點栽培，人事部門也不敢說差，所謂「朝中有人好當官」是也。

《清代野記》裡面記載了一位「清代韓翃」的仕途命運。安徽人龍汝言在某都統家教書。嘉慶皇帝生日，都統讓龍汝言代寫祝詞。龍汝言就收集康熙、乾隆兩朝御製詩百韻，寫了篇祝詞。結果嘉慶皇帝非常喜歡，要獎勵該都統。都統不敢隱瞞，說祝詞是家庭教師龍汝言寫的。嘉慶更高興了：「南方士子往往不屑讀先皇詩，今此人熟讀如此，具見其愛君之誠。」立即賞龍汝言舉人功名，參加第二年的會試。第二年會試結束後，嘉慶大聲申斥各位考官，說這次錄取的進士水準太差了。考官們出來後，很不解，偷偷詢問近侍太監：「今科闈墨甚佳，何以不愜上意？」太監回答：「龍汝言落第，皇上不高興。」龍汝言是嘉慶嘉獎過的，親自樹立起來的「南方士子」榜樣，是嘉慶特命參加會試的。他落第了，無疑是在說嘉慶皇帝的眼光有問題，挑選的士子程度不好。在下一科會試，龍汝言果然「擬中」狀元。考官們把初歲名單交給嘉慶，嘉慶皇帝一看排在第一的是龍汝言，高興地說：「朕所賞果不謬也。」龍汝言即派南書房行走、實錄館纂修等差，賞賚稠疊，舉朝羨之。正是因為皇帝和高官顯貴決定著官吏們的仕途命運，天下鑽營取巧之徒無不四處奔走，爭相向前者獻媚、邀寵、表現。在古代官場，巴結權力上級的重要性令人瞠目結舌。

其次，衙門提拔人也要看一些實際條件，包括可靠度、功名、年齡、履歷等等。

提拔官員政治上要可靠，要是現行體制的忠實信徒和捍衛者，而且還要和現在的當權者同心同德。比如南宋初期，朝野認為蔡京、童貫等人是導致北宋滅亡的奸佞之臣，所以官吏都主動與他們劃清界限，提拔前都申明「不繫蔡京、童貫、朱勔、王黼等親屬」；後來程朱理學被定為「偽學」，理學中人被定為「逆黨」，官員們又紛紛反對起程朱理學來，宣告「不事偽學」。其實，南宋初期的許多官員都是北宋遺留下來的，在北宋末期蔡京、童貫當道的時候巴結他們還來不及呢！同樣，多數南宋讀書人都是讀著程朱理學長大，甚至憑此考中的進士，何曾「不事偽學」？不過不這麼說，就等於自毀前途。同樣的景象還出現在了明末，魏忠賢當權時候，天下官員爭相拜入魏公公名下，甘心做太監的乾兒乾孫。崇禎上臺後，魏忠賢倒臺，清理「閹黨」。官員們又爭先恐後地與閹黨劃清界限。

功名的實際條件，比較容易理解。在科舉時代，科舉入仕是「正途」，其他得官方式都被視為「異途」。正途官員在仕進上有優勢。

清要官職一般由正途官員壟斷，官場對正途官員也比較優容。明朝還規定，非進士出身且當過翰林的官員，不得被推舉進入內閣。

年齡的條件，則是出於生理上的考慮。隨著年紀增大，體力精力衰竭，一些職位可能不太適合老年官員。這在平均壽命偏低的古代，更為重要。比如明清時代照例對 55 歲以上的新科進士不授予州縣實職，一般授予教職等閒職。本來古代人壽命就短，如果新提拔的官員上任沒幾個月就死了，豈不是又要重啟人事競爭？這太影響工作了。所以，年齡的要求其實也是身體的要求。由於身體表象可以偽裝，而年齡可以落實在

白紙黑字上，因此官場用年齡代替了對身體狀態的要求。

履歷也是提拔官員時考慮的實際條件。履歷包含一個人的經歷、籍貫和思想道德鑑定等。說到經歷，上述明朝入閣的人要中過進士、當過翰林，這就包含了經歷的要求。明清的大學士既要有地方州縣實職工作經驗（知縣、知府、巡撫等），又要有中央各部工作經驗（主事、郎中、侍郎、尚書）等，最好還負責過不同系統的政務。只有符合以上這些條件，才會被認定是「履歷全面」、「視野開闊」、「才堪大任」。說到道德，標準虛渺，其「鑑定工作」常為豪門大族所操縱。由於說不清道不明，表演成效顯著，於是就出現了「舉孝廉父別居」、守孝期生子等等醜聞。鑑於名實多不合，梟雄曹操就進行過一陣不看履歷看才能的「唯才是舉」。

不過，像曹操這樣的帝王畢竟少，幾乎全部朝代都很看重履歷中的思想道德鑑定一項，都喜歡忠臣、孝子。

古代衙門有相當完備的履歷檔案制度。人事部門考核提拔官員，就以履歷檔案為主，往往過於看重履歷。不肖官員就在履歷檔案上做手腳，為了保證履歷檔案的準確性，清代對官員履歷的真實性要求由地方政府提供「印結」，報部核對。假如是外省赴京的還必須取具同鄉六品以上京官印結。因為同鄉之間畢竟對相互的經歷、道德比較知曉。但在實際操作中，「印結」成了對「造假」的追認。清朝常有人出於人情或貪圖錢財而「濫給印結」。後來，京官們乾脆組成同鄉機構，推舉年長者負責給赴京的同鄉「有償印結」，所得款項平分。

以上這些實際條件對升官的作用，僅次於皇帝和高官的賞識提拔。有志仕途的人，要早早籌劃，估算好年齡，安排好不同年齡層的職位，爭取全面的任職履歷，還要在道德品格上不出差錯。有一個官場名詞專

門說那些條件出眾的人，阻攔在其他人前面，似乎已將升官希望搜括入囊中的行為：「卡位」。這就好像春節期間去火車站排隊買票，有一個人總是站在你的前面。你們可能是同時到達車站，他毫不猶豫地就選擇了現在的隊伍，而你猶豫觀望了一下才過來排隊，所以排在他後面；你們可能同時出門，他抓緊時間趕路，而你在途中走馬看花或者走了一段彎路，所以排在他後面；或者單純他就是起得比你早。之前的各種細節都可能導致對方排在你前面。位置的前後，也許就讓他買到了本班次的車票，而你只能等下一班火車了。

如果候選人們都沒有上級的青睞、實際條件又相仿，接下來就要根據政績來一比高下了。

具體到政績如何衡量，就涉及考核的問題。中國很早就開始考核官員的工作成績。比如秦代的上計制度就是衡量官員政績用的。郡臣於年初將一年的賦稅收入預算寫在木券上，呈送國君，國君把木券一分為二，國君執右券，臣下執左券。到了年底，預算完成了，留任；沒完成，罷免。考核制度在唐朝得到完善。文官一年一考，標準為「四善」和「二十七最」。四善是：德義有聞，清慎明著，公平可稱，恪勤匪懈。偏重思想道德和工作作風。「二十七最」根據不同職務而定，偏重於政績。比如司法的標準是「推鞫得情，處斷平允」，也就是公正司法；教官的標準是「訓導有方，生徒充業」，也就是要教出好學生；「校（書郎）正（字郎）之最」的標準是「讎校精審，明於刊定」，這類似現在出版行業對校對人員的考核要求。官員獲得幾善幾最，對應獲得考核等級，上等升官，下等貶官或者斥退。

明清時代繼承了前朝完備的考核，作為官員升降的依據，同時又注重差異性。各地州縣政務基礎、繁忙、難易程度不同，就不能按照統

一的標準考核。洪武朝根據各州縣負擔的賦稅數量將職位劃為「繁」或「簡」。隆慶朝進一步將天下府州縣按照「大小、繁簡、衝僻、難易」四項標準劃分上、中、下三個等級。下等縣知縣的考核標準與上等縣不同，而下等縣的知縣調任上等縣知縣，也視之為升官。清朝劃分的標準也是四項：衝、繁、疲、難。「地當孔道者為衝（地理重要），政務紛紜者為繁（事情紛繁），賦多逋欠者為疲（稅不易收），民刁俗悍、命盜案多者為難（治安複雜）。」四字全占為最要缺，占三字者為要缺，占兩字為中缺，只占一字或一字也不占的為簡缺。出任「最要缺」要有過州縣長官經歷、而且考核成績出眾，而擔任「簡缺」的往往是初入仕途的人。大畫家鄭板橋入仕之初就擔任山東西部小縣范縣知縣，做了一任後考核優異調任濰縣知縣。濰縣城郭高大、人口阜密。鄭板橋雖然還是知縣，卻是升官了。

應該說，中國古代的官員考核歷史悠久、制度完備。但官僚階層一直明裡暗裡地抵制、破壞考核。加上中國特色的人情世故和種種劣根性，考核在相當程度上逐漸流於形式。比如唐朝中期以後，所有官員一律被考核為「中上考」。「考績之司，事多失實。常參官及諸州刺史，未嘗分其善惡，悉以中上考褒之。」考核流於形式，大家花費時間、精力和財力，每年都認認真真地表演一遍，結果是你好我好大家好。更有甚者，實權大小也影響了考核，一些實權人物、達官顯貴和重要職位的官員，基本是「未考已定」，沒有考核前大家就知道他們肯定是優等。這就比如地方封疆大吏和府道一把手，年年得優等 —— 他們如果沒有得優等，當地全體官吏都不贊成。一把手年底考核沒有得優，不就意味著當地本年度工作沒做好，更意味著皇上「所用非人」嗎？於是，考核得優成了一種政治待遇。此外，清朝關鍵職位的官員也一概得優。比如負責

地方軍政、民政、行政重務的官員考核基本都不離上等範圍。《晚清官場規則研究》記述晚清的考核制度云：「內閣漢侍讀僅 2 缺，另稱『正副閣長』，例均保列一等。旗人侍讀 14 缺，必須兼諳敕者才能保為一等。翰林院自侍讀至檢討，必須在南書房、上書房入值，在清祕堂、國史館任提調以及辦院事、協辦院事者，可保列為一等。」

所以說，政績雖然是理論上最關鍵、最重要的提拔因素，但實在難以衡量。在中國的大環境中，考核只能變成上述景象，徹底失去了作為提拔依據的作用。那麼，面對人數眾多、都急紅了眼想升官的官僚群體，到底誰升誰降呢？這是擺在人事部門面前的大難題。

早在北魏時期，人事部門就鑑於官場競爭過於激烈，官吏們爾虞我詐、勾心鬥角，鬧得烏煙瘴氣、不堪入目，發明了「論資排輩」的升官法。這種方法異常簡單，不看候選人的政績和考核，也不看他們的實際條件，只看資歷大小。誰在現任職位上任官時間比較長，誰就優先升任高一級官位。這種不合理的方法，最終得到了官場的支持，在五代之後成為升官的主要標準。

吳思先生對論資排輩有過精彩的評價，認為「堪稱極其高明的流線型設計」。此項方法是阻力最小、壓力最輕、各方面都能接受的肥缺分配辦法。「資格和輩分是硬指標，不容易產生爭議。人人都會老的，誰都不會覺得這個辦法對自己特別不公平，這就容易接受。已經老的人關係多，經驗豐富，常常還是年輕人的師長師兄，年輕人很難公開反對他們，這就讓反對者難以成勢。至於在相同資格和輩分的條件下抽籤抓鬮，這是把前程交給天意和命運安排，而天意和命運無法反對。」「最後還有一條好處，一旦開始了論資排輩，再要廢除就不太容易。代價會很高，因為耐心等待多年的編織了堅實的關係網的人們會群起圍攻，說

他的壞話，造他的謠言，保護自己即將到手的利益。」而論資排輩並沒有堵塞住皇帝和高官顯貴「額外」提拔親信心腹的後門，他們依然可以直接任命或者保舉、推薦他人入仕。這就使得實權人物沒有必要反對論資排輩，反而希望藉助這種機械方法來平息愈演愈烈的升官競爭。總之，這是一個官場中人人叫好的方法。

到頭來，古代官員要麼奔走王公顯貴大門，求得快速仕進，要麼規規矩矩，爭取「無病無災到三公」了。它淹沒了人們的鬥志和作為，助長了鑽營、苟且和圓滑自保的風氣。

古代皇帝對下面的人事提拔實情心知肚明。所以，那些想有所作為的皇帝就要跳出既定框架，做些「不拘一格降人才」的舉動，也算是無奈之舉。比如雍正用人就常有「非常」之舉。雍正朝大臣李衛出身底層，據說是奴僕出身，也沒讀過什麼書，但是說話辦事很有技巧、有手腕。雍正就安排他「捐效」入仕，也就是花錢買官，從道員開始，沒幾年就做到了巡撫總督。李衛協助雍正安撫東南，居功甚偉。他是怎麼做到的呢？一次，朝廷要派欽差清查各地州縣的虧空情況。李衛趕緊請求協助欽差清查虧空，然後事先把浙江各州縣的長官叫到一起說：現在你們都老老實實地把轄區的虧空情況告訴我，有虧空的我幫你們掩蓋過去，如果現在不老實說，等欽差來了，我就幫不了你們了。州縣官們感恩戴德，將州縣的財政情況如實上報。欽差大臣、戶部尚書郭維新本想藉清查虧空一事立威，作風雷厲風行。李衛跟他說，浙江清查工作繁重，建議他倆抽籤決定州縣，一人清查一半。郭維新答應了，結果他抽到的州縣都是財政沒有虧空、帳目清晰的州縣；而李衛抽到的都是財務混亂有虧空的州縣。這次清查，浙江省沒有發現任何虧空，全省上下一片歡喜，地方官對李衛敬佩感恩得不得了。

　　乾隆也有類似的用人之舉，比如擢升和珅。乾隆看重和珅的辦事能力，和珅在乾隆後期迅速被提拔，幾年時間位列高層，打破了論資排輩的規矩，此外，乾隆還喜歡「突擊檢查」。一次，乾隆沿著運河南巡，到了山東某地看到道旁農夫耕作，突然想關心民間疾苦。他召一個農夫上船，問了問收成，又問了問地方長官的情況。突然，乾隆讓農夫一一詢問隨扈大臣的姓名，讓他看看其中誰是忠臣誰是奸臣。大臣們因為農夫奉旨詢問，都不敢不向農夫報上姓名官職。其中不少人怕農夫將社會上流傳的有關自己的「段子」告訴乾隆，心懷忐忑，有的都嚇得大腿哆嗦了。農夫問了一圈，回答乾隆：「滿朝皆忠臣。」「何以知之？」農夫回答：「我看演戲的時候，奸臣，如曹操、秦檜，都面塗白粉如雪。現在的諸位大臣臉上都沒有白粉，所以知道大家都是忠臣。」乾隆大笑，大臣們虛驚一場。想必，連鄉野村夫也知道考核一事只是形式，知道要追求你好我好大家好的大團圓結局了。

第四節
三個御史的天差地別

　　清朝嘉慶皇帝即位後，非常高調地下求言詔書。一時間，言官紛紛上奏，揭露問題的揭露問題，彈劾貪腐的彈劾貪腐，指摘朝政的指摘朝政，好不熱鬧。

　　批評是世間最微妙的事情之一，弄得好了皆大歡喜，弄不好會反目成仇，甚至害了批評者的卿卿性命。嘉慶初年的求言，上奏的言官很多，結局大相逕庭。

　　先說有個滿族御史，叫做和靖額。和靖額上奏揭舉了朝廷有一項人事制度不合理。朝廷舊例，滿族舉人如果連著考三科都沒有考中進士，可以直接授予低階別的京官。這本來是一項照顧滿族人的優惠政策，讓科場失意的滿族子弟可以直接當官。同樣是舉人，漢族人如果考不中更高一級的進士，則要參加吏部的「大挑」，經過競爭和挑選才能出任縣令等地方官。一比較，滿族舉人獲得了一條入仕的捷徑。但是，在實踐過程中，滿族舉人越來越多，而北京各部衙門的編制名額是一定的，不可能讓所有滿族舉人都當上官，所以大家得排隊輪著來。結果就造成一些滿族舉人等了30多年，鬍鬚都白了還當不上官，還不如像漢族舉人那樣參加「大挑」呢！和靖額對那些科場和官場都無望的滿族舉人們很同情，就奏請嘉慶皇帝准許滿族舉人像漢族舉人一樣參加「大挑」，經過競爭選授縣令等職。嘉慶皇帝覺得他說的情況的確不合理，就大筆一揮，准許了。這事記載在昭槤的《嘯亭雜錄》裡，說「百年弊政，一旦改之，人爭頌其德」，以皆大歡喜結局。

　　和靖額的同事、漢族御史李仲昭也上奏，他揭發長蘆鹽商造假謀取私利，一些鹽商家資鉅富，交通朝貴。李仲昭揭發的這事，也是事實。之前就有給事中花傑彈劾過長蘆鹽政的弊端，還點名道姓說大學士戴衢亨牽涉其中。結果，給事中花傑遭到譴責，之後再也沒有人再指出鹽政的弊端了。現在，嘉慶皇帝向天下求言，李仲昭就重提了此事。嘉慶皇帝一聽，覺得這是大事，讓主管天下鹽政的戶部嚴肅處理。戶部的官員經過認真調查研究和磋商討論後，認為：李仲昭所言子虛烏有，完全是

誣告，而且有鹽商反映李仲昭索賄，所以猜想是李仲昭索賄不成存心陷害。李仲昭斷然否認，堅持鹽政存在弊端。戶部和御史吵了起來，嘉慶皇帝決定不了，就讓王公大臣們組成專案組，徹底調查長蘆鹽政。調查的結果是：「個別」長蘆鹽商的確存在舞弊。處理的結果是：一個叫曾有圻的鹽商被處分了，和他有關聯的幾個低階官員遭到降級或者革職。應該說李仲昭獲勝了，不過他和同僚們的關係徹底完了，史載「人咸側目」，大家都用異樣的眼光看待李仲昭。

李仲昭這個人，《清史稿》上有他的傳記，算是御史中的名人。

之後他又批評吏部京察不公，也被證明屬實。「京察」就是對官員的定期考核，定優劣勤惰，作為升遷調轉的依據。吏部負責官員考核，可是從來就沒認真執行過，總是你好我好大家好。李仲昭就揭發了此事。後來，他赴戶部點卯（就是對在編的官吏點名），杖責了書吏——清朝的胥吏衙役蠻橫得很，猜想很可能是書吏得罪了李仲昭。結果，戶部不服了，官員們集體彈劾李仲昭。嘉慶皇帝下令將他交給吏部議處。吏部之前受到李仲昭揭發正懷恨在心呢！上上下下都想乘機把他往死裡整。儘管有剛正的侍郎初彭齡力挺李仲昭：「李御史有言膽，臺中何可無此人？」吏部還是議定將李仲昭連降四級。

第三個批評揭發的御史，叫做繼善。他的結局最慘。繼善是滿族人，揭發科舉考試中的「翻譯」科黑幕。清朝公文件案多以滿漢兩種文字書寫，由此需要翻譯。朝廷就舉辦了「翻譯」考試，挑選熟悉滿漢雙文的青年。在實踐中，能夠報名參加翻譯考試的都是王公大臣和滿族親貴的子弟，考試過程中冒名頂替、傳遞紙條等弊端繁不勝言。翻譯考試淪為了近臣子弟壟斷的「進身之階」。繼善揭發了種種黑幕，促使嘉慶皇帝下令整肅，從此翻譯考試才稍微像點考試的樣子。繼善後來升任管理

馬匹的太僕卿。朝廷對養馬的八旗十卒發放補貼，猜想是為了保持紈褲子弟的騎射精神。不過到嘉慶時期，真正養馬的人家不到八旗人家的十分之三。紈褲子弟沒幾個養馬，卻都冒領養馬補貼。繼善又揭發了這件事情，在嘉慶皇帝的支持下整肅了太僕寺的馬政。昭槤的《嘯亭雜錄》記載，經過這兩件事情後滿族人對繼善「恨入切骨」。等到繼善驗馬那天，滿族人密謀把繼善堵到哪個小角落裡打死他。好在密謀者們認錯了人，群毆了另外一個官員，差點把那個無辜者給打死了。

三個御史，和靖額、李仲昭和繼善，都是響應嘉慶皇帝的號召，都是批評揭發弊政，為什麼結果會天差地別呢？

批評揭發是要講究竅門的。站在御史的角度，他首先要考慮上奏的對象 —— 皇帝能否接受你的批評和揭發。儘管皇帝有言在先，要求大家知無不言言無不盡，但如果你批評皇帝荒淫無恥是個暴君，猜想他也接受不了。所以，批評揭發第一步要考慮你暴露出來的問題能否為皇帝所接受。這雖然很無奈，卻是御史必須把握的「立場問題」。其次，你要考慮你批評的對象，揭發的部門的反應。

他們能否接受，會有什麼樣的反應？如果皇帝都可以接受，都已經認可了，批評對象和相關部門還會不接受不認可嗎？會。因為官員們和皇上的利益不一定一致，而且是經常不一致。大小臣工雖然表面上為皇帝鞠躬盡瘁，但暗地裡都在揩皇帝的油，躺在公家的財富上享受。所以，御史、皇帝和官場同僚三方面的關係要權衡好，批評揭發性的奏章才能真正造成預想的作用。

和靖額、李仲昭和繼善都處理好了與皇帝的關係。三人揭發的問題，滿族舉人困境也好、鹽政弊端也好、翻譯考試黑幕也好，都破壞了政治制度的廉潔公正，影響人心，最終損害了皇帝的利益，所以得到了

皇帝的支持。嘉慶都下令調查追究了。但是，三人中只有和靖額處理好了與官場同僚的關係。他揭發的滿族舉人仕途無望的問題，處理起來不會侵害任何人的既得利益，相反惠及數量眾多的滿族人口，因此官員們不會反對，還會拚命附和，來為自己增加政績。而李仲昭和繼善揭發的問題，京察不嚴、冒領補貼等，都是實實在在的利益較量，是你勝我負的較量，必然得罪大批人。

比如翻譯考場黑幕，牽涉眾多王公大臣，「言官以其傷眾，無敢言者」── 不是沒人看到問題，而是沒人敢去揭蓋子。反反覆覆的較量和慘重的事例告訴大家，批評揭發不能犯眾怒，不能得罪官場同僚。

在古代，令人惋惜的是，正直敢言的御史，雖然能聲動京師，可是沒有一個能得到好下場。明清時代，因為整個官場的腐敗和無所作為，那些清正廉潔、奮發有為的官員反而因得罪了官僚體制，受到不公的待遇。

嘉慶初年的山東巡撫陳大文，地方工作經驗豐富，有能吏之名。之前山東歷任巡撫庸碌無能，吏治廢弛，貪汙遍野。陳大文上任後就彈劾罷免了屬下貪官汙吏 30 多人。下屬叩見，陳大文先禮後兵，先是和藹相待，談論良久後突然正色申斥：「你在某某事情上貪汙了多少錢，在某某事情上剋扣了多少錢，我都知道。如果你不速速改正，我就彈劾罷免你。」山東官場人心惶惶，對陳大文怨聲載道，以至於有「山東民不反而官反」的傳言。陳大文的剛正廉潔逼得山東官員沒法活了，只能造反。最後，雖然連嘉慶皇帝都下詔稱讚陳大文「人才難得」，陳大文還是因為「個性偏僻」遭到貶斥。同時期的代理直隸總督熊枚也因為「劾吏嚴」，被高層認為「不能和衷」而罷官。

河道總督王秉韜性格方正，不沽名，不避權貴，主持工作以來力主

「節約治河」。向來治河都是肥缺，整個河道系統多少人從中揩油自肥。可是王秉韜一改年年大修大補的「優良傳統」，只修理需要修理的河段，原料如數購買，禁止下屬濫報浮冒，禁止急工擾民。如此一來，整個河道系統大小官吏還撈什麼啊！結果，王秉韜遭到彈劾，快快而罷。

朝廷的九卿會議一般由親王貴戚主持，軍機處領銜大臣說話，其他大臣就去點個到，附和一聲。京兆尹卓秉恬參加九卿會議後認真討論政務，有時還和主持會議的上級辯論，結果不為當權者喜歡，在京兆尹位置上足足停頓了 18 年。同樣「多嘴」的還有刑部尚書金光悌。他在討論「業務問題」的時候，非常堅持己見，以「學術權威」自居，常常說得其他部門的尚書和更高層的長官們無話可言，因此屢遭彈劾，是最不討人喜歡的部門主管。

之前力挺李仲昭的那個侍郎初彭齡屢次被罷官撤職。一次，嘉慶宣布初彭齡的「罪狀」是：「初彭齡秉性褊急，素以糾彈為能，經朕屢加訓誡，以疾惡過嚴，本屬為公，然輕於舉發。」這個罪狀很奇怪，按說嫉惡如仇「本屬為公」，為什麼竟成了罪名呢？因為初彭齡「秉公執法」過了頭，觸犯了眾怒。

張國驥在〈清嘉道時期的人才危機〉中陳述了嘉慶、道光年間能人、幹臣被斥，庸才、奴才把持官場的現象，總結了哪些人容易犯官場眾怒：「這些官員，大多有個性，辦事有一定的才幹，而正是這些討厭苛禮、倨傲、偏執、不敬不經、不謹不慎、坦率、飲酒、不順上司、剛愎自用、躁妄、不檢、不隨流俗、狂放，不和衷諸如此類的個性，使他們在專制主義的束縛抑制下，有的不容於世，有的終生不得志，有的銷盡了鋒芒，隨波逐流。……一個人只要有了這其中的一點，才幹也就成了仕途之累。」

　　這牢固不可解的習氣，成了古代官僚體制的有機組成，反過來將純潔的、有為的、高尚的人斥為挑戰者。一個正常人要想在古代官僚體制中生存（不說發展），最起碼的一點是不能觸犯眾怒。

第五章

捷徑：從盧藏用的隱居與出仕說起

　　唐代盧藏用中了進士，但是長期得不到提升，於是隱居到京城長安附近的終南山。終南山離長安極近，傳說是道教的發祥地。於是，以道教宗師老子的後裔自居的李唐皇室在終南山修建了不少皇家道觀，長安的達官貴人們時常去終南山遊玩、參拜。很快，長安政壇都知道終南山裡隱居著一個叫做盧藏用的隱士。他藉此獲得了很大的名聲。朝廷很快就徵召盧藏用去當左拾遺，他欣然出山赴任。盧藏用的朋友司馬承禎頗受唐睿宗、唐玄宗等幾代皇帝器重，卻無心祿位，要去浙江天臺山隱居。盧藏用送他東行。途中，盧藏用指著終南山說：「這山中風景絕佳。」司馬承禎緩緩說道：「在我看來，此山風景倒在其次，卻有一條仕宦的捷徑。」盧藏用聞言，慚愧得無地自容。

　　後來，我們就用「終南捷徑」來諷刺那些藉隱居而出仕的做法。官位的高低是衡量官場中人成功與否的關鍵標準，而升遷的快慢又決定著一個人最終的官位高低。所以，古時「捷徑在哪裡」就成了古代官吏們想破了頭思考的問題。

第一節
「關係」的背書

　　中國社會講究關係，衙門之中尤其如此。關係似乎是衙門行政的潤滑劑，沒有關係時事情辦起來總是一波三折的，託了關係後事情辦起來

順風順水。古代政治體制可視為由關係遠近所決定的權力行使和利益分配體系。衙門中人的實際權力和收益就決定於層層疊疊的關係網絡之中，他們需要透過拉關係來拓展自己的實際權力。

不管官場中人多麼不喜歡拉關係，但他們首先要在一個現實的背景下實踐抱負、追逐夢想。比如古代一個讀書人想安邦治國，那他首先要不斷提升政治地位，才有可能在一個合適的平臺上實現理想。拉關係在其中必不可少。關於這一點，先賢們有相當現實的論述。唐代韓愈寫道：「布衣之士，身居窮約，不借勢於王公大人，則無以成其志；王公大人，功業顯著，不借譽於布衣之士則無以廣其名。是故，布衣之士雖甚賤而不諂，王公大人雖甚貴而不驕，其事勢相須，其先後相資也。」在韓愈看來，拉關係對於志士仁人和王公顯貴來說是雙贏的選擇，前者需要藉助後者的支持得償所願，後者需要前者來揚名。年輕人接受了這一點，對拉關係的厭惡感可能會減輕一些。明代戚繼光曾大喊：「封侯非我意，但願海波平」，但如果離開了前期胡宗憲、後期張居正的支持，單單靠自己的文才武略是不會有歷史上那麼顯赫的功績的。戚繼光的戰友俞大猷就比他耿直，也同樣能幹，但屢次被罷官，甚至下獄，成就遠小於戚繼光。這就是明證。

中國歷史上，通向權貴宅邸的道路上總是擠滿了絡繹不絕的拜謁者。為了提高拜謁的效率，拜謁者的對象不止一個，往往馬不停蹄地一日奔走數家，多線投資。北宋皇祐、嘉祐中，「士人多馳騖請託」，開封「有一人號『望火馬』，又一人號『日遊神』」，說的就是他們每天奔波在前往權貴府邸的道路上，聞風即至，毫不休息。

清朝和坤當國時，官員對和府趨之如鶩。和坤回到家裡，早有官員夾階立伺，唯恐落於他人之後。百姓們將和府所在的衚衕稱為「補子衚

161

術」，因為滿眼望去都是官服上的補子。無名子〈詠補子衚衕〉云：「繡衣成巷接公衙，曲曲彎彎路不差。莫笑此間街道窄，有門能達相公家。」李覯在〈上江職方書〉中一語道破古人擠向權貴之門的動機：「樂遊貴富之門者，莫不有求也。或崇飾紙筆以希稱譽，或邀結勢援以干薦舉，或丐祿粟之餘以免困餓，或借威柄之末以欺愚弱。」說到底，無非是為了名利二字、當官一事。

對於算不上權貴的一般官員，官場中人也不敢怠慢，要時常保持著交往，以便他日之需。清人有一首詠官場新年拜客詩：「爭門投刺（名帖、名片）亂如煙，轆轆衝風亦可憐。觸眼但逢騎馬客，縱懷須待聽鶯天。」描述的就是逢年過節，北京城裡官員奔走如織、車馬如雲的狀況。為了節約時間多見人，很多人都是只投帖而不見主人，屆時只在門房簿子上登記個名字就走了，時稱「望門投刺」。轎子在門口一晃而過。更多的人連坐轎子都懶得坐，派個隨從坐在轎子裡代替自己到處投帖，所謂「帖到人不到」。元旦那一天，北京四九城中名片亂飛，空車四出。這種投帖拜客的方式稱為「飛帖」或「飛片」。正常人應該都覺得如此現象不對，但已然成為拉關係的社會風氣，奈何它不得了。

拉關係的具體做法，根據理由不同來分類，可分為以下幾種：

第一，拿著自己的文章詩詞或者政策建議直接上門，以真才實學去征服對方，求得對方的誇獎和推薦。這是最直接、最原始，也是最乾淨的方法。當年王維、白居易，就是憑藉自己的詩詞征服長安，得到強而有力的薦舉的。唐宋時期，薦舉盛行，可以為進入仕途和升官提供重要籌碼。這種拉關係的方法也最盛行。

北宋的張士遜進士及第後，一直在低階官職上徘徊，年近五十還等候重新分配工作。他拿著自己的文章去拜謁翰林學士楊億，希望得到後

者的薦舉幫助。可是，連續三日登門都遇到楊億有事，門房沒有通報。張士遜鍥而不捨，一直在門口站著不走。楊億偶然從窗戶的縫隙看到了張士遜，見他氣度非凡，就客氣地招待他，交談之後又看了張士遜的文章，認為他有宰相潛質，不久就舉薦張士遜為監察御史。張士遜後來果然累官至宰相。張士遜「拉關係」成功的關鍵，除了他自己的真才實學外，還有一股鍥而不捨的韌勁。拉關係的人總是有求於人，加上競爭激烈，自然不會輕易成功。不然，人人都是關係網絡中的達人、強手了。這時候，只有堅持下去的人才有成功的希望。北宋晚期，蔡京權傾一時。為了能夠得其接見，有一個士人每天都趕第一個來到蔡家門口，好幾個月都沒有結果，仍然堅持如初。一次蔡京翻閱門房會客簿的時候，驚異於這個人的誠心，把他叫來詢問，覺得人還行，就舉薦為官了。這是鍥而不捨終獲成功的典型例子。

　　需要指出的是，憑文章和才學直接造訪可能產生負面結果。那就是拉關係的對象對你的文章評價很低，或者認定你才學平庸，能力不足以當官。比如唐玄宗開元六年（西元 718 年），河南參軍鄭銑、虢州朱陽縣丞郭仙舟投匭獻詩。他二人自然是希望皇帝能賞識自己的詩歌，不想唐玄宗看後得出的結論是「觀其文理，乃崇道法；至於時用，不切事情」，認定二人的詩歌消極無用，並下聖旨「可各從所好」。結果，鄭、郭二人馬上被罷官，並被安排出家做了道士。

　　清朝時，不斷有書生在乾隆出巡時候在御駕旁投書求官。不過自視甚高的乾隆多次貶低這些文章，認為滿紙窮酸、無才可用。一些投書的書生還被冠以驚動御駕、形跡可疑等罪名，遭到懲處。

　　唐宋時期，不少達官顯貴對推薦人才非常慎重，在薦舉之前要經過悉心的考察。比如北宋的謝泌將薦舉之責看得非常嚴肅。他知貢舉，並

曾在吏部負責官員的考核選拔，被公認有「知人」之才，卻極少推薦人才，一生總共不過薦舉了數人。人雖少，但謝泌推薦的人都被證明有真才實學的人，最後都做到了卿相的高位。據說謝泌每推薦一個人，都要焚香望闕跪拜，說：「老臣又為陛下得一人。」像謝泌這樣嚴肅、認真的薦主之後越來越少。明清時期，薦舉逐漸成為例行公事。清朝，尚書錢陳群對求見的讀書人都極力讚揚，只說好話不說壞話。長得瘦的，他就讚其清華；長得胖的，他就讚其福厚；長得陋劣短小的，他也說他精神充足、事業無窮，總之務必讓每個登門相求的人都滿意而歸。一天，錢尚書又送走了一個客人，姪子問他客人是誰。他凝思良久，說：「我忘了他的姓名了。」姪子就說：「大人剛才那麼稱讚他，怎麼這麼快就忘了名字了呢？」錢尚書笑道：「求見的人，不過是求讚罷了！我只是稱讚他而已，又何必知道他是誰呢？」可見，此時的誇獎與推薦都已成了廉價的標籤，不發揮作用了。事實上，明清時期官場對薦舉並不看重。因為高官盛名推薦而升官、成名的人，寥寥無幾。

第二，利用各種人際關係，主動接近拉關係對象，希望得到後者的賞識、提拔或幫助。這裡的人際關係包括籍貫、師承、血緣、親屬、家世等等。

中國人很講交情，如果一個人能和有權有勢者拉上確切的關係，就能產生切實的好處。比如官宦子弟往往能依仗父輩的官爵和威名輕易拉上關係。北宋曾鞏就說：「京師多尊官要人，能引重後輩。公卿家子有賓客親黨之助，略識文書章句，輒出與寒士較重輕，由此名稱多歸之，而主升絀者，因得與大位。」對於坐擁顯赫家庭背景的官宦子弟而言，在編織自己人際關係網絡方面也能捷足先登。同樣，如果一個人有雄厚的人際關係卻不去使用，就會被人看做「匪夷所思」。北宋的吳孝宗是江西撫

州人，和王安石、曾鞏等高官顯貴、大文豪是同鄉。吳孝宗本人才識過人，寫得一手好文章，卻不為人所知，生活落魄。後來不知是實在過不下去了還是「靈光閃現」，吳孝宗也來到開封拉關係。他拜謁歐陽修，恭敬地獻上了十餘篇自己的文章。歐陽修讀後大為讚賞，再看了吳孝宗的籍貫，十分疑惑地問他：「你寫得一手好文章，怎麼我一直不知道呢？況且你的同鄉王安石、曾鞏，也從沒提及過你。怎麼回事呢？」因為之前吳孝宗從沒求見過王曾二人。歐陽修對吳孝宗的情況頗感意外，很憐惜他的遭遇，馬上寫詩相贈。在詩中，歐陽修將吳孝宗與曾鞏相提並論：「自我得曾子（曾鞏是歐陽修的學生），於茲二十年。今又得吳生，既得喜且歡。」吳孝宗暴得大名，之後順利進入官場。

有人可能感嘆：我沒有什麼關係可拉，怎麼辦？事實上，絕大多數人都沒有顯赫的家世，也沒有當大官、做文豪的同鄉、同學或親戚。可是這並不妨礙他們「創造條件」，主動拉出關係來。比如「攀援依附之風，俗所恆有，而官場為尤甚，是以官場親戚為最多」，說的就是官場中人喜歡攀親戚，即便兩人有間接得不能再間接的親屬關係，也以姻親相稱。例如趙錢孫李周吳鄭王八姓，趙與錢、錢與孫、孫與李、李與周、周與吳、吳與鄭、鄭與王各為直接之親，那趙與王二人也以親戚相稱。這種主動拉關係套交情的關鍵，一是要積極主動，二是要不放過任何蛛絲馬跡，找到它、放大它、利用它。明清官場，對此點有「傑出的表現」：

首先，明清時期的官吏相見，沒談幾句往往就因為「情深義重」而結拜為兄弟，俗稱「拜把子」。這可好，兩個原本沒有任何親緣關係的人，一下子就成了兄弟了。結拜的雙方要互換一份帖子（稱為盟帖、憲帖、蘭譜等），寫明各自的姓名、籍貫、生辰八字和家庭主要成員的姓

名、官爵、職業等，並寫明「因交情日篤，友誼深厚，願結拜為異姓兄弟」云云，最後在落款處簽名蓋章或按手印，注明日期。換帖後，雙方就成為結拜兄弟了。為了拉關係、相援引，清朝官吏熱衷拜把子。和坤權傾朝野之時，有些督撫為了依附巴結他，不惜屈尊與和坤府上的門房、下人結為把兄弟，以便其能為自己說好話。清朝諷刺小說《歧路燈》提到當時官場上拜把子之風的盛行：「如今世上結拜的朋友，官場上不過是勢利上講究，民間不過在酒肉上取齊。若是正經朋友，早已就不換帖了。」官場這種純粹功利的結拜完全敗壞了拜把子的名聲。人們一聽到誰和誰是把兄弟就聯想兩人是相互利用的酒肉朋友了，以至於真正情深意重的朋友，都不屑於換帖結拜了。

對於年齡或者地位相差懸殊的官吏，年輕者、位卑者不便與他兄弟相稱，就主動拜入年長者、位高者的門下，做後者的門生，俗稱「拜門」。拜門不是傳統意義上的拜師，只是利用師生名義來攀附強者而已。拜門之前，雙方可以並不相識；除了官職，對於老師的輩分、年齡、品行、學識，門生可能一無所知。拜門的標準很簡單，只要對方有權有勢，能對自己有所幫助，又不便以兄弟相稱就可以投身其門下。發展到最後，一些無恥之徒甚至投入比自己年輕或聲名狼藉的強者門下。另一方面，高官和強者也歡迎有人主動拜門，透過網羅門生擴大自己的勢力。而一些窮京官則巴望著有錢的「財主門生」前來投拜，希望以收取拜門時的贄敬和以後的孝敬來撈錢。少數高官為了將某個有前途的人收入門下，或者為了多要一份孝敬，竟不惜主動登門去認門生，強行令其拜門。這被稱為「倒拜門」。不過一旦老師失勢了，落魄了，以前的門生們便紛紛改換門庭，重新拜門。

除了拜把子、拜門，明清官場慣用的另一招是「拜乾親」。拜乾親包

括鑽營者拜要攀附的權貴為乾爹，自為乾兒；或者讓妻妾、兒女拜要攀附的權貴為乾爹；或者自己和家人拜權貴之妻、母為乾娘。他們所拜的權貴不僅有朝廷權貴，還有權勢顯赫的太監。比如魏忠賢得勢的時候，乾兒、乾孫就遍布天下。有厚顏無恥者因為自己年紀比魏忠賢大，不方便拜魏忠賢為乾爹，就讓幼子拜魏忠賢為乾爺爺，間接實現當魏忠賢乾兒子的「願望」。乾隆時，有一翰林為了得到肥缺，諂事權貴。他先讓老婆拜大學士于敏中的夫人為乾娘，于敏中勢衰後又讓老婆拜尚書梁師正為乾爹，並令其殷勤侍奉。每天梁尚書上早朝前，翰林夫人都先把梁的朝珠放在胸口上焐暖，然後親手替乾爹掛上。清朝的「中興名臣」胡林翼擔任湖北巡撫期間，為了和朝廷派來箝制自己的湖廣總督官文搞好關係，讓母親認正受官文寵愛但出身不好的寵妾為女兒。官文正為這名寵妾的身分問題頭疼，胡林翼此舉幫他解決了一個大麻煩，官文也樂得和胡林翼當起了姻兄弟。從此，胡林翼在湖北施展拳腳方便了許多。

這種建立在相互利用之上的關係是極不牢靠的。一旦拉關係雙方的地位、權勢發生重大變化，牽拉起來的關係就土崩瓦解了。比如，把兄弟如果調到同個衙門做了上下級，下屬要主動送還當年的拜帖，表示二人兄弟關係結束。大家對拜把子的往事絕口不提。更甚者，下屬在還帖的同時送上一份門生的帖子或者兒子的帖子，那麼原來的兄弟就變成師生或父子了。至於原來的乾爹長期不進步或者退步了，而原來的乾兒、乾孫在仕途上突飛猛進，前者說不定要改拜在後者門下，原來的父子、祖孫關係就完全顛倒過來了。

第三，如果覺得尋找各種關係太複雜，那麼衙門中人都有一個共同的親友可以用：孔方兄。這個孔方兄可是相當給力。清末，沈幼嵐想抱住慶親王奕劻這棵大樹得以升遷，但屢次求見皆被拒。同鄉某御史就對

他說：「奕劻之門不難進，但必須花費鉅款方可。」

沈幼嵐大悟，拿著兩萬兩銀票送給慶王府的看門人，說：「這是小意思，給王爺買些果品。」看門人進入報告，奕劻竟然親自出來迎接，沈幼嵐又喜又驚。告辭後，奕劻又親自送出門外。沈幼嵐出來對人說：「金錢魔力竟然如此巨大！」

明朝官員李鈞就指出：「大臣無恥者多與之交結，或饋以金銀珠寶，或加以奴顏婢膝」，無論該人實際的素質如何，只要「心意」到了，「內臣便以為賢，朝夕稱美之」；反過來，「有正大不阿、不行私謁者，便以為不賢，朝夕讒謗之」。藉助孔方兄的力量拉成關係的關鍵，是孔方兄的金額要合適。禮多人不怪。這個金額雖說多多益善，拉關係者如果難以承受，也要維持在必要的金額之上。如清朝的和珅貪墨成性，家產豐厚，對一般的賄賂根本就看不上眼。

曾經有個外地知縣將一千兩銀票舉過頭頂，跪在和府門口求見和中堂。和珅回府後看到，大聲叫罵：「知縣是何蟲豸，也來見我？」可憐的知縣之所以被罵，就在於他不懂行情，將孔方兄送少了。根據和珅的情況，要想得到他的奧援和提拔，猜想沒有萬兩白銀難得一見。

有關孔方兄拉關係的最好例子，可能發生在清朝大臣潘祖蔭身上。潘祖蔭歷任工部、刑部、禮部尚書，後任軍機大臣，自然是響噹噹的實權人物。一次，諸多官僚聚會閒談，扯到了某位提督。潘祖蔭對此人讚不絕口，說他忠肝義膽、文武兼備等等。官員李文田很好奇，就問潘祖蔭：「此人有什麼功績？」潘祖蔭說：「不清楚。」

李文田又問：「此人長相如何？」潘祖蔭說：「沒有見過。」對於一個素未謀面、不知道履歷成績的人，潘祖蔭為什麼給了極高的評價呢？潘祖蔭解釋道：「此人送我的鼻煙很好，我就知道此人不錯。」

同樣與潘祖蔭素未謀面的左宗棠，被仇家陷害入獄。好友郭嵩燾計劃搭救左宗棠，就想由潘祖蔭上奏擔保。郭嵩燾準備了盛大的酒宴招待潘祖蔭，又奉上大把銀票，說有事請潘大人幫忙，可就是不說具體是什麼事。潘祖蔭也不拒絕，將銀票納入懷中，說：「我們且飲酒，再商量。」幾杯酒下肚，郭嵩燾拿出一份早已寫好的奏摺要潘祖蔭簽上名字遞上去。潘祖蔭搖搖晃晃地就跟著郭嵩燾向奏事處走去，路上問郭嵩燾摺子上寫了什麼內容，郭嵩燾擔心潘祖蔭變卦，仍不肯明說。到了奏事處門外，潘祖蔭說：「事已至此，必無悔理。只是所保何人，折中所言何事，必先令我知悉，否則萬一皇上問起，將何詞以對？」郭嵩燾這才出示奏摺，潘祖蔭見是給一個叫左宗棠的人說好話的，放心了，大筆一揮簽上自己的大名，遞上奏事處。潘祖蔭的奏摺對營救左宗棠發揮了很大作用，同時把左宗棠「誇」得有點誇張了，還觸動咸豐皇帝考慮要重用左宗棠。後來左宗棠發達後，不忘潘祖蔭的助推之恩。他投其所好，用重金向潘祖蔭報恩，每年冬天送給潘祖蔭炭敬就是一千兩銀子，他還贈給潘祖蔭道光初年出土的、價值連城的西周文物大盂鼎。

以上三者拉關係之法，是古代官吏靈活運用的基本方式。最後講一個《民國趣史》中的例項，給讀者有一個具體、直接的感受，也請讀者觀察一下：故事中的主角一共使用了多少個拉關係的方法？

民初漢口徵收局長某人，到任以來橫徵暴斂、營私舞弊，多次被商民控告卻都能保全職位。這得益於某人手腕靈敏、關係通神。

任職將近一年之後，徵收局長按制要重新任命。某人自然想連任。

如果不能連任，自己任內貪汙、挪用和虧空的款項在移交時如何能騙過後任的眼睛，又如何能讓後任接過爛攤子呢？當時社會盛傳，上司有意任命督軍公署祕書長前來接任。某人聞言惶惶不可終日。

怎麼辦？

　　某人的夫人與湖北財政廳長的夫人相識，以姐妹相稱。局長就授意夫人接廳長夫人到漢口來看戲，擺上美味佳餚招待。廳長夫人如約來到漢口，為時尚早，戲場還未開演。局長夫人就客客氣氣地約廳長夫人先到某珠寶店「賞鑑珠寶」。店主人拿出鎮店之寶珍珠手釧十餘副，羅列案頭，任聽選擇。一時光怪陸離，耀人眼目。其中一副手釧的珍珠，碩大精圓，廳長夫人愛不釋手。她一詢價：八千元。廳長夫人很想買，可是她哪有那麼多錢啊？廳長夫人既想割愛，又覺不捨。兩難之時，局長夫人開口了：「太太既然見愛，盡可攜歸。此間店東與敝寓向有往來，即令其暫入我帳可也。」說完，店主人就把手釧包好遞上。廳長夫人也不謙遜，將珍珠手釧輕輕放入袖中，與局長夫人偕同去看戲了。看完戲又吃飯遊玩，廳長夫人玩到第二天才回去。又過了一天，某人連任漢口徵收局長的公文就到了。

第二節
古代官場的群文化

　　光緒中葉，山東人尹琳基擔任翰林編修多年都得不到外任，牢騷滿腹，鬱鬱寡歡，縱酒消愁。一喝酒就容易出事。尹琳基常常喝醉，一醉就謾罵同座的賓客。因此，他和同鄉、侍御史鄭溥元發生了齟齬。鄭溥

元就抖出尹琳基的私事彈劾他。這事一時間鬧得沸沸揚揚的，官場輿論基本上譴責鄭溥元，認為他心胸不開闊，因為一點不愉快就中傷同鄉。不久聖旨下來，尹、鄭二人都被勒令退休。

按照清朝官場的邏輯，在這個案例中，尹、鄭二人都犯了「不合群」的毛病。翰林院裡積壓的得不到外任的官員，怎麼沒見其他人借酒澆愁，只有你尹琳基酗酒呢？你酗酒就酗酒，為什麼還要罵人呢？這是不合群、傷和氣的表現。鄭溥元也是，因為酒場上的齟齬就彈劾官員，是不注重團結的表現。所以，兩個人都不「合群」，不「適合」繼續擔任官職了。

每一個政治體制都會形成相應的行政作風、官僚氛圍和思想觀念，都有一套由有形或無形的規矩組成的、公認的「群文化」。合群，就是衙門中人要融入群文化中去，與整個環境合拍。一個希望在某個政治體制中生存和發展的官員，必須是這套體制的擁護者和踐行者，必須在日常言行中做到合拍。反之，不合群的官吏很難在政治體制中發展、升遷，甚至可能被這套體制「清除出局」。在開頭的例子中，愛發牢騷的尹琳基最終被「請」出了官僚隊伍，因小事亂彈劾的鄭溥元也被辦理了退休手續。

如果群文化是健康的、正確的、陽光透明的，那麼衙門中人尊崇它，心安理得，天經地義。但是，官僚體制在發展過程中會產生獨立的邏輯，獨立發展下去。因此，官僚體制衍生的「群文化」很可能是背離制度設立的初衷，或者與道德規範和人的正常心理不一致 —— 這在現實中經常發生。即便如此，衙門中人也要適應、遵從這套錯誤的文化，讓自己合群。這就類似同流合汙，最後的結果只能是劣幣淘汰良幣，庸者上、昏者留而賢能之士遭到清除、打擊和埋沒。清朝桐城人汪志伊從縣

令做到福建巡撫，以廉潔著稱於世。這在晚清難能可貴。他曾經進京陛見皇帝，一路上只乘了一輛破車，車上裝著被褥等用品，只帶了兩個普通傭人隨行。汪志伊沿途經過數十座繁華都市，人們都不知道有封疆大吏過境。沿途的官員事後得知，都詫異不已。官場上總得有應酬之舉，汪志伊也不能免俗。不過他小氣到請客的時候只用兩道菜招待同僚，不要說吃好，就是吃飽都有問題。飯桌上，汪志伊大談特談宋明理學，宣講節欲修身之道。客人們因為汪志伊的身分，不敢當面發作，可是回去後「人爭目為怪物」。不用說，汪志伊是個不合群的另類高官。他的結局怎麼樣呢？汪巡撫和閩浙總督「情性不適」，不得不辦理了「病退」手續（原文為「引疾去」）。在普遍昏暗、沒人修身養性的晚清官場，汪志伊只能被清理出去，就像人們清理一粒眼中沙一樣。

乾隆五十五年（1790 年）禮部侍郎尹壯圖上疏乾隆，勸諫道：

「各督撫聲名狼藉，吏治廢弛。臣經過地方，體察官吏賢否，商民半皆蹙額興嘆。各省風氣，大抵皆然。」尹壯圖這話，基本上否定了當時的官場，對官吏群體評價很低。這明顯是有礙團結、傷和氣的舉動。果然，乾隆看後大怒，以「挾詐欺公，妄生異議」罪判尹壯圖「斬立決」。後來，乾隆為避免成全尹壯圖「忠諫美名」，免去死罪，降職處分。又比如，晚清劉長佑官至雲貴總督，多次請求退休，都得不到允許。兩宮太后和小皇帝對他的工作是肯定的，對他多次慰勞。突然一天，聖旨下來了，劉長佑「降二級、另候簡用」。

這是怎麼回事呢？原來劉長佑雖然當官處世各方面都很正常，卻在一點上不合群。晚清官員紛紛賄賂後宮太監，劉長佑卻沒有這麼做，「於內廷絕無餽贈」，導致太監們對劉長佑很不滿意。當時封疆大吏有賞宮保銜、穿黃馬褂、紫禁城騎馬等等特殊優待，劉長佑卻什麼都沒有得到。

其實，太監們當時已經在向他敲警鐘，讓他「改邪歸正」了。無奈，劉長佑還是我行我素，還自稱「白身督撫」，表示自己廉潔自律、不結黨營私。於是，太監們都不在宮廷說劉長佑的好話，最後抓住雲南報銷事件猛說他的壞話，硬是把他給扳倒了。

合群有許多具體的表現。比如不能得罪人。除非是官場另類和邊緣人物，衙門中人得罪了也就得罪了，一般情況下不要輕易得罪人。因為你不知道此人身後的各種網絡，不知道涉及事件背後的水深水淺。唐朝張固《幽閒鼓吹》卷五十二說：中唐時期，京城發生一件大案，牽扯到不少官員。這些官員暗中活動，導致遲遲不能結案。一天，宰相張延賞想起此事，召見司法官吏做了嚴厲的批評，並當面下令：「此案已久，限在十天內審結。」第二天上午，張延賞上班後辦公桌上壓著一張紙條，上面寫著：「錢三萬貫，請勿過問此案。」張延賞大怒，當即把紙條撕了，再次督促審理此案。第三天，張延賞看到辦公桌上又出現了一張條子，上面寫著：「錢五萬貫。」張延賞更加生氣，下令限在兩日內審結。第四天，辦公桌上又有了一張紙條，寫著：「錢十萬貫。」張延賞搖搖頭，嘆了口氣說：「錢至十萬，已經可以通神了，沒有不可挽回之事。我怕由此得禍，只能不去管這樁案件了。」猜想，張延賞的表現是絕大多數人的客觀選擇。

又比如凡事要為自己留條後路。唐朝青州刺史劉仁軌奉旨進京，投宿萊州驛站，被安排住西廳。深夜，有監察御史某蔡人投驛，問哪一間房子好？管理人員說：「西廳稍佳，但已經有人住了。」御史問：「什麼人？」聽說是一個州刺史，他便不屑地說：「叫他把西廳讓出來。」從品級上講，刺史比御史要高一大截。但御史是清流，執掌監察大權，對無論哪個級別的官員都可以糾察彈劾。我們的這位御史大人猜想平日神

氣慣了，就沒把劉仁軌放在眼裡。劉仁軌也很識相，雖然已經入睡，還是主動爬起來，抱起被褥衣物乖乖地挪到了東廳。不料，劉仁軌此次進京，是朝廷要調動他的工作。

劉仁軌調任什麼官職了呢？升任御史大夫，掌管所有的御史。於是，劉仁軌上任後就召集所有御史開會，大談風紀問題：「諸公出巡地方的目的，是察舉冤滯，施行仁義，做好皇上的耳目，不應該煩擾州縣，藉此自重其權。」說著，他就手指那位逼他讓廳的御史說：「比如這一位，夜投驛舍。驛舍中東廳西廳有何區別？非要逼我讓出西廳遷居東廳，這是忠恕之道嗎？希望諸位不要學他。」不僅當眾批評仇家，劉仁軌還賞他一頓亂棍，打得他皮開肉綻。早知有今日，這位倒楣的御史當晚一定會三思而後行。

第三節
荒唐的「唯上」與「圓滑」

官場有官場的制度，做官有做官的規矩。衙門中人，如做官、為吏、遊幕、當隨從等，角色不同，規矩不同：如一品和九品高低不同，新晉縣官和資深同僚資歷不同，部委郎中和地方道府環境不同，規矩也不同。這裡面的學問可大了。清代官場就流行不少講做官規矩的書，如《宦海指南》《官場必讀》《牧令須知》《長隨論》等等，都頗暢銷。

　　古代官吏在職場主要遵循兩條大的原則：一是唯上，二是圓滑。唯上是首要原則。這是因為官員之間的關係不平等。雖說上下級官員都是朝廷命官，所有官員的任命、升轉在理論上都是皇上的事情，由皇帝說了算，然而在實踐中上司對下屬有考評、申斥、薦舉或彈劾大權，幾乎能決定下屬的命運——欽差大臣和在特殊時期的上司還真的就有「先斬後奏」的大權；所有的團隊成員（比如省級團隊的巡撫、布政使、按察使、提督等）在理論上都是夥伴，一把手和其他成員在道德上是兄長和弟弟們的關係，在實踐中一把手說了算，和其他成員類似於父親和兒子的關係。比如在清朝，地方長官熱衷於參劾屬下官員，藉此整肅異己。官員周槭為此上奏說：「下屬官員最初並無劣跡，但是其中質樸無華的人，不討上司的歡心，往往就遭到了上司的彈劾。建議以後遇到上司參劾下屬，允許被參劾的人進京覲見。到時，他是賢明還是昏庸，自然難逃陛下的洞鑑。這樣可使高官專擅的習氣為之稍減。」可見當時高官「專擅」已成風氣，在這股風氣下，低階官員的行為受到了極大限制。不過周槭建議的方法不具備可行性，不可能讓皇帝親自裁決每一樁彈劾事件。所以，高官專擅的風氣一旦形成只能越來越重。下屬只能唯上司馬首是瞻。

　　《明夷待訪錄》談到在不正常的上下級關係中，下級是如何辦事的：廉能之吏想興利除弊、教化百姓，但是上下意見不同、上司威嚴可畏，沒有上司的支持下級的任何計畫都實現不了。所以會做官的人，無不精於「陽避處分」，「陰濟奸貪」，或者一事不為，或者無惡不作，只要能博得上司的歡心，就「天變不足畏，人言不足恤，君恩不足念，民怨不足憂」。最後，上司還推薦他是「幹員」，同僚認為他是「能吏」，只有普通百姓受他魚肉，雖痛心疾首卻無可奈何。這就是「唯上」原則的現實表現。

在人際關係上，唯上原則的表現就是下級對上司的巴結奉承。比如民初江西臨川縣知事傅岷孫，精於應酬。因天氣炎熱，傅岷孫派人採買大西瓜一船，派護兵二人送到南昌，載入城內分送各位上級。「計李督軍大西瓜三十個，戚省長大西瓜三十個，羅財政廳長二十四個，陳政務廳長二十四個，其餘各處或十二個、十個、八個不等。大要以官位之大小，分西瓜之多少。」上午剛送完，午間傅岷孫派來的第二撥送禮的護兵又來了，拿著三個木盒送入公署，盒子表面裝潢極為精緻，裡面裝著什麼東西外人就不得而知了。（《民國趣史‧知事拍馬屁》）

但是，巴結他人畢竟有礙人的自尊。讀書人，尤其是初入仕途的讀書人，常常以巴結奉承為難事，感到難為情、不情願。但是，《二十年目睹之怪現狀》中名叫卜士仁的典史就教導姪孫說：「做官的第一個祕訣是巴結，人家巴結不到的，你巴結得到，人家做不出的，你做得出。如果你有老婆，上司叫你老婆進去當差，你送了進去，那時有缺的馬上可以過班，候補的馬上可以得缺。你不要說這些事難為情，你須知他也有上司，他巴結起上司來，也是和你巴結他是一樣的。總之大家都是一樣，沒甚難為情。你千萬記著『不怕難為情』五個字的祕訣。如果心中存了『難為情』三個字，那是非但不能做官，連官場的氣味也聞不得的了。」看來，巴結的祕訣是「不怕難為情」，為了官位晉升要放下自尊。

清末，英國人威妥瑪久在中國，對中國官場極為熟悉。他見到的清朝官吏遇事都不敢陳說己見，只知道附和上司。在總理衙門中，每當外國使臣發一番議論，中國官吏都以目相視 —— 大臣視親王、新入署的大臣又視舊在署的大臣。如果親王發言，則眾人轟然響應，如親王不說話，諸大臣便不敢先發言。有一次，威妥瑪說了一句「今天天氣甚好」，無人敢應。有一姓沈的官吏忍不住應道：「今天天氣確實好。」接著，一

位親王又說：「今天天氣確實不錯。」其他官員這才轟然響應。

　　古代做官的另一大原則是圓滑。如前所述，政治體制是一個碩大的黑箱。官場中人行為的不可預測和政治體制的不透明，是官吏面臨的最大危險，可能帶來巨大的傷害。為了避免受到傷害，古代官吏傾向選擇圓滑的辦事和處世作風。而論資排輩的升遷環境，也迫使官吏們要少做事、少出錯，爭取「無災無病到三公」。

　　清朝末期，陳其元代理南匯知縣。上級衙門接連發文要各縣掩埋暴露各處的屍骸。陳其元盡心盡力，親自到南匯所屬的各處掩埋屍骸，歷時三個月，共埋葬四萬多棺。因故全縣還有一萬多具屍體沒有掩埋。陳其元將實際情況向上級領導作了匯報。同時，鄰縣的知縣僅掩埋一千七百棺屍骸，上報時卻說「境內悉數葬盡」。上司的公文很快下來了，替掩埋一千七百棺屍骸的鄰縣知縣記大功，給南匯知縣陳其元申飭處分。當初，陳其元要上報時，幕僚本來粉飾其詞，初稿寫作「掩埋淨盡」。陳其元卻十分認真地說：「如果這樣的話，那下一年就不能再辦，這一萬多屍柩最終將暴露在外。」經歷此事後，陳其元終於相信「公事不可不作欺飾之語」，沒有必要認真，像裱糊匠粉刷牆壁一樣糊弄一番就可以了。

　　圓滑在工作中的表現，就是官吏們全力掩藏自己的真心實意，不讓別人明白自己的底細、立場和意見，給自己留足迴旋的餘地；盡量推卸責任，防備出事時可以獨善其身；一切按慣例常規來辦，即便出了事也可以將責任推給體制，不用自己承擔。最好什麼事都能簡化成例行公事，一切都是流水作業。這樣的結果必然是誰都不做實事，不願多嘴。宋高宗時，樞密院編修鄭剛中說：「每當朝廷要施行一件事的時候，總是交代給監司去辦，監司交代給郡守，郡守再交代給縣令。各自將手續辦

177

理完畢，卻不再過問能否給老百姓帶來了實惠。……結果，現在無論朝廷頒布任何良法美意，天下人都知道不過是虛設空文。這種欺罔誕謾之弊，至今不能革除，上下各級普遍如此，只圖應付當前，到了檢查的時候，就拼湊些千篇一律的材料，向上報告。」到了道光時期，曹振鏞掌權的時候，他最討厭年輕官員多事，斥之為「後生躁妄」。凡是擔任御史的門生來拜謁，曹振鏞總是告誡：「毋多言，毋豪意興！」（不要多說話，不要心血來潮！）

圓滑原則導致的無所作為、拖沓和推卸責任類似於西方政治語境中的「官僚政治」。英國政治學權威拉斯基教授（Harold Joseph Laski）曾概括官僚政治：「官僚政治一語，通常是應用在政府權力全把握於官僚手中，官僚有權侵奪普通公民自由的那種政治制度上。那種政治制度的性質，慣把行政當作例行公事處理，談不到機動，於是拖延不決，不重實驗。在極端場合，官僚且會變成世襲階級，把一切政治措施，作為自己圖謀利益的勾當。」

沈括在《夢溪筆談》中談了一個「多做多出錯，不做不出錯」的極端例子，可以解釋官吏們為什麼傾向圓滑辦事。福建有一巨寇叫廖恩，聚眾剽掠，殺人越貨，後來被招安了，做了官。廖恩和同等官員們一起參加考核。在座的其他幾十個人，都少不了失誤、受懲紀錄，因公因私都得罪過人。只有廖恩「並無公私過犯」。試想，州縣事務繁劇，一做事過失在所難免，倒是被招安閒置的巨匪清白無瑕。這還讓誰有辦實事的動力啊？

唯上和圓滑相結合，可以衍生出許多看似匪夷所思實則有內在合理性的表現來。比如《官場現形記》中的馬老爺總結的「做官的法門」，就深諳唯上和圓滑之道。馬老爺說：「我們做官人有七個字祕訣。哪七個

字呢？叫做『一緊、二慢、三罷休』。各式事情到手，先給人家一個老虎勢，一來叫人家害怕，二來叫上司瞧著我們辦事還認真：這便叫做『一緊』。等到人家怕了我們，自然會生出後文無數文章。上司見我們緊在前頭，絕不至再疑心我們有什麼；然後把這事緩了下來，好等人家來打點：這叫做『二慢』。……無論原告怎麼來催，我們只是給他一個不理；百姓見我們不理，他們自然不來告狀：這就叫做『三罷休』。」

　　清朝是中國傳統政治的集大成者，清朝高官也是精通種種官場規則的人。道光朝權臣曹振鏞就是其中的傑出代表。道光晚年十分討厭看不完的奏章，曹振鏞就向道光出主意說：「凡言官所上章疏，無論所言何事，重要與否，一概從中摘取一二破體疑誤之字，交部議處。這樣，眾人既驚陛下聖明，又無拒諫之疑，也可杜言官之口，一舉三得。」道光大喜採納。結果是本來就已經不活躍的言官更加箝口不言。曹振鏞見這方法不錯，進而應用在自己辦事上。他前後主持鄉試、會試四次，對考生的書法吹毛求疵，比如字型要通體圓整，無一點訛錯，字跡宜端秀，墨跡濃厚，點畫宜平正。只有如此方可登上第，而有一定見解的文章往往因字型不美而被抑置。於是，道光朝科舉重形式輕內容，八股抑制人才的情況比以前更為嚴重。

　　稍後，慈禧時期的達官顯貴王文韶也是精於做官規矩的典型。王文韶宦海沉浮幾十年，升官的訣竅就是遇事圓滑模稜，被人譏為「琉璃球」、「琉璃蛋」、「油浸枇杷核子」。據說王文韶有些耳聾，不知是真聾還是假聾，反正是憑此可以裝聾作啞，免去不少麻煩。李伯元《南亭筆記》說王文韶入軍機後「耳聾愈甚」。一日，兩位大臣就一件事發生了爭持，相持不下。慈禧太后問王文韶的意見。王文韶不知所云，只得莞爾而笑。慈禧太后再三追問，王文韶仍微笑以對。慈禧太后說：「你怕得罪

人？真是個琉璃蛋！」王文韶仍笑如前。

　　王文韶當軍機大臣時，每天凌晨入宮值班，轎前的引導燈籠寫有很大的「王」字，人們一望便知是他。有人就勸王文韶說現在革命黨人正大搞暗殺，準備炸死權貴，王大人還是去掉燈上的字為好。王文韶卻說：「我一向與人和平共處，沒有仇人，正怕誤傷。所以特地把燈上的姓字寫得很大，以便人能看到。」他原來是怕革命黨人誤傷自己，只是不知革命黨人是否當他是同志？

　　針對曹振鏞、王文韶這類官員，當時有無名氏賦〈一剪梅〉加以諷刺，錄四首如下：

> 仕途鑽刺要精工，京信常通，炭敬常豐，
> 莫談時事逞英雄，一味圓融，一味謙恭。
> 大臣經濟要從容，莫顯奇功，莫說精忠，
> 萬般人事要朦朧，駁也無庸，議也無庸。
> 八方無事歲年豐，國運方隆，官運方通，
> 大家贊襄要和衷，好也彌縫，歹也彌縫。
> 無災無難到三公，妻受榮封，子蔭郎中，
> 流芳身後便無窮，不諡文恭，便諡文忠。

　　李鴻章有句名言：「天下最容易的事，便是做官，倘使這人連官都不會做，那就太不中用了。」李鴻章的意思是掌握了唯上與圓滑這兩大為官法寶，做起官來就得心應手了，如能運用自如便能官運亨通。不過，李鴻章的老師曾國藩卻不無擔心地指出，嘉慶道光以來、官場有四大通病：京官的兩大通病是退縮、瑣碎。退縮就是互相推諉，不肯承擔責任；瑣碎就

是不顧大體，只見樹木不見森林。外官的兩大通病是敷衍、顢頇。敷衍就
是裝頭蓋面，剜肉補瘡，只顧眼前，不問明天；顢頇就是外面完全，心已
潰爛，章奏粉飾，語無歸宿。這四種通病加在一起，成為一種風氣，但求
苟安無過，不求振作有為。曾國藩擔心：「將來一有艱巨，國家肯定會有
缺乏人才之患。」可惜的是，沒有幾個古代官吏會像曾國藩那樣考慮到國
家。如果他們多考慮國家一點，整個政壇就會是另外一番模樣了。

第四節
名利場中談「名」、「利」

　　古代衙門中人要處理好許多辯證關係，比如「進」與「退」、「剛」
與「柔」、「方」與「圓」、「得」與「失」，而其中最重要的關係可能就
是「名」與「利」。

　　追求好的名聲、愛惜名譽，這是人之常情。中國古話說：「人過留
名，雁過留聲。」自古如此。但是，古代官場上的「名利」，並不是一
般意義上的名聲、名譽，而主要指的是古代衙門中人所追求的名教、名
節。官場中的「名」既包括廉潔、清明、剛正、惜節等道德內容，還包
括忠君、孝親、敬上、勤政等工作內容。它的範疇比普通百姓講的「名」
要寬廣，也要嚴格。因為衙門中人執掌公權力，有治世濟民的重任，自
然在名節上對他們的要求要高一點。

這種高要求在客觀上也造成了約束官吏言行，制止他們胡作非為的積極作用。比如對官員清廉的要求使得儘管貪汙腐敗現象普遍存在，但古代從來沒有一個官吏敢在光天化日之下，理直氣壯地承認自己就是要當貪官，以當貪官為榮。

那麼「名」和「利」是什麼樣的一個關係呢？整體而言，應該是先有「名」後有「利」。「名」是古代官場的道德大防，決定著官場中人的前程乃至個人命運。它是做官的一條「及格線」，必須做到，否則免談。所以，衙門中人捨名而求利，結果往往是求不到利，而且還會身敗名裂。比如，晉代著名史學家、寫《三國志》的那個陳壽，文名甚高，但是做人有點不拘小節。他在父親服喪期間生了病，就讓一個侍妾進奉湯藥。此事傳揚出去後輿論大嘩，陳壽落了一個「不孝」的名聲，大節有虧，導致在中下級官職上蹉跎終身。歷朝歷代對官員的考核和選拔首重的都是名，很難想像一個道德敗壞、士林不齒的人會進入官場，得到晉升。到了明太祖朱元璋時期更是進了一步，朱元璋規定，官員凡是犯贓、貪汙，被判處徒刑及其以上的人，都要把他的名字寫在地方州縣的「申明亭」上示眾。可見官吏名節不保，不但自己身敗名裂，而且還要殃及整個家庭和子孫。所以說捨名求利是行不通的，古代官員必須有一個好的名聲，才能獲得官場上的實利。

於是，古代衙門中人往往顧名求利，或者是求名求利，追求名利雙收的好事。一方面很多官員在頭腦裡老惦記著如何得到千鍾粟、黃金屋、顏如玉，另一方面又想當清官廉吏，留下千古美名；一方面他們伸出手來收禮受賄，或者偷偷地將公家的錢揣到自己的腰包裡，另一方面他們又去撈取忠君愛國愛民的好名聲；一方面他們為了升官發財，挖空心思，鑽透牛角尖，另外一方面他們又要博取剛正不阿、不事權貴的名

聲。朝野的袞袞諸公，上至達官貴人，下至州縣小吏，莫不是以名教自詡、自我標榜，看起來似乎人人都是惜名如命的人。但是實際上，中國歷史上真名士少，假名士多。

我們翻看一部《漢書》，記載了兩百年的西漢歷史，能夠載入《循吏傳》的只有區區六位；一部《後漢書》又是寫了兩百年的東漢歷史，而且東漢恰恰是重視名節的時代，而寫入《循吏傳》的也只不過十二人而已。到了宋朝以後，程朱理學勃興，講究「存天理滅人欲」，要求士大夫克制修身，極端重視名譽操守。可真正能拎出來考驗的真名士寥寥無幾，相反「假道學」、「衛道士」倒是越來越多。其中的原因大體上是顧及名聲的成本太高、難度太大，有些名聲甚至是與人的欲望相違背的。在「名」和「利」之間，官吏們的內心自然傾向「利」，然而在古代官場上「名」又不得不顧，所以最常用的做法只能是：沽名釣譽。

原本是用名節的要求來約束官員行為，對官場形成一個前置的規範。但是在發展過程中，官場之中的名可以轉換為利。比如名節的優劣、名聲的高低成了人們入仕、晉升的重要指標。於是，官場中人在進入官場之前或是飛黃騰達之前，往往刻意地追求名聲，公開高調地做一兩件事情來博取名聲，比如在漢代的時候，有很多孝子為了察舉孝廉，紛紛做了一些載入史冊的孝行。我們看現在流傳下來的二十四孝，其中的多數人是生活在兩漢時期。這並不是說二十四孝當中的故事是假的，也不是說二十四孝的主角沽名釣譽，而是說在中國古代的的確確存在著那麼一些讀書人，為了進入官場、飛黃騰達，在自己未發達之時做一些有背人倫常理的事情來博取虛名。等他們被薦舉入官或者是發達以後，父母就被扔到一邊，專心致志地去求利了。所謂「察孝廉，父別居」是也。

　　還有一種做法是古代官員抓住機會，能揚名就揚名、能立名就立名。他們往往抓住足以成名的機會挺身而出、大顯身手。比如看到皇帝流露出對某名大臣的不滿，他們迅速出手，彈劾這名大臣，震動朝野，以博取剛直之名；或者他們審理一兩起有影響的大案，擺出鐵面無私的面孔，以撈取清正之名；或者是壯起膽子揭露一兩個與自己的人際關係圈子無關的汙官，獲得廉潔奉公之名。這些做法一來影響大，足以成名，二來無損於自己，都是攻擊與己無關的人來成名。而且經過精心籌劃，準確率比較高，十拿九穩，風險比較小。所以這樣的機會是古代官場中人最熱衷把握的。不信，讀者可以看看正史中，某位貪官失勢的時候，有多少人蜂擁而上，爭相「反腐倡廉」。

　　李鴻章擔任直隸總督的時候，有個縣官任滿述職。李鴻章接見他的時候問：「這幾年在縣上有哪些政績？」此人回答說：「不敢說有什麼政績，只是說為地方上去除了一項陋規。」李鴻章就問：「什麼時候去除的，我怎麼沒有看到申報的文書。」這名知縣說：「幾天前廢除的，文書已經送到了布政使司，一兩天即可送到總督衙門。」李鴻章聞言，勃然大怒，叱責知縣說：「你這明明就是取巧記功，大約是你已經撈夠了好處了吧！」李鴻章立即派人調查。果然如他所料，這名縣官在即將卸任的時候，以永遠廢除某項陋規為條件，一下子向老百姓多收了若干年的錢。這等於是預支了下幾任陋規的錢，切斷了下幾任官員的財路。此名縣官可謂深諳名利雙收之道，他在任職的前幾年不去廢除陋規，卻在即將卸任的時候逮到了這麼一個揚名立萬的機會，不想被精明的李鴻章看了出來，露出了馬腳。

　　對於絕大多數官員來說，他們可能既遇不到揚名立萬的絕好機會，抓不住機遇，同時又想不出像直隸那名知縣那樣名利雙收的伎倆。到清

朝時期，絕大多數官員變成了主動求名，自己給自己戴高帽。有一些當時官場百玩不厭的「玩法」可以說來與讀者聽聽：

第一個玩法就是「萬民傘」。所謂「萬民傘」就是指州縣官員離任的時候，當地的地方紳民為了表達對這名長官在任期間教化百姓、發展經濟等惠及鄉里貢獻的感激之情，大家湊起來製造了一把傘，送給這名卸任官員上路的時候用。送萬民傘是一項隆重、熱鬧的紀念活動，很能說明州縣官員「遺愛民生」、「官聲卓著」。但是到了清朝中後期以後，一般州縣官員離任的時候都會暗示本地下屬和鄉紳們送自己「萬民傘」。老百姓們也不得不配合，在離任的時候由紳士們簽名送一把「萬民傘」，寓意是闔境紳民都得到過這位長官的庇護。至於這個庇護到底怎麼樣？雙方都是心知肚明的。

還有一個把戲就是「脫靴遺愛」。據說唐朝時候有個叫崔戎的好官，當任華州刺史時，做了很多好事。後來任滿離開，百姓們都不捨得讓他走，攔在路上堵截他，甚至有人拉斷了他的馬韁繩，脫掉了他的官靴。後來形成習慣，明清時期州縣長官無論清濁愚賢、無論有無政績，離任的時候也都暗示下屬、紳民們搞這麼一齣把戲。在州縣官員離任的時候，早早就有紳民在前面攔路，請大老爺伸出腳來脫下一雙靴子，大老爺也很配合，主動脫下官靴，算是留作紀念。

到最後送「萬民傘」、「脫官靴」便成了官員離任的一道例行手續。原本沒有規定的萬民傘有了統一的「製作」標準，原本自發而來的鄉親們成了有組織的「送行隊伍」。進入民國時期，有人在某個官宦世家裡看到一個屋子裡面排滿了形形色色的「萬民傘」和「各種牌匾」。一問，原來都是這位主人家的先輩在各地當官的時候主動要來的。在《官場現形記》當中，那個浙江的胡統領率兵去地方上剿滅土匪，土匪沒剿幾個，

反而擾民擾了好幾個月。百姓對他深惡痛絕。在即將回杭州的時候，胡統領暗示州縣地方官和鄉紳們送自己「萬民傘」。鄉紳們本不願意送他的，都覺得此人在當地臭名昭彰，送了「萬民傘」豈不是連累送的人的名聲都被敗壞了。州縣長官就遊說紳士們說：「不送不行啊，不送這個災星不走。」無奈之下，大家只好想出了一個折中之計，由胡統領的部下脫下軍裝，假扮成當地百姓和紳民為自己的長官送「萬民傘」。離任那一天，場面蔚為壯觀，胡統領笑盈盈地接受了下面遞上來的「萬民傘」。其實在場的人大家都心知肚明，這就是一場戲。這個事例很好地說明古代的官員求名，相當程度上變成了一場表演。

　　官員的「名」和「利」怎麼處理，說到底是官員心態的問題。一個人為什麼當官，當官的時候追求的是什麼，就決定了他如何看待「名」和「利」。唐代大詩人白居易曾寫道：「名為公器無多取，利是身災合少求。」這句話可以視為官場正確「名利觀」的形象寫照。它展現的是一種知足知止、自律自愛的人生哲學。

第六章

謝幕：退休制度和官員晚年生活

　　唐憲宗年間，隱居廬山的高僧靈澈上人收到好友、江西觀察使韋丹寄來的一首詩〈思歸〉：「王事紛紛無暇日，浮生冉冉只如雲。已為平子歸休計，五老巖前必共君。」在詩中，韋丹表示自己厭煩政務，打算辭職和靈澈上人一起隱居廬山五老峰。靈澈上人經常和韋丹吟詠唱和，很了解他的個性。他寫了一首詩請來人帶回給韋丹：「年老身閒無外事，麻衣草座亦容身。相逢盡道休官好，林下何曾見一人？」果然，韋丹的歸隱只是口頭說說而已，他的江西觀察使一直做到 58 歲死在任上為止。其間，韋丹始終沒有寫過辭呈。

　　韋丹沒歸隱成功，卻使得「相逢盡道休官好，林下何曾見一人」兩句成為傳誦不輟的名言。所謂的「休官」，就是現代退休的意思。在唐朝，官員們見面都爭相誇耀退休的好處，暢想退休生活，可是卻看不到有一個人真的辭職退休。是工作需要，是貪戀權位，是制度不允許，還是有別的原因呢？中國古代有沒有通暢的退休制度，官員們對待退休有什麼樣的態度，他們的退休生活又是怎樣的呢？在這部分，我們就談談古代的退休制度、官員們的選擇和他們的退休生活。

　　退休，是一個官員名利觀和人品操守的試金石。事屬平常，卻因人而異，可以折射出個人的思想觀念和時代背景。

第一節
退休前後的掙扎

　　古代官員退休最常用的叫法是「致仕」，也叫做致事、致政、休致。這個叫法的起源可能來自《禮記・曲禮上》的「大夫七十而致事」。東漢的鄭玄作注說「致事」就是「致其所掌之事於君而告老」，意即古代官吏將負責的政事交還給國君，退位休養。現代的「退休」這個詞則是到唐代才出現的，如唐代大文豪韓愈在〈復志賦序〉中說：「退休於居，作〈復志賦〉。」

　　古代官員退休還有一種常用的叫法：乞骸骨。官員退休為什麼要叫做「乞討自己的屍骨」呢？因為古代人出仕為官是為帝王效勞，為國家出力。年老體衰後為國家出力、為帝王盡忠已力不從心，不得不退下去。但是退休不是臣僚的權利，官員不能主動退休，而是要由帝王批准，因此古代官吏若想退休，必須再三上疏懇求君主准許，所以形象地叫做「乞骸骨」。

　　官員要符合什麼樣的條件才能致仕或者乞骸骨呢？

　　首先，官吏要符合「平安」的條件，業務上不能有問題，政務要交接清楚，不能有貪汙虧空和製造冤假錯案的嫌疑，不能正受到彈劾、官司纏身，更不能被罷官、革職、流放。這是最基本的要求，但在古代許

多官員不能做到平安無事，年紀還沒有老就在仕途上自甘墮落或者被明槍暗箭擊倒了。出了事，自然就不能平安退休了。

其次，退休年齡是幾歲呢？

按照《禮記》的原始意思，退休年齡就是 70 歲，兩漢將致仕年齡也一般定為 70 歲。考慮到唐朝以前中國人的壽命不長，官員的平均壽命也就是四五十歲，能活到 70 歲的人很少（「人生七十古來稀」），所以 70 歲的退休要求對絕大多數官員來說形同虛設，一個人當上了官基本上可以視作是終身為官。唐朝以後，官員的平均壽命大為增長。越往後，中國人的壽命越長，到達退休年齡的官員逐漸增多。致仕這才真正成為一個現實問題。

唐朝規定：「諸職官年及七十，精力衰耗，例行致仕。」70 歲成了橫在官吏頭上的一道界線。到了明朝，退休年齡開始降低。

明太祖朱元璋剛登基的時候，也在洪武元年（西元 1368 年）規定政府大小官吏年屆 70 歲，聽任他們退休。但是到了洪武十三年（1380 年），朱元璋把退休年齡降低到了 60 歲。再到洪武十八年（1385 年），朱元璋又規定部分軍官（比如指揮、千戶、百戶等）年滿 50 歲就允許他們退休。可能是因為軍官職業特殊，年過半百的老人不堪軍旅勞累，所以朱元璋將中下級軍官（他們往往是職業軍官）的退休年齡大幅提前，很有道理，客觀上也使得明朝部隊的軍官年輕化了。對文官來說，明清兩代的退休年齡基本上確定在 60 歲。只是到了清朝，軍官的退休年齡又有變動，按照級別不同分別是：參將 54 歲，游擊 51 歲，都司、守備 48 歲，千總、把總 45 歲。越是低階軍官，退休得越早。這就保持了一線帶兵軍官的年輕化，催促他們積極追求上進 —— 不然觸及年齡限制就要退休了。

不過制度是死的，人是活的。退休年齡並不是固定不變的，尤其是皇帝本人操有朝令夕改的特權。只要皇帝下道旨，退休年齡就可以隨意更改。比如朱元璋在劃定退休年齡的時候，也規定「有特旨選用者」不受年齡限制。皇帝想讓哪個老臣繼續當官他就停留在朝堂上。同樣，皇帝看到哪個大臣不順眼，或者出於某個政治考量，隨時可以讓大臣們馬上退休。比如洪武四年（1371 年），朱元璋讓開國功臣劉基「歸老於鄉」。劉基當時 61 歲，還沒到 70 歲。同年，不滿 60 歲的功臣李善長也退休了。

第三，官員有特殊原因可以提前退休。

「特殊原因」首推病退。官吏身患重病，不能正常工作了，只能病退。比如貞觀八年（634 年），64 歲的尚書右僕射李靖因足疾「乞骸骨」。唐太宗對李靖不戀棧、主動辭職的做法很讚賞（猜想是主動退休的官員太少了），非常高興，不僅立即批准還下詔嘉獎。

再比如明朝福建仙遊人鄭紀進士出身，擔任翰林院檢討。供職兩年後，鄭紀患上了風溼症，腰腿疼痛，步履拘攣，難以正常上朝參拜，連自身生活都出了問題，因此申請「特許致仕」，得到了朝廷的允許。他當時才 32 歲，本是少年得志、正待大展宏圖，不想壯志未酬、早早回家養病去了。

「特殊原因」還包括行孝。在儒家話語統治下，各朝都「以孝治天下」，大力宣揚忠臣孝子。因此，有官員以贍養父母申請早退，如果情況屬實、言辭懇切，朝廷也會批准。上例鄭紀早早退休得到特許還有一大原因，就是他的父母都已年過六旬，需要有人服侍。

唐玄宗時，大臣拓跋興宗申請退休去侍親，寫得言辭懇切，可以當作是行孝退休的一個樣本。拓跋興宗的母親曹氏當時已 84 歲了，她早年

守寡，含辛茹苦撫養獨子拓跋興宗長大成人，如今獨自一人居住，半身不遂，身體羸弱。拓跋興宗很擔心老母親隨時可能故去，發誓一旦母親故去自己也不想活了，結果是「忠孝雙缺，公私並喪」。申請遞交上去後，唐玄宗批准了。

第四，古代官員退休，需要履行什麼樣的程序？

基本程序就是官員提出申請，由上級批准。從理論上來說，所有的退休申請都需要由皇帝審理批准。但是官員數目眾多，皇帝一個人處理不過來，就折中規定高級官員的退休必須由皇帝親自批准，以諭旨形式確定，一般官吏的退休由政府統一辦理即可。高級官員和一般官員的界限各朝各代都有所不同。唐朝的標準是五品以上官員退休，本人直接上奏皇帝批准，六品以下官員的退休由尚書省按規定統一辦理。在清朝，有專摺奏事權的官員（部院首長、封疆大吏和部分重要職位等）想退休，要向皇帝上摺子申請，其他官員按照規定統一辦理。

高級官員的退休是件不大不小的事情。為了對官員的工作表示認可，同時也為了表示君臣關係融洽，皇帝接到高官的退休申請後一般都要藉口「社稷所倚」、「政務難離」等理由加以挽留，駁回申請。當然，這只是藉口而已，整個體制離開誰都可以，哪還在乎一個糟老頭子啊？高官們也都有自知之明，趕緊再次遞交申請，說自己的確年邁不能勝任，或者不能阻礙後人晉升等理由堅持要退休。如此反覆數次之後，皇帝才正式批准申請。對平安致仕的高官，朝廷都會以優厚的待遇送他們回鄉。這些待遇包括：1. 皇帝賞賜東西。君臣一別說不定就是永別了，所以皇帝會留個紀念品給退休者，比如貢品、隨身器物、御筆字畫或者牌匾等。這些東西會無形提高退休者的身分，後者往往當作傳家寶供奉起來。2. 可以乘坐驛站車馬返鄉，沿途不需要支付費用。3. 沿途官府

迎送、宴請。和退休者有關係的官員通常要出面接待，就是沒有關係的官員為了拉關係也會熱情接待。回到家鄉後，地方長官要出面接待，噓寒問暖。高官退休回鄉，也算是本鄉的榮耀，鄉紳們也會出面舉辦歡迎儀式。

最後，也是最重要的一個問題：古代官員退休後的待遇如何？

兩漢及其之前，官員通常有封爵（比如西漢丞相一般都封侯），有封地或者采邑。這在先秦時期更為普遍。他們退休只是罷免官職，封爵是終身甚至是世襲的，後者帶來的收入穩定而豐厚。所以，退休對兩漢及其之前的官員待遇影響不大。之後，大臣有封地和采邑的越來越少，退休才真正對他們的晚年生活產生實質影響。

舉兩個例子：南朝沒有官員退休待遇的規定，官員退休了就沒了俸祿和在位時的待遇。揚州從事史何子平想退休，上司、鎮軍將軍顧愷之勸他：你別退休，你沒有爵位、也沒封地，退休了生活怎麼辦？何子平堅持退休，回家後全靠體力勞動來養活老母和自己，生活清苦，受到了世人好評。同時代的褚玠更困難，他在山陰縣令任上潔身自好，除了祿俸不多拿多占，到辭職的時候，連回鄉的盤纏都沒有，只好留在山陰縣種菜，自食其力。一個前任縣令窮得在本地種菜，令人唏噓。

好在隋唐統一之後，著手制定了一系列官員退休後的待遇規定，極大改善了退休者的生活。如果一個官員沒有過分的要求，朝廷的退休待遇基本能保證他們安享晚年了。下面就分經濟待遇和政治待遇兩方面介紹隋唐之後的退休待遇情況：

在經濟方面，官員退休後俸祿全部或者部分留存。漢朝規定，年俸在兩千石以上的官員退休可以領取原俸祿的三分之一養老。唐代規定，五品官以上退休高官可領取半俸（原俸祿的一半，經皇帝的特批可保留

全薪），六品以下退休官員則領取一定數量的田地養老。宋朝對官員的待遇最厚，有功之臣和高官都給予全俸，另外還有名目繁多的賞賜。元明兩朝對官員的待遇比較吝嗇。明初曾規定官員退休繼續領取原俸，但很快就取消了，規定官員退休一般情況下不發放退休金。如果有退休官員確實貧困、生活困難，可以由相關部門查實後每月發放米二石，直到去世為止。清朝在順治年間規定退休官員，如果有世襲爵位或者世襲官職的領取原俸，如果沒有世襲爵位或者世襲官職的可以領取半俸。但是，自己辭職或者年紀不到 60 歲提前病退的官員，沒有退休俸祿。所以，多數清朝官員退休後都可以領取半俸。至康熙、乾隆年間，為了讓官員安心辦事、辦實事、辦好事，朝廷開始將退休待遇與政績掛鉤。康熙初年規定，年邁退休的文官要將資歷、效力情由說明，以此來決定能否領取半俸。這個規定在乾隆初年擴展到軍官身上。乾隆規定因老因病退休的軍官，需要核明曾經出征、臨陣、受傷、功牌等情況，如果有，給以全俸；如果沒有出征或者禦敵，給以半俸。這就等於有了一個「退休審查」的制度，對官員在任時的作為有所激勵。

在政治方面，退休官員沒有了正式官職和實權，但獲得一些政治待遇作為補償，包括加官一級、顧問朝政、恩蔭子孫等。從兩宋時代開始，官員致仕時都晉升一級，只不過新的官職都是清散職位、不掌握實權。官員可以頂著一個不錯的官職在家養老。明初則規定，三品以上官員按現職退休，四品以下、任現職滿三年且無大過的官員可升一級致仕。到了明朝中期改為業績突出者可升兩級致仕。清朝基本延續了這一規定。

顧問朝政指的是皇上遇到了什麼難事或者天下出了什麼棘手的問題，朝廷往往會讓退休老臣出來發表意見、當當參謀，或者乾脆讓他們

發揮餘熱去解決這個問題。

　　恩蔭子孫指的是官員退休的時候，子弟可以「接班」入仕。皇帝感念老臣勞苦功高，特許他們的子弟免試為官。這是特殊情況，還有制度性的規定，比如宋朝對士大夫最優待，中級以上的官員都可以庇蔭一個兒子免試入仕，雖然庇蔭獲得的都是低階官職，但也算是讓兒子碰上了只進不退、終身有效的鐵飯碗。明朝和清朝時期，有世襲官職的人家，父輩退休後，子弟可以補官，直接當官。

　　不過庇蔭入仕的途徑在明朝被堵死了，高官退休後兒子不能入仕，代之以「保送」一個兒子免試入國子監讀書。到了清朝，連保送入學的恩惠也被取消了。恩蔭子孫的待遇才被徹底取消。

　　從身分上來說，古代官員退休以後就是平民了（有封爵者例外），但在現實中享有許多普通百姓企望不及的特權。比如：退休官員遇官不拜，涉訴時可以不拋頭露面，犯罪了可以用官誥抵刑；又比如退休官員的住宅裝飾、車輿騎乘、衣冠鞋帶、喪事墳墓都可以根據品級高低採取相應的排場。如果鄉間某座宅院掛起「進士及第」、「侍郎致仕」之類的牌子，在職的官場中人一般不敢對它動歪念頭，可能還會忌憚三分，說不定還要三天兩頭上門求見問安 —— 畢竟人雖然下臺了，泛權力的網絡還在。這些都是官員退休後隱形的政治待遇。

　　談了這麼多官員退休待遇問題，最重要的是一點：官員致仕後的待遇，固然與其原來的品級、政績有關，關鍵還取決於皇帝對他的信任恩寵程度。有了皇帝的寵信，退休後的優厚待遇自然不在話下；反之，日子就難過了。

　　我們來看一個具體的官員退休的例子：嘉靖二年七月二十二日，71歲的刑部尚書林俊申請致仕。嘉靖皇帝批准了，並以聖旨形式明確了林

俊的待遇問題：「特允所請，還加太子太保，寫敕（璽書），著馳驛還鄉，有司月給食米三石，歲撥人夫四名應用，歲時以禮存問。」這裡的「加太子太保」是對林俊的加官，是個虛職，讓林俊掛著回家養老用的；「馳驛還鄉」是批准他可以動用政府驛站資源返回故鄉（福建），沿途不需要支付交通食宿費用；明朝是沒有退休薪資的，但是嘉靖特批林俊每月可領取「食米三石」，算是照顧；另外，林俊常年有地方政府派遣的四個勞力伺候，地方官每年都要「以禮存問」，也算是嘉靖對他的額外恩寵。

最後，官吏退休以後還存在復出的特例，稱為「落致仕」。皇帝特旨要求某位退休官員重新當官。比如宋代司馬光主政時，奏請讓早已致仕的 80 多歲的四朝元老文彥博出山做官，希望借用文老的資歷威望來壓住陣腳。「落致仕」情況在明朝比較普遍，在其他朝代較為罕見。

第二節
「被退休」的無奈

宋神宗熙寧四年（1071 年），文壇領袖、一代名相歐陽修的致仕申請得到了批准。他退休了，當時才 65 歲，還沒達到朝廷規定的退休年齡（70 歲）。門生蘇軾聽說恩師致仕後，送來一封信，祝賀歐陽修退休。

有人很不理解：老師提前退休了，有什麼好祝賀的？但是放在北宋

官場大背景中，歐陽修此舉堪稱士林表率，值得大書特書。因為北宋朝廷厚待士大夫，官員們戀棧成風，極少有主動退休的。官場有變為「老人俱樂部」的趨勢，而歐陽修此舉猶如一把標槍，直刺戀棧弊端。

實際上，雖然唐朝以後每個朝代都有明確的退休制度，有退休待遇的規定，但官員普遍不願意退休。年紀到了主動退休者少，尋找各種理由賴著不走者多。就如韋丹一樣，「相逢盡道休官好，林下何曾見一人」。人們都承認退休制度的好，宣稱自己想追求簡單的生活和恬淡的心靈，但「林下生活」終究只是個傳說。為什麼有人主動退休，有人厚著臉皮承受同僚和後輩指責不走呢？白紙黑字的制度和蒼白殘酷的現實之間總是存在差距的。我們要做的，就是弄清楚這其中的差距。

主動退休的官員都是怎麼考慮的，他們為什麼主動棄權去官而不去四處活動謀求留任呢？

唐代文豪白居易擔任過杭州刺史、蘇州刺史這兩大美缺、肥差。他辭職後，以一種欣喜雀躍的心態寫了一首〈喜罷郡〉：

> 五年兩郡亦堪嗟，偷出遊山走看花。
> 自此光陰為己有，以前日月屬官家。
> 樽前免被催迎使，枕上休聞報坐衙。
> 睡到午時歡到夜，回看官職是泥沙。

從詩中可見，白居易是個不貪戀權位，即便是當了刺史也偷偷出去「遊山看花」的人。不當官了，白居易可以自由支配時間（光陰為己有），不用上班天天睡到自然醒（睡到午時歡到夜），怎麼能不讓他歡喜呢？既然官職在他看來是「泥沙」，仕途又有什麼可以留戀的呢？和白居

易同屬一類人的還有北宋的孫冕。宋真宗年間，年屆致仕年齡的蘇州知州孫冕在府廳壁上題詩一首：「人生七十鬼為鄰，已覺風光屬別人。莫待朝廷差致仕，早謀泉石養閒身。」他主動提出了退休申請。這在一片戀棧聲中尤為難得。宋真宗為嘉獎這個急流勇退的典型，竟然批准其再任。不想，孫冕已經自動歸隱九華山去了。後來宋真宗下聖旨到山裡召他出山，孫冕也不為所動。他可以看作是真的喜歡「林下生活」，希望晚年親近自然的典型，所以主動退休了。這樣的官員極少。

主動退休的官員中還有一類人。他們雖然也是自動離職的，但卻是迫不得已而為之。因為，他們的官當不下去了。

我們知道，仕途有夷有險，官運有好有差，運來則加官晉爵，運去則身敗名裂。清朝吏部官員韓春湖在《銖庵：北夢錄・京官況味》中寫有：「有多少宦海茫茫籲可怕，那風波陡起天來大。單聽得轎兒前唱道喧嘩，可知那心兒裡歷亂如麻，到頭來空傾軋。霎時間升美缺，錦上添花，驀地裡被嚴參，山頭落馬。」別看那些宰輔們頂戴花翎，頤指氣使，頃刻間就可能變為哭喪著臉的囚徒。於是就造成了兩個結果：第一個結果是部分官員官場失意，仕途進步無望，甚至連現任的品級都可能不保，所以就以退休的名義以退為進，保全既得利益；第二個結果是部分官員對官場險惡和人們的勾心鬥角感到心灰意冷，身心俱疲，不願意再在宦海中搏遊拚鬥了，所以主動退休。這類似於精疲力竭自動退賽的運動員。或者套用一個時髦的句式：「總有人，總有時候，在喧囂中聽到寂寞，在繁華中看到荒蕪。」

對這一類官員，也舉兩個例子來說明。明朝成化年間進士黃仲昭，擔任翰林編修。他看到天下大災，就諫阻明憲宗舉辦元宵煙火晚會，非但沒有勸諫成功，反而遭到皇帝的訓斥，被扒了褲子打屁股（明朝的專

業叫法是：廷杖）。之後，黃仲昭被貶官，改任大理寺評事。在大理寺，黃仲昭秉公執法，拒絕迎合上司的意思辦案，遭到同僚的猜忌和上司的仇恨。眼看升遷無望、處境危險，黃仲昭乾脆託病致仕了。清朝中期的汪志伊舉人出身，從四庫館校對起步，在宦海摸爬滾打數十年，勞心勞力做到了福建巡撫。時論對他毀譽參半，稱讚的人誇獎他清廉自守、克己奉公；反對的人批判他矯揉造作、偏執自負。汪志伊人到晚年，感覺心力交瘁，加上考量自己也沒有再晉升當大學士、軍機大臣的希望，萌生退意。恰好新任的閩浙總督和他性情不和，汪志伊就辦理了「病退」手續，回鄉養老去了。

唐宋時期，若干「有個性」的新科進士，進入官場沒幾年就因為不適應官場環境或者處理不了複雜的人際關係而「乞致仕」。比如北宋時成都來的一位京官外放的新科進士，擔任錄事參軍，不願對成都知府張詠行參拜大禮──猜想是年輕人看不慣上下級之間行大禮，覺得傷害了自尊，又自恃出身清高，看不起地方官場的蠅營狗苟之事。張詠大怒，事事和年輕人作對，威脅他：「除非你致仕，不然就要對我行參拜大禮！」小伙子更不買帳了，馬上申請退休。

不論是發自內心的也好、迫不得已的也好，上述官員都類似於主動辭職，去追求一種寬鬆自由的生活。我們知道，古代士大夫追求「貴適意」的人生。就如西晉張翰在洛陽被秋風吹起鄉思，思念家鄉吳中的菰菜羹、鱸魚膾一樣，「人生貴得適意爾！何能羈宦數千里以要名爵？」上述兩類官員都繼承了士大夫的這一傳統追求，聽從內心的聲音，遠離紛擾的官場。

然而，更多的古代官員不願意退休，使用各種手段伎倆要留住官職。他們或者虛報年齡、修改檔案，或者攀附權貴、向皇帝邀寵，為的

就是和官職再親密接觸幾年。從唐朝開始，古代退休制度日漸成熟，奇怪的是官員戀棧日已成風，置制度於不顧。

　　因為退休程序的第一步是官員自行申請，那些戀棧的官員就死不上奏申請。比如唐朝大書法家柳公權的字寫得筆力遒勁、知行知止、但為官卻相當不知進退。唐宣宗大中十二年（858 年），擔任太子少師的柳公權已經年過八旬了，每次上朝，步行至大殿之下就已經力不能支了，還不願意退休。他老眼昏花，一次將皇帝尊號「和武光孝皇帝」讀成「光武和孝皇帝」，遭到御史彈劾，罰俸一季，遭到朝野的嘲諷。唐末大太監楊復恭可能是史上拒絕退休的最強「釘子戶」。皇帝下詔書要他退休，楊復恭拒絕接受致仕詔令，還殺害來使，最終導致君臣兵戎相見。

　　同時代的白居易專門寫了一首詩〈不致仕〉，來諷刺那些風燭殘年還不願意退休的老官僚們，「可憐八九十，齒墮雙眸昏……金章腰不勝，僂傴入君門」。他們年輕的時候，也曾對戀棧不走的前輩嗤之以鼻，等自己年邁的時候也步其後塵，「少時共嗤誚，晚歲多因循」。白居易感嘆：「賢哉漢二疏，彼獨是何人？寂寞東門路，無人繼去塵。」這裡的「二疏」，是漢朝的典故：漢朝疏廣官至太子太傅，姪兒疏受是太子少傅，兩人商量好了一起告老還鄉，得到皇帝批准。同事、親友們都趕來餞行，東都門口竟然停了數百輛車，擠得人山人海。上路後，路人都稱讚說：「賢哉二大夫！」白居易不想再走「少時共嗤誚，晚歲多因循」的老路，年滿70 歲就主動退休了。

　　退休之初，白居易高唱：「南北東西無所羈，掛冠自在勝分司。探花嘗酒多先到，拜表行香盡不知。炮筍烹魚飽餐後，擁袍枕臂醉眠時。報君一語君應笑，兼亦無心羨保釐。」（〈初致仕後戲酬留守牛相公，並呈分司諸寮友〉）探花、嘗酒、飽餐、醉眠，多好的生活啊！白居易情不自

禁地向昔日同僚們寫詩「炫耀」。可惜，應者寥寥。

　　到宋朝，宋仁宗、宋真宗不得不多次下詔，要求年及七十以上文武官員自請致仕。皇帝都「催」老臣退休了，遺憾的是「年及而（自）願者常少」。宋朝厚待士大夫，導致眾多官員戀棧成風，官員隊伍老化。名臣包拯特意上奏〈論致仕疏〉，建議皇上降旨，將文武百官年及七十者列名成冊，由御史臺下文監督落實，強迫官員退休。結果年老的官吏們惶恐不安，四處活動，叫苦擺功甚至哭鬧，最後宋仁宗無奈，特地下手詔撫慰老臣，否決了包拯的意見，才算穩定了人心。結果，宋朝宿將老臣戀棧特多，「冗官」成為宋朝的一大特色。

　　比如大臣王嗣宗歷事太祖、太宗、真宗三朝。王嗣宗年輕位卑的時候，對宋白、郭贄等年滿 70 歲不退休的老人很不滿，屢次奏請宋真宗強迫老臣退休，還對這些老前輩冷嘲熱諷，屬於要求強制退休的激進派。等他自己到了晚年，位置高了，疾病纏身，卻也徘徊不去。對自己前後矛盾的言行，王嗣宗自我解嘲說：「僕唯此一事，未能免物議。」朝野對他的行為非常不齒。王嗣宗 73 歲時，被丞相寇準強制退休回鄉。他屬於是「被退休」的典型。

　　為什麼那麼多的官員不願意退休呢？白居易在〈不致仕〉中概括道他們「朝露貪名利，夕陽憂子孫」。大抵上，這些官員一是貪戀名利，二是為子孫謀福利。名也好，利也好，為子孫造福的能力也好，是和一個人的官職直接掛鉤的。離開了實際官職，這一切都成了無本之木、無源之水。一旦退休了，附著在官職上的衍生權力、實際收益都剝落了。朝廷白紙黑字規定的那些退休待遇，遠遠比不上那些附著的實際權力。

　　崔造是唐德宗時的宰相，想退休，但家人和親戚都不同意。他經過一番掙扎，最終決定急流勇退，辦理了退休手續。沒想到從此門庭冷

落，原來熱情拜訪問安的人都不見了，原來絡繹不絕送上門來的財物也都不見了。崔造很快就不適應退休生活了，一二年後心裡急躁鬱悶。他常對子弟感嘆：「地方州縣的金、銅、器皿、茶葉等東西都送哪裡去了啊？」（《幽閒鼓吹》）同樣的情況也發生在宋代。宋初名將王彥超曾任右金吾上將軍，在 70 歲時主動退休。朝廷很照顧他，為他加了「太子太師」的名銜，按照金吾上將軍的俸祿供養他。王彥超生活也很節儉，可是不過十餘年家道依然敗落。家人不得不賣掉一所園林宅第。所以，王彥超的繼任者吳虔裕，擔任金吾將軍三十餘年，就是不退休。他公然宣稱：「我就是老死在大殿臺階下，也不學王彥超 70 歲退休。」

我們知道，古代中國是一個泛權力的社會，收益和權力一樣是泛化的。如果沒有了權力，收益也幾乎蕩然無存了。人們是理性的，考慮到退休前後千差萬別的實際收益變化，難怪官吏們不願意退休了。所以當唐玄宗登基後，宰相李日知瞞著家人向朝廷提出辭職申請的時候，李太太聞訊大怒，大罵丈夫：「家產空虛，兒子們都還沒當官立業，你退哪門子休啊？」

對於許多官員來說，他是全家人的依靠。他的收益要養活一大家子人呢！他不是一個人在堅持，還寄託著數十口人的希望。清朝光緒年間，廣東南海縣有個九品小官、巡檢俞鳳書。老俞家口多、負擔重，就靠他的巡檢收益生活。可是，俞鳳書實在是太老了，負責南海的治安緝盜也的確力不從心，省裡就有心思要逼他退休。同情老俞的南海知縣杜鳳治親自去省裡為他求情，說不能讓老俞退休，不能斷了他全家的生路。既然俞鳳書不適合當巡檢，杜知縣就建議讓他「代理」一段時間廣州河泊所大使後再退休。河泊所大使負責徵收漁稅，任務輕，又是肥缺，老俞代理一段時間可以撈一筆灰色收入當養老錢。不想，河泊所大

使一職的競爭太激烈了。俞鳳書剛代理了幾天，就傳聞有人要來替代他了。老俞急著去求杜知縣，一大把年紀了還老淚橫流，長跪不起。杜知縣也被感動了，又去替他向知府、藩司、巡撫求情，還說動番禺知縣一起為俞鳳書說話，這才讓老俞做滿代理期，光榮地「被退休」。

在老謀深算的官僚眼中，退休是一椿可以「操作」獲利的「買賣」。選擇什麼時機退休，以什麼方式退休，都大有講究。比如有些官員年紀輕輕，卻因為分配的新職務不合心意，或者被安排了吃力、艱苦的差使不願意做，或者乾脆就由於在任期間財務開支混亂、政事搞得一塌糊塗需要躲避檢查，就找了各種藉口申請退休 —— 比如家有老母需要奉養，比如身體有病等等。過了一段時間後，他再透過各種運作，重新出來工作。這麼做在宋朝特別划算，因為宋朝官員退休後還能繼續算資歷，進行正常的職務晉升。

官員畏難而退，過幾年後復出，說不定還分配了更好、更高的職務了呢！又比如在宋朝的時候，中級以上官員退休的時候可以庇蔭兒子當官。有的官員就為兒子著想，主動退休使兒子有一個好前程。

為了對付這些自私自利、不為組織著想的官僚，朝廷也想出了許多對策。比如官員退休要「離任審計」，如果發現財務和政事有問題不准退休或者乾脆革職；官員病退，需要有兩名同僚證明擔保：宋朝對於復出的官員，規定只安排退休前同級別的官職等等。明清時期，皇權高漲，就容不得官員藉退休謀利了。乾隆時，工部尚書魏廷珍和禮部尚書趙國麟申請病退，結果被乾隆認定是「藉故卸責」，不但下聖旨痛罵他們不思為國效力、只求持祿保身，還將前者革職回籍，後者罰在成安宮效力行走，以觀後效。

第三節
古代官吏的退休生活

　　古代官員卸下職務的時候，難免會在心裡回顧自己幾十年的事業：年少時的宏圖大志是否已經實現，自己拯救了多少蒼生抑或是否兼濟天下？早年夢想得到的榮耀、享受和愛情，是否都品嘗了它們的滋味？那些青春的熱望、那些幼稚的猜想，是否還會閃過古代官員的腦海？

　　不過這些都已經不重要了。退休意味著一個人事業的正式終結。他將進入人生的最後階段。從生活保障上來說，古代官員尤其是明清以後的官員，晚景都很不錯。朝廷會有正式的退休待遇，同時他們在任期間積蓄的各種灰色收入也足以保障他們過上一個安逸的晚年。那麼古代官員退休以後都做些什麼呢？

　　首先，很多官員醉心宗教，為自己和家族祈福。

　　人到晚年，總是希望自己能夠長壽，而且希望自己的子孫能夠富貴平安，所以許多退休官員寄希望於超自然的神仙或者是菩薩，禮拜祈禱，希望能夠增加自己的壽命，或者乞求自己來世的富貴，或者盼望子孫能夠傳承家業、光耀門楣。這也是人之常情。

　　北宋的開國功臣石守信晚年信奉佛教，修行不止；另一個開國大將韓重贇也信奉佛教，晚年還在河南安陽組織民工修建寺院。這麼做自然是為了「積功德」，以求好的結果。不過，佛教的因果報應來得畢竟太緩

慢了，惠及不到今生今世。而退休官員在老邁之年，難免生老病死，於是就有一些退休官僚迷信道教，希望能夠在當下就長生不老。比如，宋太祖時的宰相趙普晚年通道，臨死前的一天還去道觀祈禱；宋真宗年間的節度使張永德晚年傾盡家產，延請道士跟自己一起修煉，希望延年益壽。求仙問道在宋朝很興盛，宋朝的徐鉉就在詩中寫道：「化劍津頭尋故老，同亭會上問仙卿。」可見，當時官員退休以後醉心宗教是一個普遍的現象。這股風氣延伸到了明清。顧炎武就說明末清初社會風氣：「南方士大夫，晚年多好學佛；北方士大夫，晚年多好學仙。」

　　古代的讀書人和士大夫們能比較好地將儒家學說、外來的佛教思想和本土的道家學說，也就是所謂的「儒釋道」三家融為一體。三者在他們的思想當中各有各的地位，並不衝突。蘇軾的觀點就很有代表性：「初好賈誼、陸贄書，論古今治亂，不為空言。既而讀《莊子》，喟然嘆息曰：『吾昔有見於中，口未能言。今見《莊子》，得吾心矣！』……後讀釋氏書，深悟實相，參之孔、老，博辯無礙，浩然不見其涯也。」士大夫們並不局限於信奉哪一家的學問，而是融會貫通，各取所需。哪個年齡階段、哪個人生階段需要什麼樣的思想，就信奉什麼樣的思想多一點。一般來說，古代官員年輕的時候大多精通儒家學問，以此立足、做官；在仕途當中見多識廣，逐漸意識到儒家學說並不能解釋一切現實、保持心靈的絕對平衡；到了晚年，他們追求精神的平靜和人生的愉悅，就開始側重道家思想和佛教思想。儒釋道三家對士大夫不同方面和不同時期的需求都有幫助。在士大夫的推崇下，尤其是退休官員的推崇下，佛教和道家在中國社會取得了平穩發展 —— 這一點看看那些散落在名山大川和通衢大道的寺院道觀就知道了。

　　其次，許多退休官員寄情山水，營建私家園林或者遊山玩水。

明朝萬曆年間太僕寺少卿徐泰時因為遭人忌恨，被勒令退休。徐泰時回到家鄉蘇州閶門外下塘花步里，營建了私家園林。這就是現在赫赫有名的留園。同為蘇州名園的退思園則是清朝光緒年間曾在安徽做道臺的任蘭生被彈劾後，回鄉歸里，在光緒十一年至十三年（1885-1887 年）間修建的。他將園子取名為「退思」，意取《左傳》「進思盡忠，退思補過」的含義。

明朝福建仙遊人鄭紀，退休時年僅 32 歲。鄭紀沒有蘇州士大夫那樣的雄厚財力，造不了園林。好在他的家鄉福建多山多水、風光秀美，退休以後，鄭紀在臥屏山讀書 22 年，過著怡然自得的生活。鄭紀作《歸樂窩記》，對山林生活相當愜意：「每天朗氣清，翁冠竹籜（筍皮）冠，服葛巾衣，著芒履（草鞋），曳槁藜杖，遊於塍隴間，……行而視，視而立，倦則班茵而坐，客至隔籬而呼，翁顧而笑，笑而起，迎客入窩中。呼童引泉瀹（煮）茗、烹雞取魚、摘蔬果，酌酒賦詩、鼓琴彈棋擊壺以為樂。酒醉則攜手散步於園池之上，度麥隴、穿竹徑，轉過松林桑塢之下，賓主兩忘，景物俱化，不知人世間何樂如之。」鄭紀進而感嘆說：「雖然天下山川景物之美，何限豈獨一歸樂窩，但世之人多售身於軒冕（官位爵祿），老死而不知歸；間有歸者，猶營營馳逐不已。雖山川景物日羅於前，皆不知其為可樂。」

第三，一些退休官員有濃厚的愛好或者一技之長，退休後往往發揮餘熱，從事業餘事業。

古代多數官員教育程度較高，其中不少人喜歡讀書、寫作。這些人是古代作家行列的主力軍，也是學術研究的主要力量。唐宋之後，官員的私人著述幾乎都是在退休的時候寫成的。比如《歸田園居》《歸潛記》等名字，一看就是退休官員寫的。明朝萬曆年間的首輔大臣徐階退休以

後就著作頗豐，有《世經堂集》26 卷、《少湖文集》10 卷，另編有《嶽廟集》刊行於世。同樣是明朝的徐光啟主動退休後在天津購買土地，開始種植水稻、花卉、藥材等，從事農業科學的實驗，他還經常往來於田間地頭收集華北地區的農業經驗，後來寫作成了《農政全書》。很多官員退休後敢說話，說真話了，拋棄偽裝和顧慮，寫了不少有關官場見聞和經驗教訓的圖書。

著名的有張集馨的《道咸宦海見聞錄》，史料價值很高，本書多有引用；此外還有同時代朱克敬的《瞑庵雜識》、段光清的《鏡湖自撰年譜》。以遊宦做幕僚為業的「紹興師爺」群體中的老成退休者，也寫了多本類似「師爺必讀」的官場教科書。

多數官員退休後「不問政事」，可也有少數官員退休後依然身在江湖、心在朝堂。對朝廷大事，他們沒什麼影響力了，可是對本地的政事少不了指指點點。著名的海瑞，中間一度「被退休」16 年。他保持了一貫的憂國憂民和耿直的性格，雖然退居鄉間了，還堅持每天外出考察民情，並且監督地方官員。海瑞 16 年如一日，經常向地方政府工作提出意見和建議。地方官員對這些官場老前輩再頭疼，也無計可施，反而要好言好語相待。

這些退休官員構成了中國古代士紳階層的主力。因為他們人脈關係錯綜複雜，又有一定的行政經驗，地方政府一般不敢得罪他們，對他們禮敬有加，逢年過節都要噓寒問暖，對於一些有名望的地方士紳還要攜帶酒米親自登門慰問。朝廷重臣退休以後，朝廷也不會忘記他們。萬曆十年（1582 年），徐階八十大壽，萬曆皇帝親自派人慰問，贈璽書金帛。

當然，地方政府對退休官員的態度曾經有過波折。唐朝官員退休以後，並不是由自己所屬的各部機關或地方政府發放退休金，而要在自己

的籍貫或者退休後居住的地方向當地政府申請退休金。地方長官重視的，當地退休官員的晚年生活就好一些；如果遇到不尊老敬老的地方長官，當地退休官員的晚景就不好過了。即便一些朝廷高官退休回家，也要對地方長官畢恭畢敬。在一些極端例子裡，遇到本地官員站著，退休高官都不敢坐。縣令登門拜訪，退休官員要等縣令發話以後才敢小心地坐下去。很快，朝廷就意識到此種政策的弊端，對退休官員的待遇做出了統一的、硬性的規定，不許延遲、剋扣。地方官府對退休官員還多有照顧。宋真宗年間，武信軍節度掌書記郭成範退休，考慮到郭成範退休後的生活問題，朝廷特意將郭成範的兒子太廟齋郎郭韜玉調任霍邱縣主簿，以便奉養老父親。從職務收入的實惠來講，地方的縣主簿比朝廷的齋郎還要多一些。而虞部員外郎周令帶退休後居住在揚州，年過九十，身邊沒有親人照顧。揚川地方政府就向朝廷申請，將周令帶的孫子周化遠從外地調回，調到揚州官府擔任同級官員，以便照顧爺爺。

　　因為有了各種退休後的制度待遇，加上朝廷對退休官員的各類關照，明清的退休官員在地方上的腰桿直了很多，不再像唐朝時期仰仗地方官府的鼻息生活。一些強勢的官員還干涉地方政務，對地方官員仕途升遷有著重要影響。反過來，地方官員要巴結、奉承、攀附在鄉退休官員了。比如《紅樓夢》裡賈雨村初到應天當官的時候，那個門子就向賈雨村提出了新官上任必須要知道的護官符。所謂的護官符，大多是古代地方州縣衙門彙集整理的本地退休或在籍官員名冊。只有照顧好這些官員——起碼不能得罪他們，地方州縣的官員才能將自己的官好好地當下去。

第四節
蓋棺論定身後名

　　就是死了，古代官員享受的待遇也有別於普通百姓。

　　一般的官員死後，可以修建對應規格的墳墓，鄭重其事地刻上生前的官銜、爵位和恩賞。比如曹操晚年就自述自己年輕的時候就希望死後能夠立一塊墓碑，上寫：「故征西將軍曹侯之墓」。「征西將軍」是曹操希望獲得的終極官職，「曹侯」是他希望封侯。後人一看，就知道墓主生前的官爵地位。與墓碑相配套，古代官員墳墓往往能有一塊墓誌銘相伴。墓誌銘的內容通常分為兩部分，前面的誌文記敘死者世系、名字、爵位及生平事蹟等，後面的銘多用韻文來悼念、讚頌死者。古代老百姓就沒有這樣的身後待遇，就算一般草民有錢造恢宏的墓葬，也沒有資格像官員那樣立碑、撰文。

　　高級別的官員除了顯赫的墓碑、墓誌銘外，還能獲得朝廷的諡號。

　　諡號是古代朝廷在官員死後，根據他們的生平給予一種稱號，用來蓋棺定論、褒貶善惡。諡號的頒布程序是一定級別的大臣死後，禮部草擬一個諡號，經皇帝同意後賜諡。在古代，一個人能獲得諡號是光宗耀祖的大事，彷彿是全社會對他莫大的肯定和讚譽。

　　後人對有諡號的前輩多將諡號加上他的姓氏之後而不稱名字。比如歐陽修死後獲諡「文忠」，後人就尊稱他為「歐陽文忠公」；李鴻章死後

也獲謚「文忠」，晚清和民國時期人們就尊稱他為「李文忠」。

謚號制度似乎開始於漢代。但是漢代對賜謚操作非常嚴格，規定只有生前封侯者才有得謚資格。到了唐朝，賜謚資格擴大到三品以上的職事官。這一時期，謚號是有褒有貶的，既肯定一個人生前的功績，也不避諱他的弱點甚至品格缺陷。比如唐代蕭瑀的謚號是「貞褊」，貞表示他端直，褊則說他多猜疑。不用說，批評死者的惡謚招人反感，不利於「君臣團結」和「體恤臣工」，於是北宋朝廷做出規定：不立惡謚，只作美謚、平謚。宋朝大臣的謚號都很光鮮亮麗，極少有貶斥的謚號。明清時期，謚號進一步演化為為高官評功論好的表面文章，不僅替大臣選擇好詞，而且還會不顧實際地誇大，或者根據皇帝的一人喜好隨意決定。總之是你好我好大家好，失去了為人評判死者生平、鞭策後來者的初衷了。至此，謚號異化為高級官員的「哀榮」，淪為一種政治待遇。

明清兩代的賜謚制度固定下來，謚號字數也確定為王爺為一字謚，大臣為兩字謚，比如清朝恭親王奕訢的謚號是「忠」，他就被稱為「恭忠親王」；左宗棠的謚號是「文襄」，他就被稱為「左文襄公」。只是獲謚的級別依然較高。清代規定只有一品大員去世後，請皇帝決定是否賜謚；一品以下官員除非特旨特辦，一概沒有謚號。所以，不少官員雖然做到了當朝一品，依然沒被皇帝賜謚。同時也有部分官員獲得皇帝特旨賜謚。清朝嘉慶年間，天理教起義，河南滑縣一名巡檢戰死沙場，破例獲得謚號。朝廷為九品巡檢賜謚，主要是為了激勵官員效忠朝廷、奮勇殺敵。

至於謚號的具體用字，「忠」、「孝」等自然是好得不能再好的詞，「端、襄、成、恪、敏、慎」等也是常用的好詞。對於文臣來說，謚號以「文」字開頭是很榮耀的事情。只有出身翰林或擔任過內閣大學士的高官

才能用「文」字。而「文」字諡號中，又以「文正」最為尊貴，只能由皇帝特旨頒布，群臣不能擅議。清朝二百多年，只得八人獲諡「文正」，分別是：湯斌、劉統勛、朱珪、曹振鏞、杜受田、曾國藩、李鴻藻、孫家鼐。次於「文正」的第二好諡號是「文忠」，得到的人也很少。整個清朝只有約十人得諡「文忠」，如李鴻章。再下面的諡號是「文襄」，如左宗棠；接下去有「文恭、文成、文恪」等等。晚清另一個「中興名臣」沈葆楨的諡號則是「文肅」。

　　按理說，賜諡是一錘定音的事情。但歷史上發生過「奪諡」、「改諡」的現象。說到底，賜諡的權力在皇帝手裡，天威難測，皇帝的心思在變，大臣的諡號也就跟著變了。所謂「奪諡」，就是剝奪已經頒布的諡號，以示對死者的追加懲罰。最典型的如明代內閣首輔張居正，死後獲諡「文忠」，但很快就遭到反攻倒算，被抄家，諡號收回。「改諡」顧名思義是修改死者的諡號。在古代主要是將好詞改為惡詞，展現的是對死者的否定，相對「奪諡」而言懲罰更進一步。比如南宋秦檜死後，宋高宗賜諡「忠獻」，表揚他忠心耿耿、操心國事。後來政治風向變了，朝野普遍認為秦檜執行的是賣國求榮的投降路線，很多人抓住秦檜陷害忠良（主要指岳飛）和有漢奸嫌疑（主要指他從北方逃回的經歷可疑）不放。宋寧宗乾脆追奪秦檜原諡，改諡「繆醜」，痛斥他名實不符、怙威肆行。與之相對應，朝野也常常對死去很久的人追加諡號，稱為「追諡」。最典型的就是孔子和關羽了。他二位死後很長時間都沒有諡號，唐宋之後二人地位越來越高，歷朝歷代的皇帝都追加諡號。大家蜂擁而上，一個賽一個地將二人的諡號往上「拔高」，最後一個成了「孔聖」，一個成了「關帝」。再比如岳飛冤死的時候無諡，宋孝宗時得到平反，追諡「武穆」，人稱「岳武穆」。南宋末年，朝廷為了激勵將士抗元，將岳飛改諡

「忠武」，又加封為「鄂王」。

除了官方的諡號外，民間還存在私諡。這既有一種「過乾癮」的意思，也帶有對官方諡號的一絲否定。私諡一般由死者的親友、門人、故吏所立，如東晉陶淵明的私諡是「靖節」，北宋林逋的私諡為「和靖」，世稱他二人為「陶靖節」、「林和靖」。私諡的得主一般是著名文人，而且是清高、與政府關係不好的文人。

為了直觀地了解古代官員的哀榮，我們來看看兩位清朝官員的墓葬情況：

山東聊城陽穀縣現存清朝官員張令璜的墳墓。該墓保存完好，墓南北長 135 公尺，東西寬 100 公尺，占地萬餘平方公尺；墓前躺有刻著「畫荻和丸」四個大字的牌坊；墓內石馬、石牛、石羊和姿態各異的大小碑刻隨處可見，這些都不是一般百姓的墓葬可比的。

此墓墓誌銘寫道：「皇清誥授通議大夫、吏部右侍郎、兼順天府府尹、前吏部左侍郎文仲張公墓誌銘」。從中我們知道，張令璜生前主要在吏部工作，擔任過吏部的左右侍郎，最高做到了「吏部右侍郎兼順天府尹」，是正三品官。順天府是首都所在，是個顯赫的實職 —— 難怪他死後能修建規模雄偉的墓葬。前面的「通議大夫」是虛銜，清朝對正三品官員一概授予通議大夫。比較可疑的是「文仲」二字，不知道是雍正皇帝特旨賜予張令璜的諡號，還是私諡。墓誌銘正文第一段寫了張令璜的家世和讀書、中進士、當官的履歷，接著寫了他的子孫情況，最後是大讚張令璜生平和品德的銘文。

第二個例子是民國十八年（1929 年）的一位前清官員的墓誌銘。全文題為：「清封奉政大夫、朝考一等孝廉方正、實授當陽縣教諭兼訓導、推升黃州府教授、安徽候補知縣煜夫公墓誌附序辭。」這是一篇並不太

「正規」的墓誌銘。篇名就比較花哨，如果不看正文內容，讀者還真不太明白墓主人的身分、事蹟。

此文開始，作者先寫有一天主角的兒子「百川」來求自己替死去的父親寫墓誌銘的經過；然後寫主角的家世、經歷。從中，我們知道主角名叫葛潮，字煜夫，所以篇名稱他是「煜夫公」。

葛潮生前讀書，但沒考中舉人功名，長期在地方教書，先後在當陽縣當過兩任十八年的教官（即「實授當陽縣教諭兼訓導」），按資歷升授黃州府的儒學教授。宣統年間由地方推舉為孝廉方正，經湖北總督考試合格送朝廷朝考，欽取一等第六名。這是一段比較光彩的事蹟，在篇名中大書為「朝考一等孝廉方正」。有了這個還算是「正途」的經歷後，葛潮以知縣分發安徽候補。遺憾的是清朝很快就滅亡了，葛潮沒能當上真正的縣太爺，墓誌銘中以「所至均有善政」一筆帶過。辛亥革命後，葛潮返回故鄉，投身文字自娛。比較可疑的是，墓誌銘中的「奉政大夫」的來歷。清朝對正五品官員一概授予奉政大夫的虛銜。但是葛潮一個候補知縣，最多是正七品官，達不到「奉政大夫」的級別。最大的可能是，葛潮花錢買了一個五品頂戴。

墓誌銘的作者署名「清封奉政大夫刑部主事甲午科中式舉人」邱峻。邱峻比葛潮的仕途要「正」得多，人家是正經八百的甲午年舉人，當過實授的刑部主事。不過他的品級也是正七品，搆不著授予奉政大夫的品級，很可能也和葛潮一樣是花錢買的。

葛潮的墓誌銘寫於 1929 年，當時已經進入共和民主體制 18 年了，可是葛潮的兒子還不辭辛苦去求前清官員為老父親寫了一篇挺像那麼回事的墓誌銘，足見官本位思想流傳之久、之深，也可見古代官員對死後哀榮的在意。《民國趣史》記載了前清封疆大吏、曾當過軍機大臣的林

紹年的訃告。全文洋洋灑灑，無微不錄，稱得上是官本位思想下的「奇聞」。 1916 年陰曆九月初六日，林紹年病逝，公布的訃告摘錄如下：

賜進士出身，誥授光祿大夫，建威將軍。賞銀五百圓治喪，予諡文直，諭賜祭葬。恩賞頭品頂戴，賞穿帶素貂褂，賜紫禁城騎馬，西苑門內騎馬。特賞入座聽戲，坤寧宮食肉。頒賞〈欽定平定粵匪捻匪方略〉、〈欽定平定陝西新疆回匪方略〉、〈欽定平定貴州苗匪方略〉。疊蒙孝欽顯皇后頒賞御書福壽字，福字，眉壽直幅，壽字直幅，「懋官唯德」匾方，御畫條幅，三鑲如意，紗袍褂料，帽緯，石青駝色絳色大卷絲緞，石青大卷實地紗，二藍麻地紗，西番瑞草漳紗，葛紗，荷包，金銀錁，金錢，太平有像花瓶，螺填果盤，手爐，御園牡丹花，冬筍，佛豆，春橘，蘋果梨，玫瑰餅，各種暑藥。德宗景皇帝頒賞福字，龍字，「永綏福履」春條，三鑲如意，紗袍褂料，紫色青色實地紗，花機紗，深色牙色增成葛，石青茶青庫緞，寶藍灰色江綢各色匹頭，貂皮，荷包，金錢錁錠，大小藏香，絹方，各色春絹，大小湖筆，朱錠，百蝶花瓶，果盤，手爐，燕窩，福元膏，克食神肉，年菜節菜，春菜，攢盒，菜碟，水果，萬字河杏桃，西瓜，蘋果，大麥，高梁，麵粉，豌豆，鱘鰉魚，野雞，關東白魚，湯羊，燻肉，元宵，粽子，臘八粥，粥果，春餅，薄餅，酥糖，荸薺粉，糖果，金衣祛暑丸，恩賞各色江綢，庫紗，蜜桃，元宵，粽子，月餅，臘八粥，湯羊，黃羊，暑藥。其餘尚有銜名，不及備錄。

第一句是介紹林紹年考中過第二甲進士，是正途官員，「光祿大夫、建威將軍」是虛職，是清朝授予一品官員的榮譽。第二句講的是朝廷（當時已經遜位的溥儀小朝廷）對林紹年之死的恩賞，包括賞銀 500 元，賜祭，還授予諡號「文直」。接下來說的都是林紹年生前獲得的賞賜，

不厭其煩，先說頭品頂戴，再說普通大臣很難獲得的五項特殊禮遇：「賞穿帶素貂褂，賜紫禁城騎馬，西苑門內騎馬，特賞入座聽戲，坤寧宮食肉」，還有三本皇帝賞賜的書籍（都是剿匪平叛的內容）。最後分別述說了清末慈禧太后和光緒皇帝的賞賜情況。孝欽顯皇后指的是慈禧太后，德宗景皇帝指的是光緒皇帝。林紹年顯然將帝后的賞賜作為無上榮光，竟然將那麼多內容記得清清楚楚，大到牌匾，小到避暑藥品；歡蹦亂跳的如牛羊，微小瑣碎的如粽子、荷包。臨了，訃告還不忘說一句：「其餘尚有銜名，不及備錄。」意思是死者還有其他官銜、賞品。（不過話說回來，訃告中的許多賞品都是普通東西，清末許多官員都有份。比如慈禧太后專門練寫「福」、「壽」二字，將許多作品連帶草稿都賞賜給大臣。）

官員的哀榮與其說是向社會炫耀的，不如說是做給官員自己看的；與其說是後人誠心為死去的官員操辦的，不如說是官員生前費盡心機爭取來的，臨終前強迫子孫必須如何如何辦理的。不論葬禮如何隆重、墓葬何等恢宏、祭文如何感人，真正能留在世間的、能留在後人心中的還是他真實的人品、作為，是他在位時候為社會和老百姓做過什麼。古代官員看不清這一點，死後的種種哀榮只能是人們茶餘飯後的笑料，甚至會造成適得其反的效果。

《國聞備乘》中有一段說「君相不能與布衣下僚爭名」，很形象地說明了公道自在人心，真的是「百姓心中有桿秤」。話說清朝乾隆皇帝一共寫了「御製詩文」三集（很多可能是大臣操刀的），分訂為六函，由南書房的翰林們寫刻，字大如策卷。乾隆詩文印製精良，初印用的是開化紙，墨色光黝，精工程序絲毫不遜於宋元版本。一百多年後，該書作者胡思敬曾在北京街頭花了六元錢買得乾隆詩文。後來書業中人告訴胡思

敬，乾隆的詩文雖然精緻，但常價不過二三元錢。而東吳一位姓江的普
通作者寫了《改亭集》四卷，裝訂普通，胡思敬多年求購不獲，後來好
不容易見到一部，買家索價十六兩銀子，絲毫沒有討價還價的餘地。胡
思敬感嘆道：「以天子之尊，不能與布衣爭名，古人所以重天爵也。」所
謂的「天爵」就是人心的評判。

　　胡思敬又舉了一個例子。奉宸苑（內務府下屬管理園林、河道的
機構）八品苑副吉某見國政日非，草擬了一份言辭激烈、憂國憂民的奏
摺，結果上級不願意代陳。吉某憤而懷稿自殺，一時間遠近爭相嘆服，
名動京師，無人不知「吉苑副」。而滿洲大學士額勒和布、福錕、崑岡
等人死了不到十年，胡思敬遍問京師官民，已經幾乎沒有幾個人記得他
們。三位大學士的哀榮肯定要高於吉某，但短短幾年的時間就驗證了到
底誰還活在人們心中。

第七章

病態：古代官吏的「職業病」

　　有人說：權力扭曲人性。這句話換個通俗的說法，就是衙門中人在官場待久了就會顯得與平常人不一樣，沾染上或多或少的精神疾病。因為這些病是在職業生涯中患上的，我們可以歸入職業病的範疇。

　　魏晉時期，年輕人當官靠中正官評定等級，按照等級高低享有不同的權力。這個制度就是九品中正制。曹魏末年，掌權的晉王司馬昭想安排世子司馬炎當官，需要走一下中正評品的手續。此事讓司州的中正官員很傷腦筋。替司馬炎評幾品，無須討論，肯定是「上上」；傷腦筋的是如果全州只評司馬炎一個上上品，未免太露骨，要找個綠葉來配。全州十二個郡的中正官共同計議，推舉鄭默出來「陪品」，襯託司馬炎的聰明睿智。評定前，司馬昭致書鄭默之父鄭袤，說：「小兒得廁賢子之流，愧有竊賢之累！」這完全是假惺惺的虛飾。而虛偽是古代「官病」之一。古代官場簡直就是一個劇場、官吏們就是演員，高官類似演技高超的重量級人物。

　　古代官員對老百姓橫徵暴斂，一文銅板也不允許老百姓拖欠。偏僻鄉村的老農哪怕只拖欠了一文錢，縣官們就會帶著三班衙役上門催繳，上房扒瓦，入屋拉豬。而對於路過的大小官員、名人雅士乃至「打秋風」的各路貨色，官吏們卻殷勤備至，盛情款待，臨別還有豐厚的餽贈。為什麼官對民、官對官的態度有如此懸殊的反差呢？海瑞的解釋說：「百姓口小，有公議不能自致於上；過客口大，稍有不如意輒顛倒是非，謗言行焉。」「厚客非出乎己身，取之百姓之身為之也。」（海瑞〈淳安縣政事序〉）因為官員對官員有傷害能力，而老百姓則軟弱無力。更重要的是，再盛情的款待都不需要官吏自掏腰包。將成本和傷害轉嫁到百姓身上是古代官吏的慣常伎倆。

　　此外，古代官吏還有許多其他職業病。比如遇到長官像奴隸遇到主

人、像老鼠遇到貓一樣，在老百姓面前又變成了奴隸主和老爺，像貓戲弄老鼠一樣對待老百姓；比如制度是死的，人卻是活的，古代的考核、監察制度雖嚴，三令五申雖多，官吏們從來沒有照章辦事、依法行政。凡此種種官病，都根源於強大的、沒有制約的專制體制。本部分就來羅列和分析古代官吏的種種職業病。

第一節
官場禮多人情薄

送禮，是古代官場中人的必修課。送禮可以拉近人際關係，編織關係網絡，而關係是官場中的黃金資源。還有人將送禮看作是官僚體制的「潤滑劑」。禮物送出了手，官僚機構中的障礙多少會消除掉一些，政務執行就會暢通起來。相反，如果不送禮，政務執行起來就會有許多阻礙。官員的個人升遷、禍福，更是如此。

然而，送禮是一門大學問。送好了，會讓人際關係加分；送得不好了，反而會敗壞人際關係，甚至可能為自身帶來損傷。

南宋初年，秦檜的夫人王氏常到宮中和皇太后套交情，拉關係。一次，皇太后對王氏說起近來自己很少吃到大的子魚。王氏馬上說：「臣妾家裡倒有許多，明天奉呈一百條給您。」回家後，王氏告知秦檜。秦檜萬分焦急。一百條子魚對他不是問題，可是皇太后吃不到的魚，自己卻

隨隨便便拿出來了，豈不顯得自己的生活享受比皇帝和皇太后還要好！老婆答應的這份禮，簡直是一顆已經拉了弦卻扔不出去的手榴彈！秦檜冥思苦想，終於想出一個主意，第二天讓王氏送進宮內一百條青魚。青魚很普通，滿大街都在叫賣。王氏卻說這就是子魚。皇太后見此並未吱聲，待王氏走後，她忍不住哈哈大笑，對左右侍從說：「我早聽說秦檜的夫人是個鄉下人，沒有什麼見識，現在看來果然不錯，她連子魚和青魚都分不清。」如此一來，秦檜不僅把燙手山芋輕鬆扔掉了，還讓皇太后覺得自己和夫人生活簡樸、忠厚老實。

不過，不是人人都有秦檜這樣的智商的。所以，禮物的選擇很重要。既要隱藏自己，又要討好他人，不是什麼東西都可以送的。

當你不知道對方的興趣愛好，又沒有能拿得出手的器物古玩的時候，錢就是最保險、最現實的選擇了。因此，絕大多數官場「禮尚往來」都是直接送錢。這也是為了避免「秦檜送子魚」的尷尬。

明白了「送什麼」，「怎麼送」也是個大問題。總不能直接把錢塞到對方手裡吧？也不能在深更半夜把錢塞進人家門縫吧——人家哪會知道是誰送的啊？

魯迅的爺爺周福清就因為不會送禮，不僅丟了官還下了獄。

「那年正值浙江舉行鄉試，正副主考都已發表，已經出京而來，正主考殷如璋可能是同年吧，同介孚公（周福清）是相識的。親友中有人出主意召集幾個有錢的秀才，湊成一萬兩銀子，寫了錢莊的期票，請介孚公去送給主考，買通關節，取中舉人，對於經手人當然另有報酬。介孚公便到蘇州等候主考到來，見上一面，隨即差遣跟班將信送去。那時恰巧副主考在正主考船上談天，主考知趣地信不立即拆看，那跟班是鄉下人，等得急了，便在外面叫喊，說收到銀信為什麼不給回條。這事情便

戳穿了，交給蘇州府去查辦，知府王仁堪想要含糊了事，說犯人素有神經病照例可以免罪，可是介孚公本人並不答應，公堂上振振有詞，說他不是神經病。歷陳某科某人，都通關節中了舉人，這不算什麼事，他不過是照樣的來一下罷了。事情弄得不可開交，只好依法辦事，由浙省主辦，呈報刑部，請旨處分。」（周作人《魯迅的青年時代》）

可見，像周福清那樣突兀地直接塞錢，是不行的。萬一其中出現一兩個紕漏，對送禮的雙方都不好。解決之道就在於將送禮行為規範化、制度化，將禮尚往來納入到現行的制度之上，將送禮過程中可能的風險降到最低。

古代官場中人的智商都不低，早早地就創造出了穩定的送禮平臺來。上面有名目，有事由，有對象，也有具體金額。到最後，送禮變成一件平常無奇的事情，成了官吏們的日常功課，自然也就沒有任何風險可言了。我們拿清朝時期官場上的禮尚往來為例，看看這個平臺的運作情況：

清朝官場送禮，首推「三節兩壽」禮。三節，分別是春節、端午和中秋；兩壽，分別是官員和他夫人的生日。遇到這五個日子，平常人家也要相互送禮，官場中人更是逮住機會，大張旗鼓地送起來了。只不過金額大得驚人。比如清朝中期陝西糧道給西安將軍三節兩壽禮，每次是800 兩白銀；給八旗都統的禮物，每節是 200 兩白銀。這些人是有業務往來的。而陝西巡撫是糧道的直接上司，「三節」擴展到了「四季」，糧道每個季度要送巡撫 1,300 兩白銀。陝甘總督是糧道上司的上司，但因為上級關係隔了一層，只要送「三節」禮就行了，每次金額降為 1,000 兩白銀。關於「兩壽」有一個官場笑話，說的是某縣官吏湊份子錢給縣太爺過生日。縣太爺屬鼠，大家就用湊的錢做了一隻黃金老鼠送給他作為

「壽禮」。縣太爺很高興，說：「過幾天是夫人的生日，她是屬牛的。」

「三節兩壽」禮對地方官來說比較實用，因為他下屬多，又管事管錢，能收到厚禮。對於京官來說，它就不太實用了。京官們最在意的是「兩敬」。一個是冰敬：夏天的時候送錢給京官，讓他買冰降溫祛暑；一個是炭敬：冬天的時候送錢給京官，讓他買炭保暖禦寒。每到酷暑和寒冬的時候，地方官員就紛紛派人往京城各個衙門和相熟的官員家裡送錢。對於一些利益密切的京官，地方官還多送一個「瓜敬」，顧名思義就是送錢讓京官買些瓜果蔬菜吃。

京官的另一個重要收禮途徑就是「別敬」。新官拿到委任狀離京赴任之前、地方官在北京辦完公事離京之前，都要對相關衙門的官員和相熟的京官送禮告別。曾國藩在給兒子曾紀澤的信中，說到他曾送過一萬四千餘兩別敬給三江兩湖五省的京官。

京官收入管道單一，和地方官相比生活清苦，因此有「窮京官」之說。好在他們靠近權力中樞，掌握著能夠決定地方官禍福的權力，所以想方設法要揩地方官的油水。地方官總是要進京辦事的，一進京消息迅速傳開，各式各樣的京官馬上蜂擁而來。有同年（科舉同屆）、曾經的同僚、同鄉和八竿子都打不著的親戚。地方官也就大方地大開筵席，同時撒錢。筵席一開，來的人往往更雜，「漠不相識，絕不相關者，或具帖邀請，或上書乞幫」。地方官「怒其無因，閔其無賴，未嘗不小加點染」。這裡送一點，那裡送一點，花銷就大了去了。到後來，地方官將進京視為畏途，非到萬不得已之時不敢進京。光緒年間，張之洞擔任山西巡撫，發現山西離北京很近，但官員們極少進京「聯繫感情」或者辦理公事。他覺得很奇怪，一問才得知：原來山西官員也想進京拉關係，無奈囊中羞澀，輕易不敢進那個無底洞。

　　此外，還有許多種禮是官場中人都能享受到的。比如「程儀」：官員出差的時候，沿途官員送的紅包，表示資助盤纏的意思；比如「妝敬」：送給官員家中女眷的，讓她們買胭脂花粉用；比如「文儀」：送給官員的孩子們，資助他們文具書籍，希望他們好好學習天天向上。官員家中有喜事，會收到「喜敬」；陪同長官下去視察，會收到「陪敬」。如果送禮方覺得原先送的禮分量不夠，會加送「加敬」。就是長官的隨從，也會定期收到「門敬」或「跟敬」。（我們知道在清朝，幕僚和隨從的能耐很大，甚至能矇蔽官員主子。官員也不得不仰仗幕僚和隨從開展工作。）

　　當然了，送禮之人不局限於官員，老百姓更要向官吏們送禮了。比如清朝百姓向官府遞交詞呈，衙役得到費用才會接收。安徽阜陽縣的門房、簽押房，每收一份呈文要制錢 4,500 文，稱為「簽子錢」。收了呈文以後，衙役還要向當事人索要「鞋襪錢、酒飯錢、車船錢、招結費、解鎖費、帶堂費」等等；書吏要向當事人索要「紙筆費、掛號費、傳呈費、買批費、出票費、到案費、鋪堂費、踏勘費、結案費、和息費」等等。總之每個細微的環節都要向老百姓索要賄賂，最後逼得老百姓有事都不敢找衙門，都習慣私了。這個錢，到底是「禮」還是「賄賂」，就要由衙門裡的老爺們鑑定了。

　　以上這些禮都是個人和個人之間的（如果誰動用了公款送禮，那就另當別論了）。清朝官場還有許多衙門和衙門之間的送禮行為。比如地方要向朝廷繳納部分費用，也就是「麻煩」各部官員的「辛苦錢」。拿刑部舉個例子，各省每年必有案件呈報，要麻煩刑部官員按時處理就得送辛苦費。四川按察司每年就要送 600 兩「部費」給刑部。又比如地方官員晉升，赴任的時候需要有吏部發出的正式通知。如果吏部沒有拿到這個官員的「部費」，就遲遲不發給他晉升的通知，熬得你最後不得不低頭。

再比如戶部，晚清時各省往戶部送財政款項（現銀），送一萬兩就得交六十兩的「手續費」。不送的話，戶部的大小官吏就會在銀子的成色、分量上橫挑鼻子豎挑眼，四處刁難。到了地方，同性質的「部費」依然存在，只是換成了「使費」。地方衙門之間的政務往來，每一樁每一件，也都得送相應的「使費」。

各式各樣的送禮名目交織在一起，像一張巨大的網絡，將每一個官員都網在其中，疲於應付又不得不應付。張集馨擔任陝西糧道的時候，每天都要迎客、赴宴或者看戲，有他主請的，也有他被請的，更有他陪坐的。每一個圈子、每一條線上的禮尚往來，他都不敢得罪。只是在給朋友的信中，張集馨對這種迎來送往、吃吃喝喝的官場禮節大不以為然。他說：「終日送往迎來，聽戲宴會，有識者恥之。」

清朝官場禮節除了「多」之後，還有一個「厚」的特點。每一份迎來送往的禮節「金額」都不輕，那麼多禮加在一起就更重了。

還是以張集馨為例子，他任陝西糧道出京前送了一萬七千餘兩別敬，任四川臬司時花了一萬五千餘兩，任貴州藩司送了一萬一千餘兩，調任河南藩司時又送了一萬二三千兩別敬。如此鉅款，都送給誰了呢？張集馨被任命為四川按察使時，送的別敬具體如下：軍機大臣，每人四百金；軍機章京，每位十六金，其中有交情或者有較大實權的，則八十到一百金不等；六部尚書、總憲一百金；侍郎、大九卿五十金；同鄉、同年均要一一送禮。張集馨的收入是多少呢？他是正三品的高級官員，合法收入為年薪一百三十兩，此外有養廉銀數千兩，年收入平均在六千兩左右。如果依靠公開收入，張集馨就連別敬一項都承受不了，更不用說其他禮節了。

好在，張集馨在送禮的同時，也在不停地收禮。張集馨被任命為陝西糧道時，家境一般，不得不借了一萬七千餘兩銀子去送禮。

擔任糧道一年後，他不僅還清了借款，還寄回家一萬多兩銀子。可見，龐大的官場禮尚往來，不僅能夠拉攏關係，還有創收的功能。

這麼多，這麼厚的禮，有時還不足以滿足官場中人禮尚往來的需求。有的官員還需要額外的「禮節」往來。這些禮節也被冠以「敬」的名字，絕不能說「錢」。如果點明了是錢，一來太俗，二來也有行賄受賄的嫌疑。清朝官員就在裝有銀票的信封皮上以詩詞中的數目或經典的篇數代表錢數。比方說，送三百兩銀子的銀票則代以「毛詩三百」。宣統年間，皇叔載濤有一回收到「炭敬」，封皮上寫著「千佛名經」四個字。他很納悶，當著幾位要員的面說：「送給我佛經幹什麼嘛！」眾人笑而不答，載濤開啟信封一看，裡面原來有一千兩銀票。

清朝官員「一心是錢，天下還得有個好官麼？其尤甚者，說某缺一年可以有幾『方』，某缺一年可以有幾『撇頭』。方者似減筆萬字，撇頭者千字頭上一撇兒。以萬為方，宋時已有之，今則為官場中不知羞的排場話。官場中『儀禮』一部，是三千兩，『毛詩』一部，是三百兩，稱『師』者，是二千五百兩，稱『族』者，是五百兩。不唯談之口頭，竟且形之筆札」（小說《歧路燈》）。

不過，官場中人都知道送禮送的不是人品，不是感情，甚至也不是級別，而是權力。「敬」的不是你這個人，而是你手裡的權力。

這就好像古代州縣官上任點卯，六房書役都要送上錢財一樣。別人送禮給你是敬畏你手裡的權力，要討你的歡心而已。如果你退休了或者罷官了，他們還會雲集起來送禮給你嗎？

晚清有個關於官場冷暖的笑話。說有幾位知州、知縣正團坐打麻將，忽然僕人來報：「聽說巡撫大人的姨太太得了暴病。」這是討好巡撫的好機會，諸位大人急忙穿衣備車，準備前往慰問。又有僕人來報：「得

病者是巡撫的太夫人，現在已經死了。」諸人商量道：「原來是太夫人仙逝，我們且打完這一局，明早再去弔唁也不遲。」巡撫的母親都已經死了，下屬就想明天趕早去弔唁。一會又有僕人來報：「現已探實，死者是巡撫本人。」諸人一聽，異口同聲道：「快入局，別耽誤了好時光，贏了錢好去吃花酒。」巡撫一死，管他幹什麼？

可見，宦情薄如紙。用清朝人的話來說，就是「死知府不如一個活老鼠」。

第二節
寒暄聲中的禁忌

我們普通人初次見面，握手寒暄，有很多話可以說，聊得投機了很快就能熱絡起來。這種尋常無奇的樂趣，在古代卻只有平民百姓才能享受到，因為古代官員們初次見面可以聊的話題少之又少，幾乎就找不到什麼話題，相當沉悶無趣。

官員們初次見面，怎麼會找不到話題呢？

我們可以逐一篩選一下各種可能話題，看哪些話題適合古代官員聊天，哪些話題是不能談的。

首當其衝的話題是公事。食君之祿為民辦事，談公事總沒錯吧？錯了，古代官員初次見面肯定不能聊公事。

　　首先，多數官員們並不懂公事。具體事務都是幕僚、書吏、衙役在做，長官們都不經手公事，只負責在下屬呈遞上的公文上簽字蓋章就可以了。比如京城的各部衙門，實權就操在胥吏的手中。清朝有人感嘆：「本朝與胥吏共天下。」又比如地方的州縣長官，上任的時候無不攜帶著一大幫幕僚僕役，人數比有正式編制的該地官員都要多。到任後，州縣的錢糧度支有錢糧師爺負責，司法刑獄大家都去問刑名師爺，長官怎麼會知道呢？京官也好，地方官也好，主要精力都放在應付迎來送來、編織官場網絡和討好上司方面，也的確沒有時間去過問公事。你偏偏找人家談公事，不是讓對方難堪嗎？

　　其次，朝廷官員談公事，很容易暴露出自己的觀點和立場。這是大忌。你把自己的立場態度都暴露了，等於自動卸去了武裝，容易讓政敵抓住把柄。所以，巡察御史不能洩漏本地區的反腐敗形勢，河道總督不會透露河道的運通情況，江南織造對朝廷在南方徵調的貢品總是守口如瓶。至於最基層的縣裡的主簿、典史等人，更不敢談公事了 —— 萬一和縣令大人的口徑不一致就糟糕了。就是認識很久的官員，相互間都不會談論公事，更不用說初次見面的陌生官員了。不談公事不僅是為了掩飾不懂公事，而且有自我保護的目的。

　　那麼，官員們見面能不能談家世，談家庭呢？不能，這也是官場的一個大忌。

　　明朝正德年間，掌管特務機關的長官朱寧見人，喜歡拿寫有「皇庶子朱寧」的名帖（類似現在的名片）。「皇庶子」是什麼意思呢？皇子怎麼會拋頭露面做特務工作呢？你如果覺得好奇，詢問朱寧大人：「您是皇上第幾子啊？」那你就要倒楣了。因為朱寧是正德皇帝的乾兒子。如果你再問：「那您的生父是哪位呢？」那你就要死翹翹了。因為朱寧原名錢

寧，是南京守備太監錢能的兒子。一個太監，怎麼會有兒子呢？再深問下來，朱寧骯髒的底子都被你刨出來了，他非當場和你翻臉、拔刀相向不可。所以說，古代官員見面交換的名帖，是不能深究的。其中有認達官貴人當乾爹、乾爺爺的，有改名換姓、冒充名門之後的，更有出身卑微、從底層一步步爬上來不願意他人刨根問底的。別人遞過來的名帖寫著什麼，你就信是什麼就可以了。多問一層，可能就得罪了對方。

第三，初次見面詢問對方「仙鄉何處」總可以吧？這也不行，籍貫也是禁忌。

唐宋以後，官場主流是科舉出身的官員。沒有科舉功名的人就不是「正途」官員，低人一等。而科舉考試是和籍貫緊密相連的。

朝廷分配給每個地區的錄取名額不同，有的地方多，多得和人口極不相稱，有的地方的錄取比例低得可怕，導致競爭極為激烈。古代有專門的罪名處罰「科舉移民」，叫做「冒籍」。但中國社會向來明裡一套暗裡一套，「冒籍」事情越來越多，也沒人願意深查。不然的話，明清時期每次在順天府參加科舉的考生們不知多少人要被取消考試資格、挨板子了。還有許多江浙的考生去廣西、甘肅等地參加科舉。近代名士張謇當年就是「冒籍」獲得的勸名，為此還遭人訛詐。「冒籍」的益處顯而易見，最大的不方便是考生獲得功名官職後必須守口如瓶，堅持自認是冒充地的子弟。他們一般不願意提及籍貫問題。

因此，你初次見到一個官員就問人家的籍貫，萬一對方當年是「冒籍」得的功名，你一問，人家多尷尬啊！萬一對方沒有功名，是雜牌出身，你這麼問對方也會覺得尷尬。所以，籍貫就不應該問。

第四，詢問對方年齡，總是安全的吧。不，詢問年齡恰恰是最不安全的！

因為古代官員更改檔案年齡成風，和實際年齡出入極大。而年齡大小關係官員的切身利益，萬不可能讓其他人知道。所以，年齡是大大的禁忌。

從北宋開始，朝廷有規定：舉人參加多少次科舉還沒有中進士、且年在 60 歲以內，可以賞賜進士出身，並授予官職。這就是「恩科」的由來。生員、秀才也有類似的恩惠。比如清朝有 90 多歲的老秀才還硬挺著參加科舉，皇帝乾脆讓他別考了，賞賜舉人功名回家了事。這位老人家當然是特例了，倒是有許多人為了討一個「恩科」官職，爭取在「檔案年齡」到達 60 歲之前「考滿」規定屆數的考試。這就需要在年齡上做手腳了。

改年齡的另一個好處是，隋唐以後對各個級別的官員的任職年齡是有規定的。如果一個人過了 55 歲才考中進士，一般不授予實職，而是授予閒職坐冷板凳；如果一個人年過六旬才考中進士，連一官半職都撈不到了，只能回家「候任」。所以，在 55 歲之前考中進士，是出任實職的前提條件。而一個「有為青年」要想衝擊三公九卿的高位，要歷任翰林、各部和地方各種官職，既要有中央宏觀視野又要有地方工作經驗，才有可能飛黃騰達。按照每個官職任期 3 到 5 年計算，一個青年從中進士到具備進入領導階層的條件，至少需要 15 年左右的光陰。那麼，一個人要想衝刺政壇高位，至少要在 40 歲以前考中進士。相應地，他考中舉人、秀才和生員的年齡也相應要前推。這對許多考生來說，是非常困難的。而最簡單、直接的方法就是把年齡改小。所以，金榜題名的進士們編制的《同年錄》上的「年齒」一欄不能說全部是假的，起碼 95% 以上是假的（說不定有個別少年得意的「應試高手」）。難怪清初文豪兼官員王士禎感嘆：「三十年來士大夫履歷，例減年歲，甚或減至十餘年，即同

人宴會，亦無以真年告人者，可謂薄俗。」（《池北偶談》卷二）

《儒林外史》中的范進，一出場就向學政大人坦承：「童生二十歲應考，如今考過二十餘次；童生冊上寫的是三十歲，實年五十四歲。」范進竟然向他人坦承自己的真實年齡，難怪他的岳父胡屠戶罵他是個「爛忠厚沒用的人」，動不動就扇他耳光。忠厚老實的范進竟然把年紀改小了24歲，那麼那些不忠厚不老實的人會改小多少年紀呢？

最後，官員們初見談談學問，探討「子曰詩云」、高喊「仁義道德」總沒有錯吧？

很遺憾，這也沒得聊。因為，並不是所有官員都是有學問的，裡面也混雜著不少白痴和文盲，說不定就讓你遇到一個。

科舉出身的「正途」官員，不可能是文盲，但絕大多數人將學問當做敲門磚，當了官後就忘記了，多年後哪能還拿起來和他人切磋探討啊？明清以後的那些八股文高手，肚子裡也沒有什麼真學問可言。另一方面，官場上還有許多不是科舉出身的官員，依靠祖父輩上來的、依靠裙帶關係上來的，或者乾脆就是買來的。他們這些人中，能幹的人有，但多數是紈褲子弟，不學無術，你千萬不能和他們切磋學問。

比如乾隆時期有個兩淮鹽運使，是用錢一層層買來的官。一次，他參加祭孔，感到很奇怪，就問旁人：「我們拜祭的這個孔子是誰啊？」身邊的書吏趕緊回答說是：「孔夫子。」鹽運使不明白，又去問一個老塾師，塾師告訴鹽運使：「孔子是聖人。」鹽運使還是不明白，在聚會的時候就問同僚：「孔子是個什麼官？」同僚瞠目結舌，其中一個同僚好心說：「居魯國司寇，攝行相事。」這樣一來，鹽運使就更不明白了。所以，如果你和這位鹽運使大人初次見面，然後探討「子見南子」或者「成與維新」之類的話題，猜想能把這位大人說暈了。

　　還有一個民國時期的笑話，說的是某地方官員的（有說是省主席，有說是國民黨某黨部主任）「理論程度」之低。民國時期官方集會或者慶典，有振臂呼喊「國父精神不死」口號的傳統。一次，輪到該官員帶頭喊口號。此公振臂高呼：「國父不死。」旁邊的祕書聽見，趕緊小聲提醒：「還有精神吶！」此公馬上再把手臂抬起來高呼：「還有精神吶！」臺下的人也跟著振臂高呼：「國父不死，還有精神吶！」所以，如果你和這位地方官員初次見面就探討「三民主義」、「五權憲法」或者「新生活運動」，猜想這位國民公僕也會被你說暈了。

　　最後，公事不能聊，姓名、家世、籍貫、年齡不能聊，就是你覺得是公理和常識的學問、理論也不能聊。官員們初次見面，還真是為難，弄不好就陷入無話可說、面面相覷的尷尬局面 —— 如果跟班的再不機靈，找不到話題的話。

　　那麼，官員們初次見面談什麼呢？其實，談什麼不重要的，重要的是和什麼職位的官員見面，見面的這桌酒席由誰買單，飯桌底下塞了多少銀票，相互之間餽贈了哪些東西。俗話說：「禮多人不怪。」話，雖然沒得聊，但送禮，讓利益輸送來代替情感交流總不會有錯。所以，即便初次見面很難找到話題，談話有種種禁忌，還是阻止不了古代官員熱衷於交際，忙於擴展官場網絡。

　　總之，在古代，官衙的後門直通造假工廠的正門。正因為官員的各種資訊大多造假，大家戴著一張張面具，所以初次見面會相當沉悶無聊。

第三節
「忠」、「孝」的變質

「忠」和「孝」這兩個字在古代地位崇高無比。多少農家子弟保家衛國、慷慨赴難，就是為了一個「忠」字；多少良家婦女一輩子養老帶幼、操持家務，就是為了一個「孝」字。如果能得到朝廷一個追認或者旌表，就是對那些平凡、樸實和苦命的普通人一生最大的承認。

那麼，倡揚「忠」、「孝」價值觀的皇帝和官員們，在這兩方面做得怎麼樣呢？

我們先來說「忠」。

忠，顧名思義就是效忠王朝和皇上，看似是天經地義的事情，不過從曹魏建立以後，各個朝廷對「忠」的宣傳就僅僅停留在口頭上，而且頻率並不高。

因為曹魏的天下是從漢獻帝手裡奪來的，之後晉朝的建立更是「司馬昭之心路人皆知」，弑君奪位的醜聞怎麼能拿出來說呢？再往後，一個個新朝代的建立越來越不像樣。晉朝的最後一個皇帝司馬德文是被南朝宋武帝劉裕派人按倒在床上，用被子矇住臉悶死的。

而宋朝的最後一個皇帝劉準被齊高帝蕭道成派人挾持出宮時驚嚇過度，問：「你們要殺我嗎？」官兵回答：「你不能住在宮中了。你家祖先取司馬家的天下的時候就是這麼做的。」劉準哭泣道：「願後身世世勿復

生天王家！」出宮不到一個月，他就被殺死了。陳朝的陳霸先篡位，乾脆將梁朝末代皇帝蕭方智亂刀砍死。蕭方智當時才 16 歲，不想死，邊跑邊哭喊：「我本不願當皇帝。陳霸先非要我即位，現在又要殺我，這是為什麼啊？」蕭方智畢竟年輕，不知道權力鬥爭是你死我活的爭鬥，失敗的一方哪能討價還價？隋朝是楊堅從外孫手裡奪的，他這個外公對外孫一點憐憫都沒有，照殺無誤；唐朝是隋朝大臣李淵打下來的，隋煬帝楊廣雖然不是他殺的，但李淵在楊廣活著的時候就起兵爭奪天下，這不是造反是什麼？宋朝的天下是趙匡胤從後周的孤兒寡母手裡搶來的；明朝的朱元璋也是殺戮起義軍的老上級、老戰友才脫穎而出的，你問問他起義領袖「小明王」是怎麼死的，猜想他只能支支吾吾，難以說明了。至於割據混戰時代「臣弒君」、「王侯將相寧有種乎，兵強馬壯者為之耳」的現象就更普遍了。

皇帝們沒有資格，朝野官員也沒有資格談論忠與不忠。這一點，吳思先生在〈皇帝是個冤大頭〉文章中已經說明了。貪贓枉法和無所作為是古代官場的通病。官員們貪汙腐敗，貪的最終是皇帝的錢，腐敗的東西最終也是皇帝的。這難道是「忠」嗎？更可怕的是，這些官員惡化了朝廷和百姓的關係，讓皇上失去了民心，刨了皇帝的老底。陳勝、吳廣是基層官員逼出來的，高迎祥、李自成也是地方官員推出來的。最終，皇帝成了冤大頭，承擔所有官員不忠的惡果。

東魏年間，權臣高澄和皇帝元善見一起飲酒。高澄舉觴對元善見說：「高澄祝陛下長命百歲。」元善見聽了，感慨地說：「自古沒有不亡之國，朕怎麼能受用這樣的話！」高澄發怒了：「朕，朕，狗腳朕！」高澄說完還不解氣，讓親信上去打元善見三拳。當眾毆打完皇帝後，高澄才拂袖而去。北齊建立後，高澄的子孫們肯定不願意發起有關「忠

與不忠」的討論。既然開國皇帝就不忠，王朝建立之初就有「不忠」的原罪，他和他的子孫就不好意思再宣揚「忠」了。他們無一不轉口宣揚「本朝以孝治天下」，以此來樹立統治的合法性。大臣們也樂意降低「忠」的宣傳調子，轉而提倡孝道。「孝」的地位開始蓋過「忠」。

於是，「不孝」成了官民的一大罪證。要搞臭對手、搞垮政敵，官員最簡單、廉價的做法就是揭發敵人的不孝之罪。晉朝的阮簡以曠達自居。父喪期間，阮簡在一個大雪寒凍的夜裡拜訪浚儀縣令。縣令招待他，阮簡吃了一點肉羹，就被政敵抓住了把柄：「阮簡竟然在父喪期間吃肉，不孝！」阮簡因此被隔絕在官場之外將近 30 年。《三國志》作者陳壽在父喪期間，自己不幸生病了，婢女為他送上丸藥，被政敵當做把柄：「陳壽竟然在父喪期間與婢女親暱，不孝！」陳壽有口難言，長年累月得不到提拔。西晉初年，河南尹庾純與司空賈充在宴會上爭吵。賈充聲名狼藉，卻罵庾純：「你家裡有年邁的父親卻不回家照顧老父親，還有什麼話說？」就這一句話，就把庾純將得無話可說。

明清判案中有許多瑣碎的「不孝」案例，從中後人可以看到朝廷是多麼重視孝道。比如，一個人看到父親和他人打架，他拿起武器幫忙，混亂中誤殺了父親，也被認定「弒父」；有個兒子和老母親吵架，害得老母親濃痰上湧窒息而死，這個兒子也被認定「弒母」。兩人都被凌遲處死。可見官府對普通百姓在「孝道」方面的要求之苛刻、之絕對。

我們翻看《晉書》之後的各朝正史，立傳的官員們大多有「事父至孝」、「居喪以孝聞」之類的記載，如果拿不出可考證的事實也往往寫上「有孝子之名」之類模糊的話。他們中的很多人恐怕難稱孝子，對待父母長輩頂多說得過去而已，但是朝廷重孝，寫上這麼一筆對聲譽和前途都大有幫助。

在古代中國，某件事情一旦有利可圖，人們就蜂擁而上，通常物極必反，結果背離初衷。

「孝」既然有利可圖，官員們和「有志青年」們趨之若鶩。據說厚葬的習俗興起，就和達官貴族們要表現孝道有關。很多人把父母的墓室造得比生前的居室都好，壽衣和壽器比父母日常衣服、用品都要好得多。父母死後的待遇其他人都看在眼裡，所以要做給別人看，父母活著的時候別人又不看，你再孝順別人也不一定看得到。又比如，朝廷為了表彰「孝子賢孫」，從民間挑選「孝廉」授予官職。顧名思義，孝廉是那些「孝順長輩，清正廉潔」的人。可惜，從一開始就有童謠諷刺：「舉秀才，不知書；舉孝廉，父別居。」不信，可以看看《儒林外史》和《官場現形記》，裡面有多少道貌岸然、欺壓鄉民的士紳大夫都是孝廉。所以魯迅先生說：「歷代所謂『舉孝』和『孝廉方正』等都是為了換取官坐，『孝』只是使壞人增長些虛偽，好人無端受些人我都無利益的痛苦罷了。」在古代，最終孝道變成了仕途敲門磚，朝廷把「孝」的旗幟舉的時間越長，這面旗幟變質得就越厲害。

按說，喪期是不能作樂的。東晉明帝駕崩，國喪末期，尚書梅陶私奏女伎，遭到御史彈劾。但到謝安執政時，他在喪期照樣歌舞不斷。同僚王坦之寫信勸他趕緊收斂，謝安不從，最後也沒有人追究。自此以後，東晉士大夫階層群起效仿，成為定俗。為什麼無人彈劾謝安「不孝」呢？因為謝安是丞相，謝家權勢熏天，沒人敢彈劾他。權力因素，蠻橫地干涉了孝道的評判標準。

古代還有一項和孝道有關的制度，就是「丁憂」。官員遇到直系長輩逝世，必須辭職回鄉守孝，一般是三年。三年時間，對仕途來說很重要。某個官員可能正處於仕途上升期，突然什麼職位都沒了，要等三年

235

才能復出當官；而三年後安排給復出官員的職位，一般都不如之前的職位重要，甚至有人還降半級復出或者乾脆委任個差使。所以，丁憂是橫亙在所有在任官員頭上的一把利器。然而，清朝時期，滿族京官可以丁憂只需回家百日，限滿後即可回署當官。為什麼呢？因為清朝官制分滿漢，滿族編制多，可用之人少，為了避免缺員過多，朝廷允許滿族京官象徵性丁憂一百天就復出。

當然，朝廷的「理由」是滿族京官的田宅、家族都在北京城裡面，做官地就是故鄉，可以「化悲痛為力量」在家鄉繼續工作。這個「例外」，開啟了丁憂制度的缺口。清朝後期，漢族官員紛紛援引滿族京官的例子，要求恩准「化悲痛為力量」，免於丁憂。比如袁世凱就沒有丁憂，母親死後一直在當官，還不斷得到升遷。有了前車之鑑後，拒絕丁憂之風盛行。許多漢族官員接到家裡的噩耗，只是請假一個月回家料理完喪事就回官署繼續辦公。如此重要的人事制度，上有政策，下有對策，也偏離了孝的初衷。

古時常常有人感慨：「忠孝不能兩全。」比如一個人要去邊關打仗，很可能因此犧牲。他的犧牲是報效國家，是對皇上盡忠，可是他死後就不能贍養父母，又是對父母的不孝。反之亦然。因此，人們似乎認可「自古忠孝難兩全」的說法。

其實，對於官員來說，「忠」和「孝」是可以兩全的。朝廷給官員的待遇並不低，有官衙居所和可以免費使用的官方醫院、隨意指使的衙役下人，官員完全可以帶著父母雙親一同赴任。再加上官員還有許多隱性的收入和待遇，父母隨任的生活品質不會差。退一步來說，即便官員因公殉職了（這是盡忠的一面），朝廷會有豐富的補償（比如追封的官爵、追加的待遇），父母親的生活品質不會降低的。官員的「孝」會由朝廷和

官員生前的累積來繼續承擔的。（老百姓就難了，必須在「忠」、「孝」之間艱難平衡。）皇族在「忠孝」問題上，非常特殊。官民「忠」和「孝」的對象不一致，但皇族兩者的對象是一致的。皇帝既是他們的君主，也是他們宗族的首領，皇族盡忠的同時也是盡孝。遺憾的是，皇族恰恰是古代最不忠不孝的人群。中國歷史上，皇族內部子弒父、弟殺兄的悲劇和「杯弓蛇影」的傳說還算少嗎？西晉時，皇帝對皇族的待遇可謂深厚，分封了數以十計的王爺，每個王爺都掌握軍政大權，生活優裕。可是就是西晉皇族內訌最厲害，開國的晉武帝死後就爆發了「八王之亂」，祖父子三個輩分的皇族相互殘殺，導致王朝迅速崩潰。末代皇帝晉懷帝司馬熾被俘後，匈奴劉聰當面問他：「卿家骨肉相殘，何其甚也？」司馬熾只好回答：「為陛下自相驅除。」

這是多麼無奈和可憐的回答啊！南朝宋的時候，開國皇帝劉裕死後，王朝也迅速走向衰亡。皇子皇孫們為了爭奪帝位骨肉相殘，高貴的鮮血淋漓了華麗的殿堂。劉裕的子孫們為了爭奪皇位展開了駭人的殺戮，不是子弒父、兄弟相殘就是叔姪屠殺。宋孝武帝、前廢帝、宋明帝三朝皇族 129 人，被殺者 121 人，其中皇室內部相殘者多達 80 人。在位者和陰謀家對付骨肉同胞的手段，往往令人髮指，中間哪有一絲感情存在。

中國古代難道就沒有「忠孝兩全」的人嗎？人們常常舉海瑞來做正面例子。海瑞事母至孝，帶著老母親上任，每天問安，家事都聽老母親的，算得上是「真孝」。海瑞為官勤勉，幾十年兢兢業業，對皇帝敢冒死宜諫。更主要的是，他的清正廉潔是出了名的。遺憾的是，海瑞這樣算不上「忠」。他忠於的是內心的理想，是陳舊的制度（比如他大力提倡恢復朱元璋時期的「剝皮實草」來懲治貪官汙吏），而不是朝廷和皇帝。後

人沒看到他對明朝現實政治有什麼可操作的建言，相反上自嘉靖皇帝下至轄區內的屬吏都對他頭痛不已。海瑞逝世的時候，猜想皇帝和官場都鬆了一口氣：那個硬得像石頭一樣、沒有任何裂縫的偏執老頭，終於死了。海瑞這類人，包括屈原、岳飛等人在內，遭遇了另一類「不忠」的尷尬。那就是他們想效忠朝廷，也擁戴君主，卻不符合君主的心意，被認為「不忠」。皇帝喜歡的是「多磕頭少說話」的忠臣，而真正的忠臣卻不是那樣的。

第四節
古代的腐敗和反腐

打從宋朝開始，州縣衙門都立有戒石，銘文為：「爾俸爾祿，民膏民脂；下民易虐，上天難欺。」但有個別膽大妄為的草民卻將它改為：「爾俸爾祿只是不足，民膏民脂轉吃轉肥；下民易虐來的便著，上天難欺他又怎知。」這諷刺的就是古代官場的腐敗現象。

君主專制社會是人治的社會，大權集於君主一身，連天下都是君主的私產。因此，政府清廉或者腐敗，與專制君主的利益息息相關。皇帝最有動力反腐，也只有他才有力量、有可能嚴懲腐敗。遺憾的是，在皇帝的諸多考量中，權力是第一位的，如何維持統治是首要問題，反腐敗不是優先考慮的問題。反腐的重要性可能要排在權力、子嗣、戰爭、錢

糧等等的後面。只要腐敗沒有直接威脅到統治，反腐都只能是錦上添花的修飾，而非迫在眉睫的選擇。某個官員只要能幫助皇帝解決其他更重要的問題，那麼他的貪腐墮落都是可以原諒的。南梁時期，梁武帝蕭衍的六弟、臨川王蕭宏是個平庸無能的王爺，他在王府中建造了很多間大房子，緊鎖房門，從來不示人。有人告發蕭宏私藏兵器，圖謀不軌。蕭衍很擔心，就找了個機會去蕭宏家「參觀」那些神祕的大房子。蕭宏百般不願、猶猶豫豫地阻攔，更令蕭衍懷疑。屋子最後還是開啟了，只見裡面裝滿了金銀珠寶和難以計數的錢幣。不用說，這些都是蕭宏貪汙來的。他嚇得雙腿顫抖，以為皇兄要處置自己。蕭衍卻心中一塊大石頭落地，拍著蕭宏的肩膀說：「老六，你很會過日子嘛！」結果，蕭宏虛驚一場。蕭衍放心地打道回府。只要蕭宏效忠自己，多貪些錢又算得了什麼呢？對皇帝來說，大臣們有貪心比有野心好，對一些大臣皇帝寧願他們貪心多一點野心少一點。

其次，在專制政體中，衡量一個官員成功的唯一標準就是升遷。誰的官大，誰的權力和收益就大，官僚體制乃至整個社會就認為他成功，反之就要承擔體制的重重壓力和外界的冷嘲熱諷。而在升遷的標準中，清廉與否只是一個不太重要，甚至是邊緣化的標準。許多千夫所指、萬民唾罵的貪官照樣節節高升，神氣活現。因為主導升遷的核心標準是關係，是人情，是權力鬥爭，甚至是赤裸裸的金錢。於是就產生了這樣的情況：「官場篩選規律，往往是黃金下沉，而糞土上浮。得上司青睞，能排擠同列而上浮者是糞土，而被上司厭惡，受同列排擠而下沉者是黃金。……閱聽人多貪官排擠者正是清官。在官場中，施展各種歪門邪道而得利，而竄升者，則是貪官。」正如宋朝陳宓所說：「大臣所用，非親即故，執政擇易制之人，臺諫用慎默之士，都司樞掾，無非親暱，貪

239

吏靡不得志，廉士動招怨尤。」這正是「官場的常態」。（王曾瑜《「清官」考：辨》）清廉者沉溺下僚，貪腐鑽營者平步青雲，導致幾乎所有的官吏都去做後一類人了。貪汙腐敗現象如何能杜絕？明清時期，升官可以靠金錢來「買通」。就是崇禎皇帝都說：「近來弊竇最多，未用一官，先行賄賂，文、武俱是一般。近聞選官動借京債若干，一到任所，便要還債。這債出在何人身上，定是剝民了。這樣怎的有好官肯愛百姓？」（《春明夢餘錄》卷四十八）升官的早期投資是要還債的，欠下的人情、許下的諾言又何嘗不需要償還？

古代衙門腐敗的原因有很多，比如缺乏權力制約，比如腐敗風險小（下民易虐、上天無知）收益高。〈王朝腐敗週期律〉一文還有對腐敗原因的詳細探討。總之，只要君主專制政體存在，只要缺乏制衡的官僚體制存在，腐敗就是政治的頑疾，像癌症一樣無法根治，反而日益加重。

腐敗，從本質上來說是利用公權力為自己謀私利。在權力氾濫的古代，官吏在各個領域中處於強勢地位，以權謀私行為表現為不同的形式：

第一，直接索賄。這是最原始、最強硬、最沒有技術含量的方式。你不賄賂官吏，他就不幫你辦事，或者故意刁難你，這就是直接索賄。比如唐朝的蜀州刺史安重霸，貪賄成性。蜀州有個姓鄧的油客，資財巨萬。安重霸就召鄧老闆過來陪自己下圍棋，讓他在一旁侍立。安重霸圍棋下得很慢，一天也下不了幾十個子，一盤圍棋下來就是好幾天。鄧老闆天天在一旁名為看棋，實為罰站，又不給吃不給喝，實在是受不了。一次，安刺史又召鄧老闆來觀棋，鄧老闆實在不想去。有人就對他說：「本不為棋，何不獻賂？」鄧老闆趕緊獻上黃金三錠，安刺史這才不再叫他去看棋。又如清朝中期，江西流傳民謠：「江西地方苦，遇見陳老虎，大縣要三千，小縣一千五。過付是何人，首縣名徐午。」這個陳老虎就

是江西巡撫陳淮，他也是貪婪成性的人，又信任南昌知縣徐午，透過徐午向各縣收取「保護費」。這就是明火執仗地索賄了。此外，貪汙公款、苛捐雜稅等等也可歸入這種方式。此時的衙門、官吏與呼嘯山林的強盜沒有本質區別，都在搶劫老百姓的財物。

第二，權錢交易。受賄者放棄職責，為行賄者提供便利。這是最常見的腐敗方式，比如買官賣官、花錢辦證。這種方式比較隱蔽。比如御史言官不掌握人事大權又不治民，無官可賣，無錢可貪，就主要靠參奏彈劾的權力來訛詐官員，史稱「賣奏」。御史發現了某地、某人的問題，如果不給他賄賂，他就如實上奏彈劾；如果給了他賄賂，他就給你來個「雷聲大雨點小」，或者將板子高高舉起輕輕落下，或者乾脆就不揭露不彈劾。

明清時期對官員有「申斥」的懲罰，就是違紀官員跪聽諭旨後接受叱責辱罵，由宣旨的太監來執行。對於平日威風凜凜的官員來說，被一個太監當眾大罵，是極為難堪的事情。你想免去辱罵，就得花錢賄賂太監。這樣，太監手裡就有了「免罵權」。清末唐紹儀、張百熙二人都受到傳旨申斥的懲罰。唐紹儀塞給太監四百兩銀票，太監宣旨後就走了。張百熙不知規矩，沒有行賄，太監宣完旨後頓足大罵他「混帳王八蛋滾下去」。諷刺的是，太監的「免罵權」竟然可以「部分交易」，也就是官員如果給不足賄賂，可以根據具體的金額免除相應的辱罵。清末翰林劉廷琛也被傳旨申斥，但他一個窮翰林拿不出四百兩銀子，只向宣旨太監交了二百兩。結果，太監申斥時只罵了句「混帳下去」，免去了「王八蛋滾」，程度減輕了不少。這也算是「公平交易」、「一分錢一分貨」的展現了。

廣泛地說，權權交易也可以歸入權錢交易的範疇，畢竟也是一方放

棄職責，給另一方以切實的好處。比如達官顯貴相互吹捧，舉薦對方子弟入仕。我提拔你的姪子升官，你安排我的兒子當官，大家都得到好處了。這不是腐敗是什麼？

第三是制度性腐敗。因為制度設計的缺陷而導致的必然腐敗。

這種腐敗和具體的官員無關，而是不管誰處在其中都難以避免的腐敗。比如皇帝出巡要做準備工作，包括修繕道路、拆除沿途「有礙觀瞻」的建築、檢查安保工作等。清朝有專門的嚮導處，為正式官署，負責準備皇帝出巡。結果，嚮導處成了擾民處。嚮導官自然希望道路越寬越平越好，沿途情況越簡單越好。至於地方哪項工作做得不好，哪塊田地需要徵用，哪處建築需要拆除，都是嚮導官說了算。於是，工作粗暴、強徵強拆就難以避免了，「有司不敢糾正」。

清朝有專門治理黃河的河署系統，出了名的財大氣粗。因為治理黃河關係千萬百姓安危，全社會都極為關心，投入巨資。河署成為不受地方監督的獨立系統，坐擁巨額撥款。錢多得花都花不完。

每年霜降以後，水位降低，不會再有決口漫溢之事，河署照例要舉辦一年一度「慶安瀾」活動，在年底大力花錢，系統的各級衙門都建有專門的京劇團，以「院班」、「道班」等名目區分等級，還要從蘇州聘請名角來助興，出場費數萬兩，全打在工程帳上。「慶安瀾」從 9 月辦到 11 月，天天宴飲觀劇。宴飲是流水席，從上午到半夜，只要有客就不結束，光小鍋菜就達一百幾十個品種。桌上供客人剔齒的牙籤市價一錢可購十餘枚，做在帳面上的報售價竟達數百兩。其他如冬裘秋緞專賣定製，珠翠金玉不可勝計，朝珠帶板動輒千金，以至連太太小姐們的裹腳也必用帛，奢侈得駭人聽聞。「衙參之期，群坐官廳，則各賈雲集，書畫玩好無不具備」，堪稱聯歡大會。（完顏紹元《古代的官辦工程》）

　　第四，事務性腐敗。官員們從經手的政務中剋扣、虛報錢財，就是此種腐敗，在古代的特殊現象是工程浮冒。「浮冒」一詞，取自清朝工部的術語，大抵是指各種大小工程的估價到報銷等各階段應用、實用物料工價的數字虛假不實，伸手多要錢。明清之前，興建工程多靠徵發徭役、由各地提供原料，晚明以後到清朝的工程都聘用社會力量來修建，然後報銷。從好的一面說，這順應商品經濟的發展，可以降低成本、提高效率。從壞的一面說，它為負責官吏侵吞款項開啟了方便之門。

　　明清時代的官辦工程，特以「浮冒工程」為最突出的流弊。在工部、兵部等實權稍弱的部門，官吏就靠巧立工程名目撈錢了。另一個浮冒的重災區是宮廷。太監們最喜歡為皇帝大建亭臺樓閣，巴不得把紫禁城全部拆了再造一遍。他們如此不嫌麻煩是因為「天家營建，比民間加數百倍。曾聞乾清宮窗桶一扇，稍損欲修，估價至五千金，而內橙（太監）猶未滿志也」（《萬曆拜獲編》）。一扇窗子五千兩，一個涼棚四萬兩，這樣的工程款，誰不想賺呢？到了晚清：「光緒乙酉（西元 1885 年）夏，德宗幸南北海，小修工程銀十三萬兩，而任其事者，僅拆後牆以培前牆，冀塗飾一時而已」（《清稗類鈔‧宮苑類》）。你看，連修一面牆就可以十三萬兩，多划算的買賣啊！

　　清末隆裕太后垂簾聽政時，「宮（中）有佛殿數座……已曠廢，（太監小德張乃慫恿隆裕后修理，報銷至二百餘萬」。大約這個「浮冒」額度太驚人了，輿論洶洶，於是「內務府大臣奎俊自請處分，謂報銷太不實。隆裕以經手者實為小德張，置不問」（《清稗類鈔‧閹寺類》）。

　　明神宗時，乾清、坤寧兩宮重建，專案負責人之一、工部營繕司郎中賀盛瑞比預算節省了九十二萬兩白銀，反而以「冒銷」罪名罷官。省錢怎麼會省出災禍來呢？因為賀盛瑞省了多少錢，相關的太監、同僚就

少拿了多少錢，能不招人忌恨進而被人聯手「修理」嗎？賀盛瑞對此事耿耿於懷，罷官後寫了一本《兩宮鼎建記》，將整個工程說得清清楚楚，為我們留下了古代工程浮冒的第一手數據，也是古代官吏怵目驚心的腐敗第一手數據。

比如，工程用銅要從太監掌管的內庫提取，如不塞錢給太監們就領不到。賀盛瑞不願行賄，轉而向銅商購買相同質量的銅。銅商計算一下，若是千里迢迢去南方採買，不僅賠錢，而且肯定誤期。工部的同僚們怕誤期，就代替賀盛瑞把這筆「好處費」繳了。

很快，銅料順利領來了。比如，有木材商王天俊等人用鉅款行賄高官，弄到了政府委託採買十六萬根大木的批文。因為是重建宮廷的原料，運送木頭進京，沿途關卡不得刁難。於是，王天俊等人夾帶私木幾千萬根，獲利不可計數。即便是合約中的十六萬根木也逃稅三萬二千餘根，獲利五六萬兩。再比如，工程開工那天，賀盛瑞確認的出工人數是一百名，可是和他一起在工地現場巡視的同僚報出來的出工人數竟是五百名。賀司長大怒，追問得知原來是會同管工的太監的主意，多報四百人就能多拿四百份薪資。而且，發放工錢本身也有利可圖：從銀庫領出來的是整錠的白銀，分發到夫匠手上的是銅錢；官方兌換比率是每兩銀兌錢 690 文，給工人則按照 550 文作一兩，每兩剋扣 140 文錢……賀盛瑞在這麼一群如狼似虎的貪官汙吏中，硬生生還節省了 92 萬兩銀子，可見如果不是他負責此項工程，浮冒貪汙的款項肯定要高於 92 萬兩。

難道歷朝歷代就沒有進行反腐行動嗎？有，但沒有效果。

明太祖朱元璋可能是中國歷史上的反腐急先鋒。他制定了嚴厲的懲罰措施，對貪汙一文錢的人都不放過，動不動就殺頭，還發明了「剝皮

實草」的警示方法（將貪官的皮剝下來，填上乾草做成人皮偶，放在衙門裡警示官吏）。就是這樣，明朝初期的腐敗也依然嚴重。朱元璋說，我效法古人任命官員，將他們派往全國各地。沒想到剛剛提拔任用的時候，這些人既忠誠又堅持原則，可是讓他當官當久了，全都又奸又貪。我嚴格執法，絕不輕饒，結果，能善始善終做到底的人很少，身死家破的很多。永嘉侯朱亮祖是打江山的開國元勛，征討殺伐立過大功，建國後貪贓枉法。朱元璋召朱亮祖到京，將朱亮祖和他兒子一起活活用鞭子抽死。後世皇帝，誰有朱元璋這樣的威望和脾氣？朱元璋都治不了腐敗，後世子孫們就更不行了。到明朝後期，「九邊月餉，半飽私囊，六部耗費，多不可計，其宮殿一切鳩工取材，皆倍於今（清朝）」。（《嘯亭雜錄》卷十）

理論上，只要沒有制約的專制體制還存在，大規模的腐敗就不會消失。很多統治者都明白這個道理。在古代專制政體下，腐敗癌症是治不好的。《官場現形記》說有人揭露浙江官場弊端，慈禧太后挑選了一位老京官去做欽差大臣。她說：「某人當差謹慎，在裡頭苦了這多少年，如今派了他去，也好叫他撈回兩個。」聖旨一下，這名京官忙向慈禧身邊太監打聽上頭派他這個差使的真實意思，應該怎麼查案。太監撲哧一笑道：「查案有什麼難辦的？佛爺早有話：『通天底下一十八省，哪裡來的清官？但是御史不說，我也裝做糊塗罷了。就是御史參過，派了大臣查過，辦掉幾個人，還不是這麼一件事。前者已去，後者又來，真正能夠懲一儆百嗎？』這才是明鑑萬里呢！你如今到浙江，事情雖然不好辦，我教給你一個好法子，叫做『只拉弓，不放箭』：一來不辜負佛爺栽培你的這番恩典；二來落個好名聲，省得背後人家咒罵；三來你自己也落得實惠。你如今也有了歲數了，少爺又多，上頭有恩典給你，還不趁此撈

回兩個嗎？」京官聽了，馬上心領神會。

　　乾隆時期最大的貪官和珅貪婪索賄，都難以用語言描述。外省封疆大吏，如果不定期給和珅孝敬，幾乎沒有能長期做官的。其中賄賂最重的人，和珅往往破格提拔，授予高位。為了孝敬和珅，也為了能晉升，底下的官員們不得不腐敗斂財。等到這個人貪聲日著，臭名遠颺了，和珅就將他定為反腐敗對象，用迅雷不及掩耳之勢逮捕查抄他。其中的週期就是兩三年。

　　浙江巡撫王亶望被朝野認為是「和相第一寵人」，權勢一度炙手可熱。王亶望每年給和珅的炭敬、冰敬以及一切孝敬等陋規，總數超過 30 萬兩銀子，此外王亶望還不定期地向和珅孝敬珍奇古玩。可是王亶望在浙江巡撫任上，被乾隆公開下詔、和珅親自下手查辦了。（《十葉野聞》）

　　和珅另一親信國泰的遭遇類似，卻更具戲劇性。據說國泰本是一個鉅商，一次在揚州花酒叢中揮金如土時結識了一個人。兩人朝夕相處。恰好遇到漕運總督經過揚州，儀仗威嚴，車騎盛大。國泰嘖嘖稱道，豔羨不已。新朋友就說：「這有什麼好驚羨的？十萬銀子就能購得他的頂戴。」國泰驚問：「大官也能買？」朋友說：「行！我就能替你辦妥。你跟我到京城見一個貴人，不出三月就能做到道臺。」國泰取上 30 萬兩銀子，高興地跟著他進京去了。抵京後，朋友帶國泰拜入和珅門下。原來，國泰的這個朋友就是受和珅委託，在外招徠鉅富買官的。為了保險，國泰與和珅等約定，先將錢存入某店，得官後和珅才能提取。

　　沒幾天，朝廷就任命國泰為江蘇省糧道。後來，和珅又安排國泰調往山東（據說是國泰能力太差，而江蘇事情多，和珅怕他應付不過來）。山東政務簡單，國泰漸嫻吏事，三年內就當到了巡撫。

　　為了報答和珅，國泰自然是傾盡全力，將百萬家產都耗盡了。國泰就尋思著在山東大行敲剝，補償損失。很快，國泰聲名狼藉，傳到了北京，被御史彈劾。彈劾奏章內容牽涉到和珅。乾隆竟然讓和珅「檢舉」。和珅又派了一個人去試探國泰的底細，看他還有多少錢。那人告訴國泰，如果要想將彈劾的事情擺平，少說也得百萬銀子賄賂滿朝高官。國泰東拼西湊，才擠出了 20 萬兩。和珅知道國泰已經囊空如洗，馬上請旨查辦國泰。國泰入獄，追悔莫及，知道自己絕無好下場，在獄中自殺了。(《十葉野聞》) 從他買官到被和珅奏請查辦，正好是三年。王亶望、國泰都成了貪腐的反面典型，成了和珅「反腐週期」的犧牲品。

　　在古代真的要治理腐敗，唯一可行的方法可能還是對衙門中人加強教育，包括兩方面的教育。正面的教育是讓他們知道名聲的可貴、肩負的責任和百姓的幸福；反面的教育除了那一樁樁鮮血淋淋的反面案例外，更重要的是讓官吏們知道人的物質需求是有限的，超過安居溫飽之外的財富是多餘的。這其實是個簡單的道理，但是衙門中人卻最容易忘記。

　　本文就以兩個反面例子作為結束。第一個例子是民國初期的霸縣知事劉鼎錫。劉鼎錫的霸縣知事缺，是和四個人合資，湊了六千銀元向大貪官王治馨買的。大家推劉鼎錫為縣知事，其餘四人亦各踞縣衙重職，朋比為奸，貪贓枉法。案發後，「首犯」劉鼎錫被判死刑，押赴宣武門槍斃。押赴刑場時，劉鼎錫大哭大罵，說官位是用重金向王治馨買的，臨死前要向王面詰；又說其他四個合夥人也有責任，怎麼就槍斃我一個人呢？他高呼「冤枉」到死。早知今日，又何必當初呢？

　　第二個例子是唐朝的元載受賄事發，被相關部門抄家。人們發現元載藏有鐘乳五百兩，胡椒八百斛。這麼多東西，元載就是用一輩子也用不完，平白無故地放在家裡一點用也沒有，可能除了占地，就是留作他

日宣判自己末日的「證據」。

第五節
「官本位」的威脅

　　種種官場病態的集大成者就是瀰漫中國社會的「官本位」思潮。1916 年，陳獨秀在《新青年》上以犀利筆觸寫道：「充滿吾人之神經，填塞吾人之骨髓，雖屍解魂消，焚其骨，揚其灰，用顯微鏡點點驗之，皆各有『做官發財』四大字。做官以張其威，發財以逞其欲。一若做官發財為人生唯一之目的。人間種種善行，凡不利此目的者，一切犧牲之而無所顧惜；人間種種罪惡，凡有利此目的者，一切奉行之而無所忌憚。」陳獨秀指出，「此等卑劣思維，乃遠祖以來歷世遺傳之缺點（孔門即有幹祿之學），與夫社會之惡習，相演而日深」，結果是「無論若何讀書明理之青年，發憤維新之志士，一旦與世周旋，做官發財思想之觸發，無不與日俱深。濁流滔滔，雖有健者，莫之能御」。

　　這一段話堪稱是對中國古代社會官本位思潮的典型分析。為什麼中國人熱衷當官？因為做官可以發財，有明面的和潛在的各種好處。即便是有志青年，進入社會幾年後，也不得不接受「做官發財」的思潮，接受越深就越想到衙門序列中闖蕩。而做官之所以能發財的原因，則是權力因素在中國社會的氾濫，權力控制了其他領域，甚至支配了社會財富

的分配。靠攏權力，是獲取財富最輕易和最可靠的途徑。所以，才會有根深蒂固的「做官發財」的觀念。眾人才會皆知「萬般皆下品，唯有讀書高」。其實，古代中國人也很無奈，有才華者捨做官之途沒有其他發揮才能和吸納財富的更好途徑了。權力泛化讓他們的選擇餘地太小了。

古代社會官本位思潮的主要表現在五個方面：

首先，當官不易，當高官更不易，古代官僚巴不得大家都知道自己是個官。所以官場就演化出了一系列的官儀、官威、官話等。

官員出行時鳴鑼開道、隨從環繞、牌匾高舉，被認為是必要的官儀；反之，則被認為不成體統。鄭板橋當知縣時夜間出巡不鳴鑼開道，不舉「迴避」、「肅靜」的牌子，只用一小吏打著寫有「板橋」二字的燈籠為前導，時人就對此看不慣。朋友鄭方坤說他：「嶔崎歷落，於州縣一席，實不相宜。」其實朝廷對官員的儀仗是有明確規定的，但在實踐中被官員一再突破，低階官員擅用高官的儀仗，高官則無視規定，大擺排場。清末，州縣佐貳小官，也要鳴鑼開道、湊幾塊牌子舉著。官名本身可以舉一塊，如果有品級又是一塊，如果有功名則又有一塊，功勞和獎勵可以舉一塊，比如一個八品縣丞就可以造出「某縣縣丞」、「八品頂戴」、「甲午舉人」、「考績優異」四塊牌子。加上「肅靜」、「迴避」兩塊，小小縣丞出巡的時候，單牌子就有一大串，官儀可畏，官威不小。

民國時有位深知清代官吏擺官譜、講官派的人評說道：「前清舊官僚習氣最為可恨，當其未得志時，徒步而行，不以為苦；一登仕，出入非肩輿不可，一若天生兩足為無用老。不寧維是，一切起居動作，均須依賴他人，甚至吃飯穿衣亦須奴婢相助，官愈大，則此種習氣愈甚。」

其次，當官忙，不忙也說忙。而他們忙的，主要是交際應酬，講官話、端架子、拉關係。清朝嘉慶道光年間北京官場中有「閒官忙做」之

謠，嘲諷一個叫周採川的官僚「專以期會應酬為職志，其勤勉冠於同人」，應酬的熱情和時間完全超過了工作，似乎以應酬為業了。這實際反映了整個官場都忙於應酬的狀態。客觀說，應酬對官吏的仕途非常重要。如果誰不懂官場的應酬規矩，往往要以政治前途為代價。清末有個即用知縣（就是不用候補，遇到空缺就立即上任的知縣）被分發到江蘇後，因為生性迂拙不識應酬，在蘇州待了二十多年都無實職，也沒有得到任何差遣，結果生活無著，自盡身亡。這個例子可能極端了點，但不會應酬、不善應酬的人在官場上總是要倒楣、受冷落的。

　　應酬時，官吏們自然將種種官場規矩照搬到飯局酒桌上。人們說著空洞的、言不由衷的話，把最美好的讚美奉送給在座的實權人物，表達自己的仰慕之情。話題的真相和自己的真情實感被小心地掩飾著，主賓們盡量不透露自己的真實意見 —— 就如他們在朝會或衙參的時候所做的一樣。此外，諂媚、拖沓、浮誇、做作等官病也在應酬場合瀰漫。可悲的是，這種應酬風氣擴散到了社會上。沒當過一天官吏的人也深受其影響。

　　第三，官場傾軋之風惡化了社會風氣，進一步助長了人們的虛偽、圓滑和狡詐。官場競爭是一場你死我亡、非進即退、機不可失失不再來的殘酷競爭，不可能存在雙贏局面。而傾軋的成本很低，沒有明確的懲罰機制，收益卻很高，官吏們何樂而不為。因此，官場的傾軋之風一直未斷，唐朝的李林甫、明朝的嚴世蕃都是傾軋耍詐的高手。而清朝傾軋之風大盛於乾隆時期，這要拜和珅所賜。一日，和珅笑著對吏部官員金方雪說：「你馬上就要外放上海道了，你不知道嗎？」沒幾天，任命果然下來了。金方雪連忙解釋：「上海在我原籍五百里內，我應該迴避。」和珅說：「你未免也太迂腐了，這種小事何足道哉！」金方雪到了江蘇後，

向直接上級 —— 兩江總督和江蘇巡撫提出了迴避的問題。很快，朝廷安排金方雪和江寧鹽道調換了職位。和珅因為金方雪忤逆了自己的意思，記恨上了他。沒兩年，江蘇爆發了高郵冒賑案。和珅趁機上奏：「江蘇歷任布政使對此都有失察之責，應該受到嚴懲。」乾隆同意了。金方雪在此期間代理過江蘇布政使，因此被罷官。和珅無形無聲地就達成了陰謀。

第四，官本位思潮還表現為對官場不切實的迷戀。王士禎《池北偶談》稱，清初順天府丞戴京曾退休後，「幅巾野服，參學徑山，絕跡公府，人品為武林（指杭州）第一」，說他退休後不進衙門、不穿公服。這種理論上的當然之舉，在官員身上就稱得上「人品」了。因為很多人退休了還是打官腔、端架子、擺官威，似乎過不足官癮。《清稗類鈔》載，曾做過江寧知縣的湯裕退休後同樣居住在杭州，經常拿出當年參見上司時用的手版嘆氣：「好久不用了。」每逢節假日，湯裕必穿上官服，過完假期才脫去。假如有人請客，這位退休知縣也一定要換上官服去赴宴。人們都笑話他當官上癮，湯裕卻不為所動，我行我素 —— 別人指手畫腳算什麼，自己過癮要緊。

還有一些「官痴」，也鬧了笑話。《寄園寄所寄》載明朝山西人喬廷棟從御史中丞的位置上退休「官家居時，每晨必具衣冠，升堂高坐，命僕役呵唱開門，以次伏謁，或作控訴狀，喬一一為之剖判訖，然後如儀掩門。每日如此，聞者無不匿笑」。想必這位喬老爺當官太久了，每天不升堂辦公就不舒服，算是職業病，可以理解。

《清代野記》也記載光緒年間，安徽人張傳聲，花錢買了一個候補道臺，再花錢買了一個加花翎二品銜（道臺是四品官，需要花錢才能提升到二品）。張傳聲被分到河南候補，因為沒有實缺，在開封等著。這位張大人「每日晨起盥漱早食畢，即冠珊瑚冠、孔雀翎，數珠補服，由內室

而出，中門置一雲板，出則擊之，僕則高呼大人下籤押房矣。既就坐，一僕進茗碗，一閽者持手版十餘如摺扇式，口稱某某等稟見，其實並無一人也」。想來，這位張大人想過過當老爺的癮，沒輪到，只有在家裡擺譜。表演了那麼多，他要的就是手舉茶碗，打官腔說「本老爺今日累了，今日就散了吧」的感覺。旁邊馬上有僕人出來高呼：「傳伺候，大人下來矣。」「張乃雅步登肩輿，出門拜客矣。亦每日如是，如演劇然。」這就可以解釋為什麼當晚清政府大開捐納之門後，一般小富人家如果能支付得起買官費用，寧願傾家蕩產也要為子弟買個官當了。

最後，世代連綿的官本位思潮讓中國古代社會用官場的標準來衡量生活中的一切。遠到拉出幾輩子前當過官的祖宗來嚇人，近到模仿衙門的樣式來裝飾家庭、為自己置辦「山寨版」官員行頭；小到年輕人一言一行都學官吏的「低調穩重」，大到用官場的成功來評價一個人的成功，用品級高低來衡量一個人的價值大小。在官場如魚得水的人，社會上就想當然地認為他人生成功，才幹出眾，品德高尚等等。這樣的連繫有一定的合理性，但權力場的成功只能表現他適合所在的政治體制，與他的才幹、品德並無必然的關係。殊不知，人生除了當官之外還有其他豐富多彩的內容；社會除了官場之外還有其他安身立命的事業。可是古代中國人卻不這麼想。

讀書人獲得功名前後的境遇，可謂是絕好的例子。一個開蒙讀書的孩童，世人都尊稱他一句「小相公」、「少爺」，為的是他日後高中皇榜、拜官受祿的美好前景；可是如果他到了五十多歲還是像范進那樣連舉人都沒有考中，人們就對他冷眼相待了，連親人都罵他是「無用的爛人」。批判的標準出奇的簡單：有沒有功名。可是，真正走完科舉長途當官的讀書人少，大多數人都是像孔乙己那樣「讀過書，卻沒有進學，也不會

營業」，他們只好在世人的冷眼中夾著尾巴生活。真可憐歷朝歷代有多少聰明靈動的靈魂因為世人的官本位思潮而受到壓抑、蒙受屈辱。

　　清朝世情小說《醉醒草》第十四回講了一個窮秀才的遭遇。秀才姓蘇，自然以科舉考試為業。妻子莫氏原本是富家千金，嫁給蘇秀才自然為了當官太太。儘管親戚都不看好丈夫，丈夫家又是赤貧，莫小姐卻鼓勵丈夫：「定要中個舉人，與我爭氣。」不想，蘇秀才考了多年，就是考不中。眼看莫小姐成了莫阿姨，姊妹們的日子都過得比自己好，社會上對丈夫越來越冷嘲熱諷，莫小姐終於爆發了。她剔起雙眉，怒罵丈夫：「人生有幾個三年！這窮怎得了！」最後，莫小姐主動拋棄蘇秀才，改嫁了一個商人。巧的是，蘇秀才在緊接著的鄉試、會試、殿試中接連高中，名列前茅。這一下，蘇秀才不再是窮酸秀才了，而是「蘇大人」、「蘇老爺」了。故鄉滿城轟動，早已不走動的七大姑八大姨連忙申明自己是新科進士蘇老爺的親戚。蘇老爺衣錦還鄉後，早已經有族叔為他尋覓了一所大房子做府邸，馬上就有兩戶人家來投靠做傭人。隨即，「就有媒人不脫門來說親，道某鄉宦小姐，才貌雙全，極有陪嫁。某財主女兒，人物齊整，情願倒貼三百兩成婚」。大叔大嫂、大街小巷都對蘇老爺滿口羨慕恭維，而拋棄蘇秀才改嫁他人的莫小姐則成了全城的笑柄，「笑莫氏平白把一個奶奶讓與人，不知誰家女人安然來受享」。莫小姐承受不了巨大的心理落差和外界輿論壓力，上吊自殺了。

　　魯迅先生在〈學界的三魂〉一文中談「官魂」時說：「中國人的官癮實在深，漢重孝廉而有埋兒刻木，宋重理學而有高帽破靴，清重帖括而有『且夫』、『然則』。總而言之，那魂靈就在做官——行官勢，擺官腔，打官話。」清朝末年人歐陽鉅源寫道：「官之位高矣，官之名貴矣，官之權大矣，官之威重矣，五尺童子皆能知之。」「士廢其讀，農廢其

耕，工廢其技，商廢其業，皆注意於『官』之一字。蓋官者有士、農、工、商之利，而無士、農、工、商之勞者也。」正是由於政府權力的氾濫，侵蝕社會其他領域，所以大學問家王國維認為在官本位思想牢不可破的情況下，讀書人「捨官之外無他好」，「夫至道德、學問、實業皆無價值，而唯官有價值」。緊接著，王國維就擔心了：如果全社會都熱衷官場，「則國勢之危險何如矣」？

第八章

惡性循環：衙門背後的規律

　　人們的職業和社會生活深受歷史規律的影響。衙門中人的職業生活則離不開「衙門定律」的左右。他們只能在衙門定律允許的、或者作用不到的空間中自如發揮。隨著時間的推移，規律性的內容會越來越多，後來的衙門中人會越來越感覺到壓抑 —— 因為古代許多衙門定律是違反人們的常識、期望甚至是道德的。

　　橫跨明清兩代的讀書人吳梅村是個學者型的文人，在明朝末期考中過榜眼，擔任過翰林。明朝滅亡後，他就成了前朝的遺民。清初，朝廷高調地徵召天下文臣，大批被徵者或自殺、或逃遁，拒絕「以身事夷」，不願意為了當官而汙了名節。但是，吳梅村則屈於壓力，應徵去北京做了清朝的官。最終，吳梅村始終在中級官職上徘徊，名聲卻一日不如一日。本來人們對他的作品評價很高，如今有人稱其詩作「不過一豔才耳」。辭官後，吳梅村也自嘆：「誤盡平生是一官，棄家容易變名難。」這裡的「誤盡平生是一官」就是一條「衙門定律」。自古以來，有多少人為了當官，屈從於各種壓力，放棄了不少原則，成了衙門定律的傀儡。要想不為衙門定律所左右，唯一的方法就是不為「官」字所吸引，與衙門和權力保持一定的距離。

第一節
「海瑞一李用清」現象

　　人們一說到古代的清官，首先想到的就是海瑞。海瑞是明朝中期著名的清官，人稱「海青天」、「海筆架」。他在當時和後代之所以能擁有如此巨大的聲望，主要得益於他為官期間廉潔自律，不畏強權。

　　我們先來說他的廉潔自律。在廉潔奉公方面，海瑞堪稱道德楷模。我們知道明朝官員的俸祿是很低的，極少有人能夠依靠俸祿生活，海瑞就是極少數人中的一個。他在衙門裡開荒種地，妻子在屋裡紡紗織布，以此維持生計。海瑞的日子過得很清苦，只有在老母親過大壽的時候才能上街買二斤肉慶祝一下。「海瑞上街買肉」，這可是浙江官場的一大爆炸性新聞 —— 當年總督胡宗憲大人就將這個新聞傳得有聲有色。海瑞在浙江淳安當知縣期間，曾經兩次往返北京出差辦公。他兩次的差旅費總共花去了 48 兩銀子，其中還包括海瑞隨行的僕人等費用。這筆錢還不夠同級官員在北京吃一頓飯的飯錢。

　　我們再來看看海瑞的剛正耿直、不畏強權。這方面的故事也很多。比如，浙江總督胡宗憲的兒子一次到淳安來玩，在驛站裡作威作福。海瑞硬是帶著人將胡公子剝光了衣服，吊在樹上打。海瑞當右僉都御史的時候，大力推行一條鞭法，強迫豪強地主歸還吞併的農民土地。為此，他不惜得罪有恩於自己的前內閣首輔徐階。海瑞耿直最著名的例子就是

257

在當戶部主事的時候，買好棺材、告別妻子、遣散僕人，以死上書，上了一條奏摺給嘉靖皇帝。在奏摺裡，海瑞指責嘉靖皇帝不理朝政、荒淫無恥、迷通道教，整天就只如道長生不老，是個不折不扣的昏君。他義正詞嚴地警告嘉靖皇帝，如果不幡然悔悟，國家就到了亡國的邊緣。據說嘉靖皇帝還沒看完海瑞的奏摺，將奏摺擲在地上，大喊讓人去抓捕海瑞，恨不得將海瑞剝皮、抽筋。

因為中國古代官場上廉潔自律、不畏強權的官員鳳毛麟角，海瑞的存在讓人們把對官員的期待、想像和其他理想的內容都附著在了他的身上，將他神化了。海瑞便成了人們心中理想的官員形象和崇拜的偶像。海瑞因此開始偏離了真實形象。在歷史上，海瑞的的確確是一個廉潔奉公、剛正清廉的道德楷模，但也有一些不太正面的作法。比如海瑞為自己和他人樹立了極高的道德標準，在行動中嚴格要求，有將這種標準絕對化、極端化的傾向。一次，海瑞的小女兒穿了一雙繡花鞋，被海瑞看到了。海瑞由此聯想到自己的女兒小小年紀就喜歡奢侈好看的東西，擔心她以後荒淫無度、不守婦道，竟由此逼死了小女兒。海瑞事母極孝，在孝道和夫妻感情之間，他選擇了前者。海瑞的母親是一個很強硬的女性，和兒媳婦關係不好。海瑞為了顧及母親的感受，竟然幾次休妻。海瑞這種極端化的道德言行，使得他在日常生活當中有些不近人情。比如，在如何懲治明朝愈演愈烈的貪汙腐敗問題上，海瑞就建議恢復明太祖朱元璋時期「剝皮實草」的做法。又比如，海瑞的這種高標準的道德言行，使得他在日常的工作當中脫離了實際的政治平臺。海瑞很少有真正的政績，後人談到海瑞實際的行政作為，主要是他在江蘇時期退還農民被兼併的土地，除此之外我們找不到其他拿得出手的顯赫政績。

按說，像海瑞這樣幾近完美，幾乎沒有毛病和把柄的道德楷模應該

在官場上能夠平步青雲。可是實際上，海瑞從一開始就是明朝官場的另類。當初，當知道海瑞要到江蘇任職的時候，江蘇地區有一半的官員申請調職、休假或者乾脆早退。海瑞的言行和思想讓下級官員覺得自己和新任的長官不是同一路人，寧願大費周折或者自斷前程也不願意在海瑞的手下為官。如此一來，海瑞到任以後實際的政治作為就可想而知了。

我們再來看看海瑞的上級是如何評價他的。嘉靖年間的內閣首輔大臣徐階一直認為海瑞是長於言論、短於實幹的「清流」。嘉靖皇帝因為海瑞上奏罵自己，要致海瑞於死地。徐階出面勸阻，說像海瑞這樣的讀書人是以直留名，您嚴屬處治海瑞，反而是成全了他的名聲。在徐階的眼裡，海瑞可以樹立成道德榜樣放在朝堂上，卻不可以讓他負責具體工作。之後，海瑞因為在江蘇的退地風潮中遭人排擠和彈劾，一度「被退休」16 年。其間，海瑞多次表達了希望復職的願望，朝野上下也一直有要讓海瑞重出江湖的呼聲。但是繼任的首輔大臣張居正始終壓制海瑞的復出。因為在張居正看來，海瑞這樣大名鼎鼎的道德楷模存在本身就有意義，但對實際政務卻是無所幫助的。

無獨有偶，清朝也有一個像海瑞一樣的官員，叫做李用清。

李用清是山西平定州人，他在同治四年（西元 1865 年）考中進士，時年 36 歲。朝考以後，李用清進入翰林院做了庶吉士，後留在翰林院當了編修。這條道路是官場正途中的正途，但是收入很低。晚清時，很多進士寧願到地方州縣去當知縣，也不願在翰林院坐冷板凳，但是李用清卻安貧樂道，整天拿著四書五經和程朱理學，他尤其對於地方掌故和土地豐瘠感興趣。為了維持生計，李用清在工作之餘還當家教，在北京城裡開課授徒，收一些學費來維持生活。其間因父親過世，李用清丁憂回鄉。北京到山西的路途有將近一千里地，李用清竟然徒步扶著父親的

靈柩返回家鄉安葬，三年丁憂期滿以後，又徒步從山西老家走回北京復職。如此「壯舉」不唯在官場中，連小老百姓也難以做到。

　　光緒三年（1877年），李用清擔任了御史。從考中進士到擔任翰林院以外的職務，李用清一共用了12年時間，不可謂不遲。李用清對御史的職位很感興趣。他認為民生疾苦、吏治腐敗等等都可以在這個職位上隨時奏明皇上，作為改革的依據。上任不久，他正好趕上山西發生大饑荒，李用清奉調參加山西賑災。他騎著一頭毛驢，遊歷了山西全省各地，不分寒暑，只帶了一個僕人隨同。對於山西各地的災情、糧食運輸的情況，李用清都一一記錄在冊。他得出的結論是：山西之所以發生大饑荒，是因為全省鴉片氾濫，老百姓追逐經濟利益，將大量的糧田改種了罌粟。李用清認為必須將罌粟田改回糧田，才能夠恢復山西農業，從根本上杜絕饑荒。為此，他找到山西巡撫曾國荃辯論。曾國荃認為，山西全省遭受了如此大荒，如果再禁煙，斷了老百姓額外的收入，可能會雪上加霜；同時其他省分鴉片氾濫，唯獨山西禁煙，結果很可能既不能減少山西鴉片的氾濫，同時斷了山西省的財政收入。所以，曾國荃將李用清的建議擱置不用。災情緩解以後，朝廷照例褒獎相關官員。李用清也在褒獎名單裡面。李用清認為自己的建議沒有被採納，將獎勵推辭不受。

　　此後，李用清的仕途進入了一個高峰期。光緒七年（1881年），李用清出任廣東惠州知府，第二年改任貴州貴西道臺。光緒九年（1883年），李用清被破格提拔為貴州布政使兼署貴州巡撫。按照清朝的慣例，道臺必須先擔任按察使才能升任布政使。李用清廉潔奉公、精明能幹的聲譽已經傳遍朝野，所以朝廷破格將李用清從道臺提拔為布政使兼代理巡撫。在貴州巡撫的任上，李用清主要做了四件事，第一件事情是充實倉儲，興辦農業；第二件事情是裁撤冗員，彈劾了一批吃空餉的軍官；第三件事情是大

力緝拿盜匪，抓捕了幾個貴州有名的大強盜、大土匪；第四件事是李用清巡遊各地，巡遊一處就召集讀書人傳經布道。貴州這個地方土地貧瘠，農業作物遠遠比不上種鴉片的收益，各地鴉片種植氾濫。貴州所產的鴉片暢銷於湖南、湖北、江西、兩廣等地。李用清到任以後，一如既往地推行禁煙政策，分割槽限定年限，強令各地剷除煙苗，杜絕鴉片。

他還親自出行，雷厲風行地推行禁煙政策。這本是一件利國利民的好事，但由於李用清操之過急，激起了部分地區民變。這一下子就被反對他的人抓住了把柄。名士李慈銘本來就看李用清不順眼，在日記中記載李用清被「御史汪鑑列糾之，且言其清操不足取，猶之馬不食脂，生性然也，都下以為笑柄」。李用清被一道諭令召回北京，重新等待分配工作。滿打滿算，李用清在貴州巡撫這個仕途顛峰上只待了兩年時間。

回到北京以後，李用清仍然痛斥鴉片禍國禍民，鼓吹禁煙。不久，他轉任陝西布政使。到任時，陝西剛剛度過一場大饑荒。李用清休養生息，積蓄力量，同時嚴厲禁煙。兩年後，朝廷向各省派款，李用清反對由陝西財政支付朝廷的額外開支。當時，陝西巡撫正和李用清過不去，就向朝廷打了一個小報告，祕密彈劾李用清。

李用清因此被召回北京，再次重新等待分配工作。當時是光緒十四年（1888 年），滿打滿算李用清又做了兩年多的陝西布政使。這次回到北京以後，李用清很有些心灰意冷的感覺，很快就辦理了病退手續，回到山西。之後十年，李用清都在晉陽書院教書，於光緒二十四年（1898 年）病逝。

以上就是李用清的個人履歷。李用清在政治上還是有主張的，與海瑞不同，他還取得了不少的政績。比如，李用清每到一處就力主禁煙，不論是在山西、貴州還是陝西，李用清都一如既往地大聲疾呼要滅絕鴉

片；李用清很講究休養生息，在理財方面很有一套，李用清接任貴州布政使時，貴州官庫裡只有白銀6萬兩，離任的時候積蓄到了16萬兩銀子；接任陝西布政使時，陝西官庫只有30萬兩白銀，到了第二年官庫存銀就超過了60萬兩。李用清每到一地就教化百姓。他為自己樹立了很高的道德標準並做到了，同時也用這種道德去要求下屬和百姓。比如，他在廣東惠州當知府期間，境內強盜多，賭博的人多，而且民間械鬥很厲害。李用清對大家推誠布公，用道德感化百姓。在他離任的時候，惠州的盜匪、賭博和私鬥現象得到了一定的遏止。

李用清履歷的第二個特點是他為官極其清廉。李用清擔任的職務，比如惠州知府、貴州布政使、陝西布政使，都是肥缺。即使一個人不貪不占，只要按照官場既定的規矩和慣例，拿他該拿的就可以富得流油。但是李用清分文不取，雖然在政績上做得有聲有色，但是他自己卻過著非常清貧的生活。據說，李用清任貴州巡撫時每天都坐在高堂上處理公務，他的夫人就坐在旁邊的小屋裡做針線活。夫人生孩子時，連個接生婆都捨不得請，結果夫人剛生下兒子就死了。李家的老僕人可憐夫人，自己掏腰包為女主人買了一口棺材。李用清嫌僕人過於破費，硬是逼僕人換了口薄的。不久，嬰兒也夭折了。僕人為嬰兒買了一口小棺材，李用清責備道：「才幾天的嬰兒，哪裡需要用這東西？」竟命僕人開啟亡妻的棺材，把兒子的屍體放進去。世人稱他是「天下儉」。（《清朝野史大觀》）根據級別，李用清正常的薪資收入也不低。但是他把薪資都用在了工作上，在很多時候出手特別「闊綽」，比如他用俸祿在貴州曾購粟六千石，在陝西購萬石，預備在饑荒的時候發放給百姓。鄭州段黃河決口，李用清捐款兩萬兩銀子。這些都令人唏噓感嘆。

遺憾的是，像李用清這樣在政治上有明確主張、有顯著成績，又為

官清廉的官員卻不容於世。李慈銘諷刺李用清，說他「一無才能，唯耐苦，惡衣食，捷足善走，蓋生長僻縣，世為農氓，本不知有人世甘美享受也」。意思是說李用清是一個超級鄉巴佬，有權不用，而且生活粗糙，根本就不知道人世間有多麼精美的享受。李慈銘是晚清時期北京城裡著名的大嘴巴。他中進士以後，長期在京城裡當京官，看不慣的事情張口就罵。他的話可能有誇張的地方，但是其他官員以及和李用清級別差不多的官員，也對李用清的廉潔奉公大不以為然，甚至彈劾他。為什麼？因為李用清這樣一位掌握巨大實權的官員卻能夠做到清廉簡樸，不正反襯出了其他官員，包括名士、顯貴們的奢侈、貪婪嗎？所以，同僚們想方設法抹黑他，一定要對他安上賣直邀名、假道行、衛道士之類的帽子。同時，李用清的很多做法，雖然在表面上是完全正當、無可非議的，卻在實踐中得罪了同僚。比如他在陝西當布政使期間，讓陝西官方庫銀一年內增長 30 多萬兩。這也就意味著這 30 多萬兩硬生生地從其他官員，甚至是上級嘴裡摳下來的。這筆錢原本是全省官員吃喝玩樂、衙門招待應酬或者修建亭臺會館的錢，是可以供官吏們「合法」享用的，如今打了水漂，大家怎麼能不恨他呢？就是朝廷下命令要各省分攤額外銀兩，上繳銀兩救援中央財政，李用清也勇於拒絕了這個不合理的要求。於是，身為一把手的陝西省巡撫能夠輕易地打小報告，把李用清排擠下去了。《清史稿》評價李用清用了八個字：「嚴於自治，勇於奉公。」

當時有個別實權人物也很器重李用清。比如光緒皇帝的老師、大學士翁同龢，又比如曾經進入軍機處的戶部尚書閻敬銘，他們都很器重李用清。但即使是有實權人物出面為李用清說話，最後也不能挽救李用清的仕途。他最後還是不光彩地退休回家，時年 59 歲。

翁同龢在日記裡面感嘆：「李用清是一個大賢人，但不容於世，這是

為什麼啊？」

　　我們可以把海瑞和李用清這樣的仕途楷模的命運歸納為中國歷史上的「海瑞－李用清現象」。造成這種現象的原因很多。比如，中國古代政治流行明暗、表裡、真假兩套遊戲規則，表面上的楷模和榜樣不一定就是現實當中的仕途勝利者，他們往往不能笑到最後。像海瑞、李用清這樣的道德楷模，在仕途上的根基是非常淺的，他們的命運決定於整個官場上的制度性安排，決定於最高統治階層的需要。在這一點上，海瑞和李用清就有不同的命運。比如，海瑞在明朝就被樹立為楷模，供人瞻仰和學習。而李用清在仕途高峰期的時候被壓制了。這是因為在明朝的時候最高統治者喜好海瑞這樣的道德楷模，希望能夠樹立道德旗幟來為自己的臉上貼金。而到了晚清的時候，整個官場已經存在著制度性腐敗、結構性腐敗，李用清已經完全不能夠融入這樣的官場文化。於是，李用清的命運就被決定了。他在當時只能是「天下笑柄」（實際上海瑞在明朝也是笑柄，但同僚們不便公開表示出來），死後默默無聞。

第二節
王朝腐敗週期律

　　腐敗問題是古代專制王朝難以根除的頑疾，和專制王朝相伴始終。但是腐敗的表現有高潮有低潮，呈現出週期規律。大致來說，一個王朝

在建立之初，政治比較清明，君臣相對廉潔，腐敗的問題並不嚴重。經過幾代人之後（往往只要兩三代），官場變得昏暗，腐敗問題層出不窮，繼而如決堤洪水一般洶湧而出。到王朝的末期，官場黑得像墨一樣，腐敗問題常態化，弄得民怨沸騰、人心盡失。王朝末日也就來臨了。

我們以清朝為例，看看這個腐敗週期的表現。順治皇帝入關的時候，清朝王公大臣們還保留著不少關外游牧民族淳厚樸實的作風，和晚清官場的貪墨胡為形成鮮明對比。有些明朝的貪官汙吏賣國求榮、歸順清朝，結果在明朝沒有遭到懲處，卻在清朝因為貪汙而遭嚴懲。儘管他們對滿族人來說立有大功，也不能免罪。順治十年（1653年），順治親自對朝野官員進行大範圍的考核，共有969名官員因為違法違紀問題受到了革職、降調、致仕的處理。此後，朝廷對官員三年一大計定為制度。

康熙年間，天下開始欣欣向榮，國庫開始充盈，但朝廷繼續保持相對廉潔。當時的宮廷人員只有明朝的 1/20～1/10，花費只及明朝的 1/8，廷苑規模只有明朝的 3/10。康熙年間還出現了于成龍這樣堪比海瑞的一代廉吏、萬古楷模。接下去的雍正年間，腐敗問題有所抬頭，但雍正皇帝雷厲風行，嚴刑峻法，自上而下對腐敗保持高壓。他處罰了上至親兄弟下至地方胥吏的腐敗分子。因此，腐敗勢力在清朝康雍乾盛世的前期，還不敢公開抬頭。

乾隆時期，腐敗現象走出谷底，開始強勁上揚。乾隆四十年（1775年）以後，腐敗公行，「州縣有所營求，即有所饋送，往往以缺分之繁簡，分賄賂之等差。此等贓私初非州縣家財，直以國帑為貪緣之具。上官既甘其餌，明知之而不能問，且受其挾制，無可如何」。官場已經和市場無異，政務也變異為了商品。進入嘉慶、道光時期，官吏的腐敗墮

落呈惡性膨脹之勢。上至王公大臣，下至細微吏員，翫忽馭守、敷衍怠政，「歲久相沿，幾成積習」。千里來做官，只為吃和穿，官場一切公事，點綴了事。就連御林軍官兵都「三五成群，手提雀籠雀架，終日閒遊，甚或相聚賭博」。如果遇到點名或者糾察，他們就說是在「巡城披甲」，其實他們連營房在哪裡都不知道，真正在營房待著的都是他們花錢僱來頂替當兵的窮人。

咸豐時代以後，清朝加速度腐敗，百姓怨聲載道。天地會在告示中稱：「照得天下貪官甚於強盜，衙門汙吏無異虎狼。」「民之財盡矣！民之苦極矣！」太平軍頒布的檄文則說：「滿洲又縱貪官汙吏布滿天下，使剝民脂民膏，士女皆哭泣道路。」「官以賄得，刑以錢免，富兒當權，豪傑絕望。」腐敗問題放大了其他社會矛盾，對晚清亂象推波助瀾，要為清朝的滅亡和晚清中國的沉淪負很大的責任。

這樣的「腐敗週期律」不只存在清朝，放到其他朝代也同樣有效。

在王朝建立之初，新政權的君臣們對前朝覆滅的教訓記憶猶新。他們親身經歷了前一個朝代的覆滅過程，或深受其害，或是前一個政權的背叛者。因此，他們對腐敗問題和人亡政息的關係有深刻認知，對個人操守很堅持，加上社會剛走出混亂，百廢待興，他們的進取心也比較足。所以，王朝在建立初期往往比較清明，君臣比較廉潔。

比如明太祖朱元璋對貪官汙吏恨之入骨，剝皮抽筋、誅滅滿門的事情都做得出來。為什麼？因為他親眼看著自己的父母遭受元朝貪官汙吏的剝削迫害，小小年紀就經歷了家破人亡的悲劇。父母死後連包裹屍體的破草蓆都沒有，還是幼小的朱元璋和哥哥拖著雙親屍體去荒郊野地埋葬的。此後，朱元璋當小沙彌、做乞丐、扭槍造反，真正是苦大仇深，和貪官汙吏有不共戴天之仇。所以，老朱當了皇帝以後，一接到某某人

貪汙某某人枉法的報告，很可能就聯想到童年欺負自己的元朝的張三李四，聯想到父母雙親的悲慘結局。

貪官汙吏在朱元璋時期還會有好日子過嗎？而明初的大臣徐達、常遇春、劉伯溫等人，又有哪個不是從元朝末期的黑暗中走出來的？

遺憾的是，這種仇恨會隨著老一輩人的逝去而消失，進取心也會在安逸中被消磨殆盡。清朝定鼎中原的實際主持人、攝政王多爾袞曾一針見血地指出：「明國之所以傾覆者，皆由內外部院官吏，賄賂公行，功過不明，是非不辨。凡用官員，有財之人雖不肖亦得進，無財之人雖賢亦不得用，所以賢者皆抱恨隱淪，不賢者多夤緣幸進……亂政壞國皆始於此，罪亦莫大於此。」這樣的認知，清朝的末代攝政王載灃是萬萬沒有的。就是清朝中期的曹振鏞，歷事三朝，也只有「多磕頭少說話」的認知。

《紅樓夢》裡的賈政在賈家敗落後感嘆：「子孫們不孝，將老祖宗流血流汗賺下的兩個世職給丟了！」不知道他有沒有想過，賈家的老祖宗流血流汗，要推翻的正是自己子孫這樣的人。仗著祖輩的福蔭作威作福、荒淫無恥，才是他們真正的不孝。

而且在君主專制政體下，皇帝掌握著最高權力，居於權力金字塔的頂端。條條權力線索、不同的官僚系統，最後都要歸結到皇帝那裡。中國歷史上，君主專制的程度越來越高。到清朝，相當於丞相的軍機大臣們都只能跪著記錄皇帝的旨意了，皇上由此實現了絕對的獨裁，想怎麼做就怎麼做，說什麼就是什麼。因此，皇帝個人的優劣關係到整體政治的好壞，也是政治清廉與否的重要因素。

同時，皇帝也是貪贓枉法最大的受害者。官吏貪汙的公款說到底是皇帝腰包裡的，胡作非為敗壞的是皇帝的聖旨律法，無所作為則是將皇

上的諄諄教諭當做耳邊風，分明是把皇帝當做買單的冤大頭和可有可無的擺設嘛！更可氣的是，貪官汙吏們腐敗的惡果卻要皇帝來承擔：國庫被掏空了，民心被弄丟了，政務被敗壞了，最後皇上的江山也危險了。官吏們可以棄暗投明，另覓高枝，繼續做他的官吃他的肉，皇帝可沒法跳槽，只能像崇禎皇帝那樣找棵歪脖子樹上吊了。所以，皇帝比任何人都有反腐肅貪的動力和要求。

　　在實際運作中，權力越大皇帝就越辛苦。高度專制的君主政體對皇帝能力提出了極高的要求。首先，皇帝要具備崇高的職業道德。因為他要日理萬機，每天翻閱如山般的奏摺和檔案。從漢武帝開始，每天就有太監不斷地把竹簡抬過來給他批閱，到雍正皇帝時雖然竹簡改為紙張了，雍正皇帝每天還是要挑燈夜戰批閱檔案，只能在凌晨的時候睡幾個小時而已。要知道，每天面對文山案牘是非常枯燥無聊的工作，沒有超強意志力和職業道德的人是接受不了這份終身職業的。比如明朝的正德皇帝就為要不要按時上班和開會，和大臣們鬧了一輩子的矛盾；而萬曆皇帝則乾脆拒絕履行皇帝職責，躲進深宮幾十年不出來。其次，皇帝要有健壯的身體和極強的能力。他既然不斷地把權力集中到自己身上，就要承擔越來越多人的工作量。皇帝要承受高強度的工作 —— 而且是終身的，一天都不能停止；還要在紛繁複雜的危機、難題、抱怨、告狀、申訴、邀功和雞毛蒜皮中發現真相，分清輕重緩急，做出正確的決策。這份工作，真不是一般人能做得了的。

　　開國皇帝們總是能較好地完成工作任務。西漢的劉邦、東漢的劉秀、唐朝的李淵李世民父子、北宋的趙匡胤、清朝的努爾哈赤皇太極父子，又有誰不是真刀真槍在社會動盪中殺上來的？他們工作經驗豐富，能力經過了你死我活的生死考驗，而且對自己親手奠定的江山都很珍

惜，所以做起事來雖然有難度，壓力大，也不會抱怨，更不會逃避。但即便是像朱元璋那樣的工作狂，也不能根絕腐敗，在晚年還感嘆為什麼貪官汙吏們像韭菜一樣割掉了一把馬上冒出新的一把來。那我們又怎麼能奢望朱元璋那些出生在溫柔富貴鄉中，成長於深宮婦人纖纖玉手的子孫後代們會更加盡職，做得更好呢？正德皇帝會比朱元璋更明白市井人情和人心險惡嗎？萬曆皇帝會像朱元璋那樣勤勤懇懇、兢兢業業嗎？崇禎皇帝會有朱元璋那樣的人生經歷，對腐敗恨之入骨嗎？不會。因此，皇帝反腐倡廉的能力一代不如一代，腐敗的環境也越來越寬鬆。

歷朝歷代無論什麼樣的信仰，無論什麼內容的政策方針，都需要官僚系統來落實，來執行。在王朝建立之初，草創的政府機構規模還小，官吏人數也不多，加上信仰尚在、皇帝出色，官僚系統的腐敗並不突出。過幾代人之後，官僚系統枝繁葉茂、盤根錯節，很容易背離了應有的宗旨，發展出獨立的邏輯。那是一套保守、中庸的邏輯，以自私求利為目的。於是，官僚系統的部門利益超過皇帝利益和百姓利益，也超越了整個政治體制的利益。最可怕的是，隨著機構與人員的膨脹，官僚系統獨立的邏輯會不斷強化，整個系統會越來越強大。明朝嘉靖皇帝即位時，內閣首輔楊廷和藉新皇帝登基之際，用登基詔書的形式裁撤編制外人員 14.87 萬人，僅口糧一項每年就可為朝廷節省漕糧 153.2 萬石。應該說這是一件利國利民的好事，卻遭到了官僚系統的激烈反對。此後楊廷和上下班都要由嘉靖皇帝特旨派遣的上百名禁軍團團護衛，否則有生命危險。因為裁員不僅直接損害被裁撤掉的官吏的切身利益，而且損害了與之相關聯的圈子、部門的利益，多少人的生計和發展、多少部門的面子和權力都寄託在上面啊！他們哪能善罷甘休，還不把楊廷和視作頭號仇敵，必欲除之而後快。不斷有人將楊廷和的黑歷史送到嘉靖皇帝的案

頭，甚至朝楊家射箭、埋伏在楊廷和上朝的必經之路旁行刺。最終，楊廷和在強大的官僚系統面前敗下陣來。

嘉慶初年，被官場斥為「迂腐」而遭流放的洪亮吉把官員分成模稜、軟弱、鑽營、苟且四種類型。他說：「人才至今日消磨殆盡矣。以模稜為曉事，以軟弱為良圖，以鑽營為取進之階，以苟且為服官之計。由此道者，無不各得其所欲而去，衣缽相承，牢結而不可解。」這樣的官場風氣，使得各級官吏將公事視同虛設，放膽貪贓、胡來和無所作為。比如清朝中後期，軍隊極端腐敗。軍官們的腐敗手段遠比不上直接管理百姓、負責財政和司法的文官們廣泛，可是他們依然創造出了五花八門的搜刮手段，吃空額、克兵餉、冒功請賞、參與走私、販賣鴉片等等。大小軍官「全不以軍務為事」、「寡廉鮮恥，營私肥己」，部隊中官兵關係緊張、派系林立、紀律漫散、操演廢弛，以至出現水兵不識水性，騎兵沒有馬的怪事。就是這樣的軍隊，清朝一直整頓不得，更是裁撤不得。

乾隆年間，甘肅賑災案爆發，牽扯出集體腐敗的甘肅官場。其中僅布政使王亶望一人即貪汙白銀三百餘萬兩。若依法辦事，甘肅府道以上官員要為之一空。這顯然在實踐中難以操作，乾隆不得不從寬處理，法外開恩，沒有將甘肅官員全部拿下。即便如此，仍有 56 名甘肅官員被殺，46 人免死發遣，革職、降調、罰賠的官員更是不少。在這裡，官僚系統的集體腐敗也產生了強大的力量，讓執法者投鼠忌器，不敢依法辦事。那個王亶望是捐納做的官，乾隆皇帝意識到「納資授官，本非善政」。他的孫子道光皇帝也感嘆：「捐班我總不放心，彼等將本求利，其心可知。」「他們素不讀書，將本求利，廉之一字，誠有難言。」可是祖孫兩皇帝就是不能廢除捐官。到了八國聯軍把北京給占了，光緒皇帝才痛下決心，以上諭形式明確嚴禁全國捐納實官。因為捐納涉及地方和

中央的關係、官府財政收入、人情網絡等等，一直到清朝滅亡，捐納行為始終存在。各級官府用倒填日期、特事特辦、保舉推薦或者讓襁褓中的嬰孩「掛名當官」等長大後再上任等方式，一直在賣官。

一個王朝在初期建立的許多制度，到了中後期看來，彷彿就是天方夜譚。比如順治對官員的三年大計，到乾隆以後就流於形式，成了相互恭維的過場。順治皇帝一次性免去 969 名官員頂戴的「壯舉」，到後期變為一個傳說。再比如，順治皇帝曾在西元 1659 年下令：

「今後貪官贓至十兩者，免其籍沒，責四十板流徙席北地方。」「衙役犯贓一兩以上者流徙。」官員貪汙 10 兩就抄家，衙役貪汙 1 兩就流放，按照這個標準，清朝中後期吃一頓飯就要幾十兩銀子，告別時候互贈上百兩「別敬」，每年夏天和冬天地方送幾千兩「冰敬」、「炭敬」給中央各部委的官場，人人都得抄家，就算就地斬首也不違反順治的規定。好在，官員們大可放心，沒有人將順治的「祖制」當回事了。明朝也有類似的例子，海瑞提議恢復朱元璋時期將貪官剝皮，填上乾草做成人皮木乃伊的做法，將一具具人皮放在衙門裡，讓後任官員們天天和人皮一起辦公。這個提議遭到了上上下下一致反對，大家異口同聲說：「這是苛政，我們文明人怎麼能這麼做呢！」可是他們忘記了，這可是太祖武德皇帝定的「祖制」啊！

上面的例子可能有點極端。不過順治曾規定御史奉差之後「不見客，不收書，不用投充書吏，不赴宴會餽送」，以杜絕腐敗。這應該說是可以做到的規定，但如果後代御史不進行人際交往，不用書吏，事事都親力親為，猜想沒幾天就被人拉下臺了。這就是王朝腐敗週期律的作用。

第三節
清官崇拜

　　中國社會有「清官崇拜」的傳統。古代社會不斷湧現呼喚清官的聲音，時常出現萬人空巷揮淚別清官的壯舉，更有百人扶棺、萬人送葬的場面。老百姓們毫不吝嗇地將許多美好的詞彙堆砌在清官身上，比如「青天大老爺」、「再生父母」、「天地之間有桿秤⋯⋯你就是那定盤的星」（〈清官謠〉）等等。

　　呼求清官，恰恰說明他的稀缺，反襯出貪腐行為在古代普遍存在。在人治和缺乏制衡的政治體制下，十官九貪，貪腐是普遍現象。腐敗是官場的常態，是官員群體理性而無奈的選擇。清官的出現，在理論上和實踐中，都是低機率事件。

　　清官崇拜表明古代老百姓缺乏表達訴求、維護權益的管道，只能寄希望於第三者（清官）來維護自身利益。假設一個農民，遭到惡霸欺凌後，能夠透過順暢而廉價的正常訴訟挽回權益，他就不需要去向「青天大老爺」跪下磕頭，求他為自己做主了。正是因為老百姓沒法發聲，正是因為擊鼓鳴不了冤，所以他們才需要第三者來替自己做主。

　　中國歷史上的多數清官，就是普通百姓在不斷的呼喚、傳說和想像中創造出來的。某些有過一兩件利民善舉的官員，經過老百姓口耳相傳，一兩件善舉被無限放大，清官大老爺的形象就被塑造出來了。老百

姓根據道聽塗說的一兩件善舉，不斷往官員身上貼金，最後導致官員的形象既高大又完美。而官僚階層也需要樹立清官來為本階層喝采、證明現行體制的種種優點，於是大力挖掘典範、表彰清官，粉飾現實，以維護統治。清官熱，是不可取的。事實上，清官遠非是「那定盤的星」，甚至不一定是好東西。

首先，清廉與否只是為官從政的一個方面，不能以偏概全，以此來衡量官員全面表現。

清廉僅僅是官員群體應該具備的基本要求，此外還有能力、膽略、眼界、大局等等；清廉是古代官員道德考核的一部分，而錢糧稅賦的徵收、司法刑獄的判決更重要，後者與老百姓的切身利益更相關。一個務實能幹、手腕高超、顧全大局的父母官比一個清正廉潔卻能力平庸或者刻薄惱人的父母官更符合老百姓的利益。

《金文最》卷 73 邊元忠〈西京副留守李公德政碑〉將官吏的能力要求分為四類：「吏有不為利回，不為義疚，世稱曰廉。才足以經濟，智足以決斷，世稱曰能。奉法遵職，履正奉公，世稱曰循。明國家之大體，通古今之時務，世稱曰良。」可見，清官只占據了其中的一兩項要求，比如「廉」或「循」，談不上是一個全面合格的官員。而政治實踐需要全面合格、善於把握複雜局面的官吏，而非偏於某一方面的清官。例如在文官集團勢力強大的明朝，一方面官員保持了傳統士大夫風骨，出現了許多正直剛強、清廉自詡的官員，比如海瑞，比如晚期耿直的東林黨人等；但另一方面，明朝官僚機構又以低效和無能出名。

中國歷史上有三大「青天」，分別是北宋的包青天包拯、明朝的海青天海瑞、清朝的施青天施世綸。我們且來看看這三位的實際政治作為。在《宋史》裡，有關包拯判案的紀錄只有一條。說包拯在做天長縣知縣

的時候，一戶人家的耕牛的舌頭不知道被誰割了。包拯就讓原告殺牛，引出與他有仇的真凶來。其他的紀錄是包拯的履歷、言論和他人的評價，可以看出包拯個性強烈，說得好聽是銳意創新，說難聽點是特立獨行。包拯一不怕權貴，二為民申冤，使得「貴戚宦官為之斂手，聞者皆憚之」，包拯的人緣很不好。包拯有時甚至不顧規定和禮節，當面質問宰相或其他大臣，弄得同僚們下不了臺。這樣的清官和官場太不合群了。宋仁宗評價他：「忠鯁之言，固苦口而逆耳，蓋有所益也，設或無益，亦無所害又何必拒而責之。」也就是說，在皇帝看來，包青天是「無害」的卻不一定是「有益」的官員。包拯的一生總算沒有受到迫害，死時還追授了一個禮部尚書。

明朝的海瑞比包拯更「清」，更「正」，也更不合群，人緣差到同僚都對他敬而遠之。他被斥退後，民間一直呼籲海青天東山再起，後來連官員群體也紛紛要求海瑞復出了。但是掌權的張居正卻對海青天不理會，一再不允。他說：「應多用循吏，少用清流。」

在張居正看來，海瑞固然清廉，固然公正，但輕率躁進、清高孤立，不適合操作實際政務。而萬曆皇帝則直接斥責海瑞「迂憨」。

結果，海瑞雖然復出了，也是被當作典型和花瓶樹立在那裡。

無獨有偶，施青天施世綸在康熙四十年得到了皇帝類似的評價。康熙皇帝在上諭中評價他：「施世綸朕深知之。其操守果廉，但遇事偏執：百姓與生員訟，彼必護庇百姓；生員與縉紳訟，彼必護庇生員。夫處事唯求得中，豈可偏私？如施世綸者，委以錢穀之事，則相宜耳。」施世綸個人操守沒問題，不貪汙不腐化，但是遇事偏執。康熙皇帝覺得這樣的人最好去管錢穀糧草（因為廉潔），不適合做司法工作（辦事偏執，不守法）。

其次，將希望寄託在清官身上，就是將希望寄託在「人治」之上。清官做主的本質還是專制。

百姓們津津樂道的清官審判到底是一種什麼樣的情形呢？「毫無法理意識的『青天大老爺』動不動就來個『五經斷獄』。斷得好的，則天理、國法、人情、良心俱在其中；斷得不好的，則來他個『和尚打傘』，無法（髮）無天，滿口革命大道理，事實上連最起碼的邏輯也沒有了。」「『清官』判案所主要依據的不是法律，而是道德，即使運用法律，也是一種道德化了的法律。他們重結果，不重推理。」（趙海永：〈論清官文化對我國憲政文化產生與發展的阻礙〉）於是，包拯也好，海瑞也好，施世綸也好，都是根據自己的道德判斷和政治考慮判案，沒有一個人依法辦事，而是依「己」辦事。這是典型的「人治」。

對於審案，海瑞自述奉行以下的理念：「凡訟之可疑者，與其屈兄，寧屈其弟；與其屈叔伯，寧屈其姪；與其屈貧民，寧屈富民；與其屈愚直，寧屈刁頑。事在爭產業，與其屈小民，寧屈鄉宦，以救弊也。事在爭言貌，與其屈鄉宦，寧屈小民，以存體也。」他的審案標準以保護弱者為準，而不去遵循法律的規定，是「非法」的。如果貧民和富戶去訴訟，海瑞難辨是非，就判貧民獲勝。尤其是涉及財產糾紛時，海瑞寧願委屈富戶讓貧民得利。因為富戶少了點財富沒事，而貧民本來就沒錢，再失去財物就可能會淪為流民或者鋌而走險。如此看來，海瑞很有劫富濟貧、保護弱勢群體的意思。但是，如果叔姪或者兄弟訴訟，為了維護封建倫理，海瑞會判姪子、弟弟輸官司。當案子涉及儒家倫理和社會秩序，海瑞馬上轉到官宦紳士的角度上，判「小民」輸官司。這樣看來，海瑞又是弱勢群體的敵人，站到了普通百姓的對立面。為什麼海瑞的審案原則如此混亂？仔細分析，他的原則只有一點：維護王朝統治。

如果只是財富等低階案子，海瑞會照顧普通百姓和弱者，旨在維護社會穩定；如果是涉及封建綱常倫理的案子，海瑞馬上站在官宦統治階層立場上，打壓普通百姓了。不管怎麼說，海瑞都不是一個依法辦事的好法官，更不總是平民百姓的保護神。

宋朝張乖崖也是個「清官」。他當崇陽縣令時看到一個小吏自庫房中出來。張乖崖看到小吏的鬢巾下有一枚銅錢，上前詰問，果然是庫房中的錢。張乖崖大怒，下命杖責小吏。小吏勃然大怒說：

「一枚銅板何足道哉，竟然要杖打我？你能杖我，不能斬我！」張乖崖更憤怒了，提筆宣判：「一日一錢，千日一千，繩鋸木斷，水滴石穿。」他把劍下階，竟然親手將小吏斬首。崇陽人至今思念這個清官，因為百姓痛恨貪汙公款的官吏，認為懲罰越嚴厲越好，殺得越乾淨越好。但法律肯定規定了多少的金額才搆得上殺頭的標準。張乖崖也是知道的，所以採用假設該名小吏每天貪汙一枚銅板，積少成多的方法，將他斬首。這是不是涉嫌在找藉口殺人呢？

張乖崖的行為符合民間的心理。老百姓們世世代代都會傳頌海瑞、張乖崖們的壯舉。因為老百姓覺得清官們是和黑暗體制英勇鬥爭的英雄，是為民請命、為民父母的大好人。表面上，清官的確是和腐敗的現實鬥爭，但實質上，他們卻是黑暗現實和現行體制的維護者。他們反貪汙腐敗的同僚、對嫌疑犯毫不手軟，可是他們沒有觸及產生貪汙腐敗的體制；他們勇於痛斥黑暗的現實、在揭露傷疤方面毫不留情，可是他們並沒有深入現實的問題、不去挖掘病因。相反，他們迷信、追隨已經出問題的現行體制。他們以修補現實的出發點，期盼在現行體制的範圍內進行糾正。比如海瑞，雖然上表痛罵嘉靖皇帝，把昏君的種種錯誤一一揭露，但他的立足點卻是懇請嘉靖皇帝「幡然醒悟」，按照聖賢的標準做

一個好皇帝。所以說，海瑞們僅僅是現實的善意批評者，不是破壞者，更不是造反者。他們勇敢維護的，是對老百姓已經造成傷害的、專制的官僚體制，再者，清官崇拜的熱潮可能助長、擴大一些清官人治的惡果，導致「清官亂政」的後果。

清官會「亂政」嗎？在老百姓心裡，亂政的都是貪官、惡官。清官即便平庸偏執，起碼也是宋仁宗評價包拯的那樣「無害」，怎麼會「有害」呢？不然。清代劉鶚在《老殘遊記》裡指出：「贓官可恨，人人知之。清官尤可恨，人多不知。蓋贓官自知有病，不敢公然為非，清官則自以為不要錢，何所不可？剛愎自用，小則殺人，大則誤國，吾人親目所睹，不知凡幾矣。」他還聲言：「歷來小說皆揭贓官之惡，有揭清官之惡者自《老殘遊記》始。」

《老殘遊記》塑造了兩個典型的「清官」形象 —— 玉賢、剛弼。玉賢是山東曹州知府，為官清廉，將曹州治理得「路不拾遺、夜不閉戶」。他是怎麼做到的呢？玉賢上任後，在曹州一個人說了算，實行強權專制。他動用軍警衙役濫殺無辜，不惜製造冤案壓制輿論，曹州百姓無論善惡都噤若寒蟬。從表面看起來，曹州做到了一片太平景象，秩序井然。但這符合老百姓的利益嗎，是老百姓希望的生活嗎？

剛弼是個「清廉得格登登的」青天大老爺，不要錢、不受賄，名聲在外。一次，魏家向他行賄，想辦件小事。剛弼想當然地以為「行賄便是有罪」，於是嚴刑拷問魏家的人，最後魏夫人熬刑不過，供認出了一樁謀害十三人命的「驚天大案」來。剛弼做官行事大多如此，一味臆測斷案，用刑嚴酷，枉殺了很多好人。這樣的清官，不要也罷。

剛弼是「剛愎」的諧音，想必不是實指。但玉賢在清末是有歷史原型的，就是曾經擔任曹州知府、後來升任山東巡撫、在義和團運動中闖

下大禍的毓賢。

　　毓賢，內務府漢軍正黃旗出身，捐了一命同知身分，並很快得到了實缺，先後擔任曹州知府、山東按察使、山東巡撫、山西巡撫。毓賢在清末黑暗的官場上提出著名的「三不主義」：不要錢，不要官，不要命。他身體力行，即便做到了封疆大吏，也不為自己考慮，滿屋破爛，沒一件像樣的東西。毓賢完全擔得起「清官」的稱號。那麼，他在政治上如何作為呢？

　　許指嚴在《十葉野聞》中有專門的一節〈毓屠戶〉，對他有一段極為精到的評論：「清季之酷吏，當以毓賢為舉首。跡其生平，無他能，前半生殃民，後半世召侮。」毓賢任山東曹州知府時，以「善治盜」著稱。他的「善治盜」，就是「亂世用重典」，搞嚴刑峻法、濫殺無辜那一套。毓賢「殺民如殺賊」、「割頭如割草」，而且發明了許多酷刑，虐殺百姓。譬如打杖條、打板子、軋槓子、跑鐵鏈子、跪鐵蒺藜、站鐵鏊、氣蛤蟆等等。其中，毓賢最令人髮指的一大發明是「站籠」。《十葉野聞》描述「站籠」：「命木工製大木籠四，高及肩，囊其身於籠，而以木環圍鎖其頸，植木其中，足下初置磚，漸抽去。弱者半日、強者一日夜死矣。」

　　胡適在為《老殘遊記》作序時，專門評價了玉賢（毓賢）這個人物，說他生前做了兩件事情：前半生「虐民」，後半生「招侮」。原來，毓賢盲目仇外、色厲內荏，在近代中外激烈碰撞的背景下，思想僵化保守，無端仇視外國事務。山東是義和團運動的重點區域，時任巡撫的毓賢深信義和團那一套「神功」，幻想藉助義和團的力量滅絕洋教、殺盡洋人，肋長了局勢的混亂。最終，不僅是在列強眼中，毓賢是義和團運動的元凶，就是在朝野官吏眼中，毓賢也是「庚子之辱」的罪魁禍首。

　　如此看來，對那些既清廉又務實能幹的官員，老百姓可以稱頌他

們，支持他們進行體制內的變革，藉助他們維護權益；對於那些只是清廉卻庸庸碌碌的官員，老百姓可以肯定他們的清廉；但對於那些徒有清廉之名卻剛愎偏執，藉清名來胡作非為的官員，老百姓要像對待貪官汙吏那樣警惕、反對他們。

第四節
虛名、浮利皆可拋

城外土饅頭，餡草在城裡。

一人吃一個，莫嫌沒滋味。

不是每個人都能接受唐朝王梵志的詩。比如讀這首無題詩，一股悲涼、冷酷的感覺撲面而來。我想，王梵志極可能是一個刻薄、直接和無情的人，用直白得不能再直白的話，去除矯飾和偽善，將人世的本質赤裸裸地呈現出來。這樣的人，生前注定過得相當孤寂，死後也不能獲得多少認同。

在草長鶯飛的二月天或者果實纍纍的金秋，當人們沉醉在「此曲只應天上有」或者「共君一醉一陶然」中的時候，王梵志突然大煞風景地提到了城外的土饅頭。這土饅頭，就是墳墓。新墳舊墳都孤獨地散落在荒郊野外，一年難得被看上幾瞥。饅頭餡自然就是在城裡的人，誰都逃離不了入住土饅頭的命運。城裡城外，生死兩個世界。「一人吃一個」的

大白話再次強調死亡是必然的，誰死了都只有一個土饅頭。如果你想要多占幾個土饅頭，恐怕就要分屍了。

城裡的繁花似錦和城外的孤寂無聞，生前的披金戴銀和死後人人平等的一穴黃土，形成了鮮明的對比。最後，王梵志用訓誡的口吻告訴讀者：生死如此無情冷酷，你還別嫌沒有滋味！

「人生似幻化，終當歸空無。」人生的一切最後歸於一個土饅頭，歸於「空無」。榮華富貴到頭來還是灰飛煙滅，一抔黃土掩風流。秦始皇13歲繼承王位後就開始修建自己的陵墓，徵調幾十萬人修了幾十年，當時有民謠說：「運石甘泉口，渭水為不流。千人歌，萬人鉤，運石堆積如山阜。」他修成的秦始皇陵可能是史上最大的土饅頭，不過秦始皇他個人能占多少位置？還不是一個土饅頭的位置。而且秦始皇還為此背上了千古罵名。如今我們從外面看，那個碩大的土饅頭和關中平原的小土山沒有分別，如果沒有專門的指示，後人都不知道此地埋葬著秦始皇。秦始皇如此，其他人也是如此。

我特意搜尋了作者王梵志的介紹，內容很少，大致都是說王梵志從小被人在野地裡收養，不是孤兒就是棄嬰，長大後沒見他接受正規教育的介紹，可能是自學成才的，然後就是出家為僧，最終被人稱為「詩僧」。在文人交往應酬頻繁的唐朝，王梵志沒留下和他人唱和的紀錄，印證了他這樣性格的人往往人緣不太好。人們可以不喜歡王梵志的詩，卻不能否認他揭露的事實。人們可以把頭扭到一邊，漠視他的創作，但是不能逃脫他揭露的自然規律的無情作用。逐漸地，有人從最初的排斥轉變為接受，進而變為冷靜的追隨。宋代范成大就把王梵志的這首詩和他的另一首詩「世無百年人，強作千年調。打鐵作門限，鬼見拍手笑」的詩意鑄為一聯：「縱有千年鐵門檻，終須一個土饅頭。」

　　「縱有千年鐵門檻，終須一個土饅頭。」這聯概括得好，即便你能長命百歲，能活到千百歲，推而廣之，即便你一手遮天，享盡人間種種好處，最終還是要進土饅頭的。和那些公平公正、無法抗拒的自然規律一樣，人生終須一個土饅頭是人生的一大鐵律。這條鐵律，地位越高、既得利益越多的人可能越難以接受。

　　熱播劇《鐵齒銅牙紀曉嵐》中，紀曉嵐告訴和珅：「人生不過就是一個土饅頭，和大人就是饅頭餡。」這句大實話，讓和珅暴跳如雷。我大權在握，正享著榮華富貴，憑什麼咒我死，而且還把我和那些「失敗者」、貧戶、乞丐相提並論！這是得意者的通病。和珅權盛之時，朝野官員以入都謁見和中堂為榮。山東歷城縣令來北京，也想見上和珅一面，回去好向同僚誇耀。於是，他用 1,000 兩銀子（相當於他縣令 20 多年的薪資收入，相當於和珅 5 年多的薪資收入）賄賂了和府的看門人，在和珅回府的時候長跪在門前，把寫著姓名官職的名帖高高舉起，就希望和珅能夠看一眼。不料和珅坐在轎子裡屁股都不動一下，喝斥道：「縣令是何蟲豸，也來叩見我！」鼎盛時期的和珅如此張狂，等到嘉慶皇帝即位終被羅織了「二十大罪」，賜令自盡。據說「和胖子」在自盡前突然文采飛揚起來，寫了一首〈絕命詩〉，開頭就是：「五十年來夢幻真，今朝撒手謝紅塵。」早知如此，你和珅當初還費盡心思爭權奪利、黨同伐異和貪贓枉法幹什麼？類似「遲到的領悟」還發生在西晉末年的石崇身上。石崇就是那個參加西晉達官顯貴「鬥富大賽」的優勝者，家裡用蠟燭燒水，出門用絲綢裝飾道路，最終被亂兵殺於東市。臨死前他說：「你們這些人，還不是為了貪我的錢財！」兵爺反問他：「你既知道人為財死，為什麼不早些把家財散了，做點好事？」如今，和珅也好，石崇也罷，又有誰知道他們在哪個土饅頭裡呢？一句話，當權者在得意之時，如果早些領悟

到土饅頭鐵律，早做準備，也不至於落得最後的悲慘下場。

　　對於那些痴迷不悟的成功者，同是唐代詩人的沈佺期的〈邙山〉可能更有針對性：

　　　　北邙山上列墳塋，

　　　　城中日夕歌鐘起，

　　　　萬古千秋對洛城。

　　　　山上唯聞松柏聲。

　　邙山位於洛陽城北，依山傍水，是權力核心附近的天然風水寶地。從東周開始，洛陽城裡的達官顯貴就在此下葬，慢慢地「葬在邙山」成了一種身分地位的象徵，外地的官員也爭著要葬到洛陽來。到唐朝時邙山墳塋之多，密密匝匝，底下還有層層疊疊的舊朝古時的墳墓，新墳壓著舊墳。用當地老百姓的話說是「邙山無臥牛之地」，用文雅的詩詞說是「北邙山上無閒土，盡是洛陽人舊墓」。本詩的第一句「北邙山上列墳塋，萬古千秋對洛城」說的就是此情此景。「城中日夕歌鐘起」，城內的達官貴人還在歡歌豔舞，紙醉金迷；「山上唯聞松柏聲」，邙山上稀稀疏疏的松柏發出淒涼蕭索的風聲，似乎是死去的達官顯貴在召喚後來者。這又和城內形成了尖銳的對比。沈佺期在這首詩裡要表達的意思就是王梵志的土饅頭鐵律，不過他的詩專門針對達官顯貴而寫，寫得文雅了些，也多了一層委婉。

　　沈佺期是初唐著名的宮廷詩人，寫了許多拍馬屁和官場應酬的詩歌，但後人公認寫得最好的，卻是這首生前不被看好的〈邙山〉。

　　也許是他看慣了富貴場的興衰沉浮，對人生深有感悟，悟出了土饅

頭鐵律。也只有這樣的作品，才能流傳開來。

　　李白也有詩云：「吳宮花草埋幽徑，晉代衣冠成古丘。」劉禹錫則說：「舊時王謝堂前燕，飛入尋常百姓家。」在浩渺的時空面前，個人追求的名利顯得多麼虛無。尤其是死亡即將降臨的時候，人們往往會懊悔之前費盡千辛萬苦爭奪的那一丁點利益、一絲毫的虛名是多麼不值，浪費了大把的光陰，而人生還有太多的遺憾。「人命至重，有貴千金。」那些陰謀陽謀，那些睚眥必報，和寶貴的人生相比是那麼不值。八王之亂時，齊王司馬同執政，江南吳中人張翰被召為大司馬東曹掾。當時王室爭權，張翰厭惡官場名利，思念「秋風起兮木葉飛，吳江水兮鱸正肥。三千里兮家未歸，恨難禁兮仰天悲」，便辭官回鄉享受「蓴羹」、鱸魚去了。相信多數人內心都有「蓴鱸之思」，同時卻過著張翰那樣身不由己的生活。當然，我們不能都學張翰掛冠而去，但可以在日常生活中盡可能地拋棄虛名和浮利，真正聽從內心的呼喚，認真過好自己的人生。

　　當我們心煩氣躁的時候，當我們對生活失去方向的時候，不妨抬頭望望城外的公墓，或者低頭翻看報刊上的訃告，然後詢問自己內心真正想要什麼，是自然從容又豐富的人生，還是暴戾恣睢、唯唯諾諾、亦步亦趨的生活。

第九章

拍案：小說和筆記中的衙門生態

古代中國人對官場中的事情和人物津津樂道，大到朝堂上的政策爭論，小到縣城裡的人事紛爭，都可能成為人們茶餘飯後的熱門話題。自然，市井小說、文人筆記以及民間傳說也不放過官場中的人和故事。

有人懷疑這些小說和筆記中的資料的真實性。的確，這些資料很可能不如正史記載那般可靠，很可能缺乏旁證，甚至一看就是文學虛構的。可是它們都是源自生活的，忠實反映了當時的社會輿論，記錄當時人們的心理變遷。後人可以透過它們來觀察當時的衙門生態。本書之前就對這類資料多有採納，比如《儒林外史》《清稗類鈔》《官場現形記》等等。兩江總督端方曾對某做了知縣的名士戲言：「今後你要拋卻筆墨生涯，淪落宦海了。你買《官場現形記》學學謀官之祕訣否？」據說慈禧太后也是《官場現形記》的讀者，讀了以後還將當時朝野官員和書中人物「對號入座」，甚至一度想「按圖索驥」來反腐敗呢！當時很多工於鑽營的人將《官場現形記》稱作「吾輩之先導師」。如此看來，我們從古代的小說、筆記和隻言片語中也能拼湊出官場大圖景來，窺探衙門生態。

第一節
梁山好漢嘗到的三頓殺威棒

北宋的監獄裡有一條規矩：新到的犯人，須打一百殺威棒。據說這是為了鎮住那些暴徒凶犯，打掉他們的囂強氣焰；又據說當年北宋太祖

皇帝趙匡胤沒有發達的時候就「享受」過殺威棒，當了皇帝以後專門定為制度，讓更多的囚犯嘗嘗其中滋味。不管來歷如何，也不管是否真的有法律依據，監獄中的官吏和差撥們將殺威棒作為一項獄政制度，非常認真地執行著。

殺威棒制度是如何執行的，效果又怎麼樣呢？巧了，有三位梁山好漢先後「犯事」入獄，嘗到了殺威棒的「味道」。第一個品嘗殺威棒的是豹子頭林沖，地點是滄州牢房。

林沖一進滄州牢城營，還等著差撥領他去辦手續的時候，一旁就有好心的犯人提醒他：「這裡的管營、差撥都是害人精，只管詐人錢財。如果你有人情賄賂送給他，你就有好日子過；如果沒錢，他就整得你求生不能求死不得。單單說入門就給新犯人打的殺威棒，如果給了賄賂就能找理由不挨；如果沒有賄賂，那一百棒保管打得你七死八活。」林沖性情溫和，加上當過禁軍軍官，家裡有錢又有嬌妻，還想著好好把刑期過完回家過好日子呢！所以，他趕緊討教塞多少錢給差撥官爺們合適。眾人說，給管營和差撥各五兩銀子差不多就能免殺威棒了。

在這裡，我們可以輕易算出殺威棒的價格：100 殺威棒 =10 兩銀子。10 兩銀子是什麼概念呢？相當於清朝縣令兩個半月的薪資，相當於一個老百姓一家的吃穿用度。銀子是越來越貶值的，那麼上溯到北宋，這 10 兩銀子猜想就能養活不止一家普通老百姓了。可見，殺威棒真是昂貴，能打掉好幾戶老百姓一年的吃穿用度。猜想一般的貧寒子弟犯了事，就只能硬著頭皮挨棍子了。

正說著，差撥過來吃喝了：「哪個是新來的犯人？」林沖趕緊應了一聲。差撥見他沒有遞錢上來，馬上變成了一條變色龍。他指著林沖便罵：「你這個賊配軍！見我如何不下拜！你這廝在東京犯了事，到這裡還

大剌剌的！我看這賊配軍滿臉晦氣，一輩子也發跡不了！打不死、拷不殺的賤骨頭！你這身骨頭好歹落在我手裡，看我怎麼讓你粉骨碎身！一會兒就讓你見見厲害！」林沖畢竟在官場裡混了多年，有一定的應付上司和挨罵的經驗，可是還是被一個小小的差撥罵得差點靈魂出竅，連頭都不敢抬。

等罵聲減弱了，林沖趕緊取出五兩銀子，賠著笑臉遞過去。差撥看了，問：「我的和管營大人的都在裡面？」林沖說：「這只是送與差撥哥哥的；另有十兩銀子，就煩差撥哥哥送給管營。」差撥馬上換了一副嘴臉，看著林沖笑道：「林教頭，我久仰你的大名。想必像您這樣的好男子，是被高太尉陷害的。你暫時在我這裡受點苦，日後必然發跡。看您的大名，瞧這一表人才，我就知道不是等閒之人，日後必做大官！」

林沖又賠著笑，取出後周皇室嫡派子孫柴進柴大官人的求情書禮，遞給差撥，麻煩他送給管營。差撥臉色又一次大變，對林沖說：「您有柴大官人求情，什麼都別煩惱了。這一封書值一錠金子。」他還替林沖出主意，讓他一會兒假稱自己有病在身，自己再幫林沖支吾，躲過那 100 殺威棒。差撥出去後，把林沖給管營大人的 10 兩銀子貪為己有，把自己那 5 兩銀子並柴進的書信給了管營，果然為林沖百般說好話。等到傳喚林沖點名的時候，管營和差撥都有心成全他了。

不過，表面功夫還是要的。一陣吆喝過後，管營對林沖宣講了一陣「政策」：「你是新到犯人，太祖皇帝留下舊制：新人犯人須吃一百殺威棒。」說完就招呼差撥用刑。林沖就說：「小人感冒風寒，未曾痊癒，懇請暫緩捱打。」差撥就說：「我看這人也有病。」管營最後拍板：「那好，今天就不打殺威棒了，記著以後再打。」注意：10 兩銀子的交易（林沖是自願掏出了 15 兩）換來並不是「免打」殺威棒，而是「暫緩」。可見，殺威棒是

一個可以「反覆交易」的商品，日後差撥、管營心情不好或者等錢用的時候，猜想就會把寄存的殺威棒拿出來再逼犯人們交易了。這宋太祖真是好人啊，為監獄系統的後來人提供了多好的一件「商品」啊！

林沖的背景和馴服態度，還是獲得了額外的回報。差撥在分配犯人工作的時候，主動提議讓林沖去看守天王堂。這可是個閒差，不用賣苦力，自然也是美差。差撥還主動幫林沖去單身房裡取了行李，到天王堂辦理交接。自然，林沖又自願送上了三二兩銀子。差撥更加高興了，竟然把林沖的枷鎖也給開啟了。難怪事後，林沖對獄友們感嘆：「有錢可以通神。」

我們總結這第一頓殺威棒的滋味，可以用一句話概括：錢能通神。

第二個品嘗殺威棒的是梁山老大宋江，地點是江州牢房。

宋江不像林沖那樣在京城待久了，對基層情況不熟悉。他是小縣城裡的押司出身，三教九流都有交往，對檯面下的情況熟悉得很。

他一到江州牢房，就主動塞錢給差撥、管營，而且是人人有份，每人10兩，就連牢房看門的、打更的也都收到宋江的銀子。因此，江州牢房上上下下無一不喜歡宋江的。於是，殺威棒不用捱了，管營的還「考慮」到宋江是縣吏出身，分配他在牢房抄事房做個文書——想想看，一個新來的犯人被監獄管理方任命為文書，那是什麼樣的待遇啊？當了文書後，宋江還經常出錢買來酒肉和差撥、囚犯們「聯絡感情」。一日，宋江正在抄事房裡和一個差撥喝酒，稱兄道弟。那差撥突然告訴宋江：「賢兄，本處節級的常例人情，你怎麼還不送給他啊？你來也有十多天了，他明天要下到監獄來視察，如果再不給，恐怕會和你過不去。」宋江滿不在乎地說：「這個不妨。那人要錢不給他。如果是差撥哥哥缺錢，只管問宋江取就是。等他下來，宋江自有話說。」差撥警告他說：「押司，那人好生利害，手腳了得！到時候出了事情，別埋怨兄弟沒告訴你啊？」宋江還是不放在心上。

果然，節級來了，在監獄大廳上大發脾氣，罵道：「新到配軍為什麼不送常例錢孝敬我！」「哪個是新到的囚徒？」一個差撥指指宋江。那節級衝著宋江大罵：「你這黑矮殺才（宋江形象不太好，又矮又黑），倚仗誰的勢力，竟敢不送常例錢來給我？」宋江不客氣地說：「『人情人情，在人情願。』你怎麼能逼別人給你錢財，也太小氣了！」此言一出，兩邊的差撥倒吸冷氣，都替宋江捏了兩把汗。節級更加大怒，怒罵：「賊配軍！快，給你綁起來，打這廝一百殺威棒！」管營、差撥、衛兵等等，都是和宋江好的，聽到節級的命令，竟然哄的一聲都跑了，只剩得那節級和宋江兩個人孤零零地留在大廳裡 —— 看來錢的確能通神啊！

那個節級終於爆發了，操起粗粗的大棒，就向宋江揮去！他喊出了一句話，道出了監獄中管理者和犯人關係的真諦：「這是你自己找死的！我要結果你，就像殺死一隻蒼蠅！」是啊，在沒有監督、不公開透明、處在社會邊緣被人遺忘的監獄裡，犯人的生死禍福還不任由管理者決定。

生死關頭，宋江只說了一句話，就把節級給鎮住了。那人聽了慌忙丟了手中大棍，慌了手腳，拖住宋江問：「你說什麼？你是誰？」宋江笑道：「小可便是山東鄆城縣宋江。」那人更是大驚，連忙作揖，又拉著宋江說：「兄長，此處不方便，我就不給你跪下參拜了。請兄長同往城裡一敘。」於是，在大庭廣眾之下，一個節級恭恭敬敬地扶著一個刺配的犯人，請他到城裡豪華酒店吃喝起來。

宋江到底說了什麼，讓節級有那麼大的反差？宋江說：「我因為不送賄賂就該死，那有人結識梁山泊軍師吳用，又該怎麼處置呢？」原來，這個節級叫做戴宗，暗地裡與梁山泊造反集團的重要頭目吳用有聯繫，涉嫌替黑社會團夥通風報信，充當保護傘。當然了，宋江揭發戴宗和梁

山泊的關係並不是要代表政府處置他，宋江本人也和梁山泊有密切關係，手裡還攥有吳用寫呈戴宗的求情信。

　　宋江和戴宗其實是一夥的。表面看，宋江讓戴宗態度 180 度大轉彎是因為他和吳用的關係，因為他宋江的及時雨名號。深入分析，宋江手裡握著戴宗的把柄。他知道戴宗和梁山泊的關係，而且比戴宗和朝廷的關係更好，所以在黑白兩道上都對戴宗有「造福」或者「造禍」的能力。關係和名聲是一種隱性實力，讓戴宗不得不有所忌諱。戴宗分析自己和宋江的社會實力，不得不承認宋江比自己強大得多，自己非但不能打宋江，反而要跟在宋江後面乖乖做他的馬仔 —— 日後，戴宗就是這麼做的，他是梁山泊中宋江集團的忠實成員。

　　這第二頓宋江也沒有嘗到，因為他用實力壓服了戴宗。北宋的中國，畢竟是一個靠強權和實力說話的社會。

　　第三個品嘗到殺威棒的是打虎英雄武松，地點是孟州牢房。

　　打虎英雄武松殺了西門慶，被發配到孟州牢城營，也面臨著殺威棒的威脅。武松一到牢裡，早有十數個一般的囚徒來看武松，說道：「好漢，你新到這裡，包裹裡如果有關照的書信或者使用的銀兩，趕緊拿在手上，一會兒差撥就要來提你，你送給他。如果書信關係過硬或者銀兩多，可以免去殺威棒，即便免不去，打的時候差撥們也會輕些。如果沒有人情書信、銀子給他們，你就等著皮開肉綻吧！」

　　可偏偏武松剛硬得很，最恨暗地裡蠅營狗苟的事情，不屑於使用什麼人情書信或者銀子，偏偏要去見識一下殺威棒的厲害。他都已經運足氣、做好準備挨一百棒的殺威棒了。不想，監牢管營的問道：「新到囚徒武松，你來的路上可曾得了什麼病？」武松回答：

　　「我一路上什麼病也沒有，酒也吃得！肉也吃得！飯也吃得！路也走

得！」管營自顧自說道：「這廝肯定是途中得病了，我看他面相不好，就不打他這頓殺威棒了。」武松一時沒明白過來，兩邊拿著木棍的差撥低聲提醒他：「你快說有病。這是大人關照你，你還不快承認。」武松恨的就是這些私底下的黑暗，聞言嚷了起來：「我沒病，我沒病！快打我殺威棒，我不要什麼照顧！」這一鬧，滿堂的差撥都笑了起來，管營也笑道：「我說你得了病，你果然是病了，而且病得還不輕，胡言亂語地發起瘋來了。來啊，把他帶下去，關在單身牢房裡。」在這裡，武松是法定制度的堅定擁護者，堅決要求「依法辦事」，強烈要求打自己一百棍子。可是執法者（管營、差撥們）卻堅決不依法辦事。執法者不依法辦事，法定制度就成了一紙空文。

　　管營為什麼好心不為難武松呢？難道他是活菩薩？當然不是。

　　在場的管營其實並不是管營，而是管營的兒子，叫做施恩。施恩是個典型的「官二代」，仗著父親是孟州監牢的管營，自己又學了些三腳貓功夫，是孟州城的一號人物。孟州城外有處獅子林，「山東、河北客商們都來那裡做買賣，有百十處大客店，三二十處賭坊、兌坊」。施恩「一者倚仗隨身本事，二者捉著營裡有八九十個棄命囚徒，去那裡開著一個酒肉店」。以酒肉店為據點，施恩壟斷來往客商的食宿生意，向快活林的眾多店家、賭坊、兌坊收取保護費，還壟斷快活林的黃色事業，盤剝本地和過路的妓女。各種收入合起來相當可觀，施恩每月能有二三百兩銀子。如此賺錢，快活林被蔣門神看上了。蔣門神從張團練那裡調來一批正規軍，把施恩打得兩個月起不了床。快活林自然易主，蔣門神占了施恩的那家酒肉店，做了老大。

　　施恩正思索怎麼把快活林奪回來，恰好發現監獄裡來的一個新囚犯，可能是個扳回頹勢的好幫手。這名囚犯就是武松。武松的武功了

得，喝醉了酒還能三拳兩腳把老虎給打死，因為為兄弟武大郎報仇殺死了當地的黑社會頭目西門慶及其同夥才被發配孟州來的。於是，施恩對武松展開了拉攏，先是免去了武松的殺威棒，再是把他安置在單獨的雅間，天天好酒好肉招待著，又讓武松看到其他囚犯生不如死的服刑生活，最後使武松產生了無功受祿寢食不安的感覺。最後，施恩對著武松一頓恭維、跪地叩拜，一把鼻涕一把淚地把被蔣門神奪去「產業」的經歷一說，武松熱血上湧，去把蔣門神打得屁滾尿流，幫施恩奪回了快活林。看來施恩免去武松的殺威棒，得來的收益可比 10 兩銀子大多了！

很遺憾，一心要見識殺威棒厲害的武松也沒能捱上棍子。因為施恩要利用他做大事。

最後，林沖、宋江和武松三人都沒有捱到殺威棒，不過他們又真真實實地品嘗到了殺威棒的厲害。那是由金錢、強權和相互利用構成的厲害無比的棍子，打得梁山好漢們在正常社會秩序中難以立足，只能到梁山泊落草為寇了。

第二節
清朝監獄的「一串黑」

清朝桐城派大文豪方苞因為替一本違法出版品《南山集》寫過序，鋃鐺入獄，於康熙五十一年（西元 1712 年）被關入了刑部大牢。

　　刑部大牢是天底下最高級的監獄，應該是規範、透明、法制齊備的模範監獄，為天下做表率。方苞看到的卻是一個胡為、骯髒、沒有法度的黑暗世界，每天都有三四具屍體從監獄的後門被抬出去。獄友、曾任山西洪洞縣令的杜某見怪不怪，對方苞說：「這有什麼值得驚奇的，現在天氣好，每天才死三四個犯人。之前每天抬走幾十具屍體都是正常的。」

　　方苞在震驚之餘，留意獄中情形，出獄後寫了一篇堪稱奇文的「揭祕文章」——〈獄中雜記〉。我們再結合《清稗類鈔》訟獄篇中有關監獄內情的描寫，可以勾勒出清朝監獄的黑幕輪廓來。

　　從緝捕犯人入獄這個環節開始，黑幕鏈條就開始展開了。廣東地區發生命案後，衙役們無不把緝捕任務當做商品來買賣，任意羅織罪名逮捕無辜者，常常緝捕回來主犯、幫凶、脅從等等一長串人。人數少則十數人，多則數十人（真不知道為什麼殺一個人竟然總要幾十個人參與），其中或許有真凶在，但名列前茅的幾個人肯定都是家有巨資的富豪。衙役們的目的很明確，就是訛錢。你想不上殺人黑名單，就交錢，而且是大錢。交得少了，他可能只是把你的名字從主犯挪到幫凶而已。有官員的幕僚在核對衙役報送的名單時，總是將為首的兩三名勾去，以免差役騷擾。他能這麼做，就被文人和百姓稱為好人了。

　　有罪的人混雜在無辜者中進入監獄後，真正的噩夢開始了。先是類似《水滸傳》中的殺威棒之類的下馬威。當然了，差役們也不願意費時費力地對人上刑，目的還是訛錢。和方苞一起被捕遭遇下馬威的有三個人：其中一個塞了30兩銀子，被打得輕微骨折，病了一個多月才好；另一個給了60兩銀子，傷了肉沒有傷到骨頭，養了20天就好了；第三個人拿出了180兩銀子，結果當晚就像平常人一樣了。

　　有人就問監獄小吏：「犯人有貧有富，有的人給的錢多，有的人拿不出那麼多來，可也盡其所能孝敬你們了。既然你們都有所得，為什麼還一定要按照賄賂的多少來區別對待呢？」小吏回答：「不區別對待，誰願意多給錢！」這句話值得深思。監獄中的強勢群體，官吏和差役們，可不是根據犯人的態度來決定對待方法的，而純粹以能榨取的利益多少來決定犯人的命運。因此，即便一個人卑躬屈膝、逆來順受，可是因為家底貧弱拿不出和別人一樣的錢來，還是逃脫不了被嚴懲、遭迫害的噩運。這點和監獄外面不同。監獄外面的潛規則相對固定，交易標準明確。比如，差役下鄉收稅的時候，規定正稅之外再交 50% 的孝敬，只要你交了就沒事了。可是在監獄裡面，標準是浮動的，會被犯人的恐懼心和經濟實力不斷突破。你傾家蕩產交了 30 兩銀子，還是有可能被打得血肉模糊。所以，一個人從入獄那一刻開始，決定他命運的不是罪行，也不是態度，而只是他的經濟能力。多麼可怕啊！可這就是清朝監獄「一號規矩」。

　　接下來就是關押犯人了。其中的學問就大了。

　　方苞在刑部監獄裡住的是在開闊地用木板搭建的板房，夏熱冬冷，一般人難以忍受。可這在刑部監獄裡算是最好的條件了。方苞發現獄中設有四個「老監」。每監分五個牢房，其中正中間的是看管犯人的獄卒住的，前面牆上開有窗戶照明，屋頂還有通風換氣的天窗。兩旁各有兩間是沒有窗戶、不見天日的屋子，常常密密麻麻擁擠著多達二百多名犯人。每到傍晚，犯人的屋子就落鎖，成了名副其實的黑屋子。犯人的吃喝拉撒睡都在裡面，臭氣薰天。三伏天也好，寒冬臘月也好，犯人們就擠在地上睡，很少有不生病的。有的人病死了也不能及時發現，活人和死人還腳挨腳、頭並頭地睡著。所以，老監常常暴發傳染病。住進了老

監，就意味著半隻腳踏進了鬼門關。自然，沒有犯人願意分到老監去。

那麼，區分住板房和睡老監的標準是什麼？不是是否經過審判，不是罪行，犯人跪地求饒也沒有用，標準還是硬邦邦的銀子。

人一旦入獄，不問有罪無罪，不問是嫌疑犯還是證人，一律戴上手銬腳鐐，先關進老監。正常人一進去就忍受不了，差役們就勸誘他們交錢改善待遇。具體金額則根據獄官對犯人身家的判斷來定，一般中產以上的人家往往傾家蕩產才能把家人取保候審，離開監獄；普通人家即便傾家蕩產了也只能湊上幾十兩銀子，人肯定是撈不出去了，但是可以調換監區，從老監轉移到空曠的板屋去；貧寒人家的犯人，能被敲詐的錢就更少了，只能脫掉鐐銬，繼續在老監中煎熬。而那些貧困又無親無故的囚犯，就被銬得緊緊的，扔在老監中受折磨，給其他人當反面教材了。

刑部監獄不接受「永久圈禁」或者「終身服役」（類似於無期徒刑）的犯人，所有的犯人在理論上都有離開監獄的一天。釋放的釋放，流放的流放，斬首的斬首。就是在「離開」這個環節，官吏和差役們也要從中牟利，就連死刑犯都不放過。

劊子手和獄卒早就組成了利益鏈條。還沒行刑的時候，劊子手就等候在門外，對死囚犯構成心理壓力，獄卒就進去當好入，企圖榨乾死囚最後的財富，行話叫做「斯羅」。如果是有錢人，獄卒還會勒索其家人親屬。都要死了，獄卒還能提供什麼「好處」呢？

舉個例子，某犯人被判處了凌遲處死（就是千刀萬剮），獄卒就說：「你給我錢，我就讓劊子手先刺心，讓你馬上死掉，不多受苦；否則，就先剁去你的四肢，再一片片切你的肉，讓你一直疼痛到死。」對判處絞刑的，獄卒就說：「給我錢，保證你一絞就死；否則，三絞三放再加上別

的刑罰，再讓你死。」就連斬首示眾的犯人，獄卒也會把砍下的腦袋作要挾，訛詐家屬錢財。犯人家屬就算已經傾家蕩產了，為了做人最後的尊嚴，也會東挪西借、賣兒賣女，湊上數十兩、上百兩銀子賄賂。

　　每年秋審結束的時候，是差役們最忙的時候。刑部監獄裡死囚們的判決會在秋審中得到確認，奏請皇帝硃筆勾准後就可以行刑了。差役們需要把秋審確認的死囚們綁縛刑場等候命令。這又是一筆可以敲詐的買賣，如果不塞錢，差役們在捆綁的時候就故意折斷犯人的筋骨。好在皇上有「好生之德」，對秋審報告上來的死囚不會全部勾准，總會留下十分之六七的犯人重新羈押。這就可憐了那些被折斷筋骨的死囚們，不得不綁回刑部監獄，再受折磨。有的人花上幾個月痊癒，有的成了終身殘疾，還有的沒熬過去就死掉了。

　　朝廷司法制度中還有其他「好生之德」，比如規定沒有殺人的重大案件，只處置主犯一二人，從犯可以在秋審中罪減一等，發配充軍。富有創造力的獄卒也能從中牟利。方苞在獄中就認識有兄弟倆把持公倉，按律應該立即處決。案件已經判決了，獄吏對兄弟倆說：「給我一千兩銀子，讓你活命。」兄弟倆不信，都已經判決了，還能活命？那小吏說：「這並不難，判決書還沒上奏呢，我把你們的名字換成從犯中沒有親屬的兩個單身漢的名字，奏報上去不就行了？」犯人問：「主審法官又不是傻子，發現判決書有誤，指出來怎麼辦？」那獄吏笑道：「等上面把判決書發回來，主審法官發現錯誤再上奏的話，我們沒有活路，但他也會受到牽連而撤職。他不會為了你們倆的性命而放棄官位。」兄弟倆將信將疑地這麼試了，果然兩個從犯立刻被處死。主審法官發現後果真不敢追究。而兄弟倆的命留到了秋審，在秋審前夕又花錢打點，又沒發配充軍，在監獄裡好好地待著。原來在秋審環節，監獄官吏差役也能動手腳。朝廷

規定，凡是沒有預謀或無意殺人的殺人犯，經秋審歸入矜疑類，可以免死。獄吏就利用這點舞弊，竄改犯人的狀辭。有一個叫郭四的人，已經四次殺人，都以矜疑罪減一等，隨後遇到大赦出獄。他在獄中和同夥勾肩搭背、喝酒行樂、洋洋得意，對殺人往事毫不隱諱，詳細地向外人炫耀。

長久以往，清朝監獄形成了一整套完備嚴密的舞弊、敲詐和賄賂系統。一個環節的黑幕串著一個環節的黑幕，形成了「一串黑」。刑部十四司正副郎官中的敗類、書吏、獄官、獄卒，無不從中牟利。監獄黑幕成了司法系統的集體腐敗。這些人都把多關押犯人視作有利可圖，所以，稍有牽連的人，一定千方百計拘捕入獄。只有監獄爆滿才能好好地「創收」。

久而久之，坐享賄賂的監獄官吏差役們也懶了，在犯人中扶持代理人。一些常年關押在獄中的老囚犯就與胥卒表裡為奸，出面維持監獄黑暗體制，從中賺大錢。方苞在《獄中雜記》中記述了這麼一位「獄頭」。浙江山陰縣（今紹興）有個姓李的，殺人下獄，充當獄頭每年收入數百兩銀子。康熙四十八年，李某因大赦出獄，寂寞無聊，竟然懷念獄中生活。幾個月後，有個同鄉殺人，李某主動替此人承擔罪名，再次入獄充當獄頭。不料康熙五十一年，李某又「不幸」遭遇了大赦，減罪充軍。等候遣送期間，李某寫了狀子再三請求對自己要「從嚴懲罰」，要求留在刑部監獄。很遺憾，他的懇求沒被批准。李某只好嘆息：「我再也不能進這監獄了！」最後失望地離開了。

無巧不成書，《清稗類鈔》也有一個類似的獄頭。同治年間，山東人張某因殺人關押在刑部監獄 10 年，每年收入幾千兩銀子，比他之前做買賣的收入高多了。他還定期把錢送出監獄去，讓母親、妻子和孩子都過

上了不錯的日子。很不幸，光緒皇帝登基，大赦天下，張某快快出獄，隨身攜帶數千兩銀子。出去後，張某覺得從事什麼職業都不如當獄頭來錢快，鬱鬱不樂。一年多後，街坊有人打架出了命案，案卷送到了刑部。張某大喜，花了大把的銀子央求刑部的書吏，把自己列明「從犯」，回到了刑部監獄當獄頭了。

張某的運氣也實在不好，沒賺幾天銀子又遇到光緒皇帝大婚，又一次大赦天下。張某還想賴在獄中不走，可早有其他老犯人覬覦獄頭的位置要擠他走了。《清稗類鈔》中說「計非去張，不得專利」，可見獄頭儼然是一個競爭激烈的職業了。那個老犯人重金賄賂監獄管理方，最後由監獄出了一份公函給張某山東老家的衙門，說：「貴地百姓張某，罪行累累，在敝處關押多年，如今遇到大赦返鄉，還請貴地父母官嚴加管教，別讓他出境為盼。」這一招稱得上是釜底抽薪。張某不僅被監獄掃地出門，還被差役遞解回籍。張某離京的時候，帶著女眷、孩子和上萬兩銀子的行李，浩浩蕩蕩，別人不知道還以為是哪位衣錦還鄉的退休老爺呢！不過張某神色極其黯淡，臨出獄門痛惜地說：「吾遂不得復居此耶。」

清朝監獄為什麼黑暗至此呢？其實，古代社會的監獄就像是方苞看到的「老監」牢房，牢門一關就是一個密室：沒有窗戶，密不透風，陽光照不到裡面，裡面的呼喊也傳不到外面。監獄是社會的黑暗角落。在一個沒有外界監督，沒有權力制衡，只有管理者自上而下行使權力的地方，最後必然演化為強權暴政。在每一個密室裡面，都會重演這樣的悲劇。

最後講一件發生在光緒庚辰年（1880 年）廣東某監獄的突發群體性事件，來結束本篇文章。讀者可以當作一個笑話來看：

　　清朝獄政不修，監獄裡黑幕重重不是一天兩天了。交了錢的犯人不戴手銬腳鐐，在監獄中自由來往，賄賂出得多的犯人還可以美味佳餚、歡歌豔舞，生活品質一點都沒降低。只有在州縣典史巡獄時，獄卒才讓犯人們戴上刑具，站在監牢中表演一下。

　　廣東有個新上任的縣令，不知監獄深淺，想考察一下獄政。一天，他來了個突擊檢查，事先沒告訴任何人就來到了監獄。獄卒也不知情。縣令一進監獄，哇，看到了另一副市井場面：幾百個犯人自由往來，散步聊天，有高聲談笑的，有喝酒行令的，好不熱鬧。

　　犯人們看到縣令來了，高喊：「你來得正好！」把縣令綁了起來，然後向官府提條件：「縣令大人要想出去，就得和我們幾百個人一起出去。如果有人阻攔，我們就殺了縣官，反正都是一個死字，與其束手而死，不如與官同死。」縣裡的官吏、幕僚們都傻了眼，不知道如何處置。派兵施壓吧，犯人們就折磨縣令，監獄裡傳出縣令的鬼哭狼嚎聲；斷絕犯人們的飲食吧，縣令也沒有東西吃。主管獄政的典史到門外，先是和聲細語地勸說犯人，繼而苦苦哀求犯人釋放縣令。犯人們一概不理。沒辦法，縣裡只好報告知府。知府親自跑到監獄外面，曉諭犯人：「縣令到任以來，並沒有虐待你們。你們入獄，都是之前的縣令判的。你們何苦為難縣令呢？你們如果把縣令弄死了，罪名更重，還想脫身嗎？不如把他放掉。我保證：有冤者申冤，重罪者也想法給你們減罪，絕不欺騙你們。」遺憾的是官場黑暗太久，人們習慣於不相信官員的話，甚至把官員們的話反著理解了。知府這麼一保證，犯人們的態度反而更強硬了，說：「我們和縣令，出則同出，死則同死，不必多言。」知府徘徊猶豫，和犯人們僵持了十幾天都解決不了。他怕縣令死在監獄中，事情鬧大了承擔不起，不得不上報給廣東巡撫，請求發兵二營，先假裝同意犯人們

的要求放他們出獄，然後再派兵圍剿。

　　廣東巡撫接到報告，心想：這種天下奇聞竟然發生在我們廣東省，得趕緊擺平了，不然有損廣東官場聲譽。省裡的官兵派到了縣裡，知府同意釋放全部犯人。犯人們就提出要挾持縣令同行五十里，到某山才能放他。知府也答應了。獄門開啟後，囚犯們簇擁著縣令就跑，官兵們尾隨其後。到指定的山頭，囚犯們釋放了縣令，然後分道逃散。無奈官兵四面圍剿，除三人逃逸外其他犯人全部被捕。知府、縣令押著犯人回城，報復懲治，加以酷刑，二十多人死於杖下，其他都從重擬罪，全部處決。

第三節
晚清官場現形記

　　《官場現形記》是晚清的超級暢銷書，在官場上幾乎人手一本。倒不是因為它教人怎麼做官，而是揭露了晚清官場的黑暗和無恥，正直者讀來洩憤，貪腐者拿來對照自己情況「查漏補缺」或者「提高業務」。

　　《官場現形記》中的許多內容非常精彩，讀來令人發笑。比如朝廷的華中堂宣稱「最恨人家孝敬他錢」，但喜歡收受古董。他暗中開了個古董鋪，而且只接受別人從他店裡買來孝敬的古董。一邊收古董，一邊收下後就放回店裡去賣，一件古董周而復始地不知道為華中堂帶進多少銀

子。比如不學無術的毛維新被總督大人認為是「洋務中出色能員」，實際上毛維新的洋務本領只有兩樣：一是背誦過了時的《南京條約》，二是把辮子剪成了短髮。又比如，南京候補道臺田小辮子，為顯示自己的「才能」，搜腸刮肚地上了一個條陳給總督大人，提出三條「富國強兵」的建議：一、不讓兵士吃飽飯，打仗必然勇敢；二、把兵士的眉毛剃去一條，防止士兵逃亡；三、給兵士「一齊畫了花臉」，可以嚇退洋鬼子。而總督賈世文也是個不學無術的昏官，竟然一本正經地向幕僚下屬們賣弄說得到了一本王羲之寫的〈前赤壁賦〉，聽說還是漢朝一個有名的石匠刻的。（〈前赤壁賦〉是北宋蘇軾寫的，王羲之是東晉人。）書中令人震驚的內容看似虛構，不幸的是卻是當時中國社會的真實寫照。胡適為此書作序，就說：「就大體上說，我們不能不承認這部《官場現形記》裡大部分的材料可以代表當日官場的實在情形。那些有名姓可考的，如華中堂之為榮祿，黑大叔之為李蓮英，都是歷史上的人物，不用說了。那無數無名的小官，從錢典史到黃二麻子，從那做賊的魯總爺到那把女兒獻媚上司的冒得官，也都不能說是完全虛構的人物。」他認為書中內容「可以代表當日官場的實在情形」。據說慈禧太后也是《官場現形記》的讀者，讀後按圖索驥，查辦了部分官員。

比如書中的官員多數是「買官」上位的。這就是晚清賣官鬻爵現象的反映。賣官鬻爵的危害，不用多說，大家都知道。晚清朝廷也三令五申要取消。八國聯軍之辱後，朝廷鑑於政治敗壞導致國家不振，明確禁止官爵買賣，嚴禁百姓「捐納」、「報效」錢財而得官。

上有政策，下有對策，戶部很快奏請：「報效鉅款在數萬以上者，應請特旨給獎。僅萬餘金者，如系正途出身，應准獎給正印實官；或本系正印實官，亦准獎給正印實官升階。其非正途出身，亦非正印實官，

只准給予銜封貢監等。」得到批准。這就等於為賣官鬻爵留下了一個開口，只是需要「奏請特批」這一形式。到了宣統二年（1910年），這個形式也省略了。當年年底盛宣懷奏請，將「鉅款」的認定標準降低到五千兩，捐款五千兩即可獎勵實官，而且將「奏請特批」作為通行事例予以實施。硃批允准。這一變更表明，因捐款而獲實官就成了例行公事，而不再是皇帝的特許，亦無需萬兩以上這一硬性規定。

清朝越到晚期，朝廷賠款金額巨大，對百姓已經涸澤而漁焚林而獵，越發重視捐納牧入。為了薄利多銷，中央和各地「忍痛大拋售」官帽，出現了「打八折知縣」、「四折州同」等匪夷所思的名目。

八國聯軍侵華期間，朝廷極端困難，官帽售價更是大大打折：「光緒辛丑，為賠洋款，以二三千金而得道府者有之，以千餘而得州縣者有之，以四五百金而得同、通、大使、州判者有之，以二三百金而得府經、縣丞者有之，以一二百金而得巡檢、典史、主簿、吏目者有之，以百八十金而得教官者有之。」（《退想齋日記》）

《官場現形記》形象地描述了這「最後的瘋狂」：

藩臺大人一共是一位正太太，三位姨太太。不是前兩天有過上諭，如要捐官的，盡兩月裡頭上兌；兩月之後，就不能捐了。因此我們大人就給太太養的大少爺捐了一個道臺。大姨太太養的是二少爺，今年雖然才七歲，有他娘吵在頭裡，定要同太太一樣也捐一個道臺。二姨太太看著眼熱，自己沒有兒子，幸虧已有五個月的身孕，便要大人替她沒有養出來的兒子，亦捐一個官放在那裡。我們大人說：「將來養了下來，得知是男是女？倘若是個女怎麼樣？」二姨太太不依，說道：「固然保不定是個男孩子，然而亦拿不穩一定是個女孩子。姑且捐好一個預備著，就是頭胎養了女兒，還有二胎哩。」大人說她不過，也替她捐了，不過比道臺

差了一級，只捐得一個知府。二姨太太才鬧完，三姨太太又不答應了。三姨太太更不比二姨太太，並且連著身孕也沒有，也要替兒子捐官。大人說：「妳連著喜都沒有，急的哪一門？」三姨太太說：「我現在雖沒有喜，焉知道我下月不受胎呢！」因此也鬧著一定要捐一個知府。聽說咋兒亦說好了。大人被這幾位姨太太鬧了幾天幾夜，沒有好生睡，實在有點撐不住了，所以請的假。

官場現實不僅是官場小說的來源，而且現實遠比小說的描寫更加骯髒不堪，更加超乎正常人的思維。張祖翼在筆記《清代野記》中對晚清官場黑暗腐敗和大小官吏腐朽不堪多有揭露：

一日，張祖翼受邀參加一個滿族的聚會。首座是一個白鬚老翁，旁置一珊瑚冠，是一個高級官員，只是談吐舉止很粗俗，沒有官員的樣子。席間，老翁突然問張祖翼：「聽說十餘年南方有大亂事，真的嗎？」張祖翼就把太平天國和捻軍起義的情況說了一下。

老翁大吃一驚：「如此大亂，後來怎麼平定的？」張祖翼回答：「剿平的。」他又問：「聽說南方官兵見賊即逃，誰來剿平啊？」張祖翼就說了胡林翼、曾國藩、左宗棠、李鴻章等人。老翁身為高級官員，竟然不知道這幾個人，說：「奇哉！奇哉！這幾個人果真能打仗嗎？」這回輪到張祖翼大吃一驚了：這位老人家連曾國藩、李鴻章都不知道，難道是山中隱逸高手，不聞外事？散席後，他特地去詢問主人，知道首座的老翁名叫阿勒渾，擔任黑龍江副都統三十年。這位高級長官不識漢字，也幾乎不批閱公文，就是當官混飯吃而已。

張祖翼還認識一位北京叫麟趾的翰林。麟趾生長京師，出身世族，擔任國史纂修，編輯校對，到咸豐年間歷史的時候，看到了羅澤南、劉蓉等人（這兩人都是鎮壓太平天國的湘軍名將）的列傳，拍案大罵：「外

省胡亂保舉，太氾濫，太胡鬧了！羅澤南什麼人，一個教官出身，不三年竟保舉當了實缺道員、記名布政使，死了還要給他諡號？劉蓉更是豈有此理，一個候選知縣，就賞了三品銜、署布政使？外省真是暗無天日。」同座的翰林見他說外行話，附上去耳語說：「你小聲點。這些人都是百戰功臣。如果沒有他們湘軍，我們今天都不知道死在什麼地方了。」麟趾吃驚地說：「百戰？為什麼事打仗啊？天下太平，與誰戰者？老前輩所謂湘淮軍，是什麼東西，歸哪個將軍統帥？」同僚笑道：「是和太平軍作戰，南方大亂十餘年，失去大小五六百城，你難道不知道？」麟趾說：「奇怪，奇怪！為什麼北方這麼安靜？所謂太平軍，就更奇怪了！」同僚忍不住了，問他：「你不知道洪秀全造反，自稱太平天國嗎？」麟趾回答：「賊之事，我如何能知道？」一時傳為笑柄。

　　官員們無能腐朽，最高統治層也好不到哪裡去。大清王朝內外交困，皇親貴戚還醉心於爭奪權力的內訌。胡思敬就在《國聞備乘》中感嘆：「國統再絕而家無令子，識者早知其必有亂矣！」

　　同治皇帝的瑜妃，在宮中伺候慈禧太后四十餘年，有心計懂文墨，很討慈禧的歡心。溥儀被抱進宮來的時候，慈禧太后將小皇帝託付給隆裕。瑜妃在旁，哭訴道：「既然新皇帝入繼同治皇帝為子嗣，那麼我身為同治皇帝的妃子，怎麼能置身事外呢？況且光緒皇帝登基不久就下詔，說如果有子嗣先讓位給同治皇帝，太后難道忘記了嗎？」瑜妃在這裡抓住了一個要害問題。同治皇帝和光緒皇帝是同輩，溥儀是以同治和光緒二帝之子的身分繼承皇位的，瑜妃身為同治皇帝的妃子跳出來和隆裕爭奪權力了。慈禧太后默然良久，不得不承認：「妳的話也有道理，即以嗣皇付汝兩人，互相保護，不必執意見也。」瑜妃馬上叩頭謝恩，又遍呼宮人問：「太后的話，汝等都聽到了吧？」宮人都說：「聽到了。」溥

儀登基後，隆裕成了太后，瑜妃沒有封號。瑜妃大怒，召奕劻進宮，指著他罵道：「奕劻，今日召汝非他，我死守至今，沒有跟從同治先帝赴黃泉，正為今日。太后臨崩，把新皇帝託付給了我和皇后兩個人，宮中都聽到了。今日，朝廷將置我於何地？」奕劻與載灃商量後，封瑜妃為皇貴妃。瑜妃怏怏不快，在慈禧太后靈柩安奉山陵的時候拉攏同治的另一位妃子珣妃守陵不歸，表示抗議。載灃遣使百般勸慰，才把兩人請回宮來。

瑜妃之後，宗室溥偉又跳了出來搗亂。溥偉是道光皇帝的長曾孫，恭親王奕訢的長孫，屬於皇室近親。溥偉的姑姑被慈禧當做女兒撫養，早寡後居宮中為溥偉內援；溥偉又結交載振作為外援，一度想爭奪光緒繼承人的位置。慈禧太后最終選定了溥儀，讓載灃監國。慈禧死後，溥偉闖入軍機處，大罵軍機大臣張之洞，說慈禧太后臨終前命令他輔助載灃攝政，而張之洞擬定的遺詔中沒有提及。

他要求重新撰寫光緒遺詔。溥偉說的可是大事，如果是真的就要分載灃的實權，如果是假的又沒辦法到地下找慈禧太后驗證。張之洞巧妙地回答：「凡在朝廷的臣子都應當輔助攝政王，就不需要專門在遺詔中寫入由誰誰誰輔助了。況且太后彌留之際，之洞在側，並沒有聽到太后曾經託付於您啊！」溥偉就頓足大哭，遍罵各位軍機大臣。張之洞惹不起躲得起，不與他計較。幾天以後，溥偉又闖入內務府，指手畫腳，揚言慈禧太后臨終令他總理內外喪事。內務府大臣奎俊起疑，偷偷告訴載灃。載灃連忙拉奕劻一起去見隆裕，將溥偉的所作所為一一稟明。最後由隆裕太后明確下旨，要求自皇帝以下都服從攝政王命令。溥偉這才沒有得逞。

隆裕躲在紫禁城裡，雙耳不聞窗外事，寵任太監小德張，任由小德

張在外界狐假虎威頤指氣使。慶親王奕劻、載振父子本來就是一黨，現在又多了許多皇室小圈子小派系：貝勒載洵出任海軍大臣，兼辦陵工，黨羽毓朗、載搏擔任了訓練禁軍大臣，合為一黨。兄弟載濤見載洵抓起了兵權，恐怕自己失勢，纏著哥哥載灃不放，不拿到官帽子誓不罷休。載灃沒辦法，只好派載濤管理軍諮府。載濤又侵奪陸軍部實權，和滿族將軍良弼等結為一黨。溥偉自恃是道光長孫，身分特殊，和宗室諸王和貝勒都合不來。他向載灃力爭，載灃只好任命他為禁煙大臣，權力在諸王之下。肅親王善耆原本管理海軍，被載洵奪權後，占據民政部，兼管警政，為一黨；載澤把持財政全權，創設監理財政官、鹽務處，為一黨。載灃不能制止。他的福晉聯繫榮祿餘黨，收受賄賂，載灃更制止不了。朝野議論紛紛，都說慶黨貪鄙、肅黨齷齪、貝勒黨浮薄、澤公受人撥弄。宗室覺羅、八旗世家互有分歧，各有打算。載灃處於各夥人勾心鬥角中，一會兒聽這邊的話，一會兒又信另一邊的主意，一會兒對兩邊全說好，過一會兒又全辦不了。弄得各夥人都不滿意他。

慈禧在的時候，有意不讓這些年輕人出來做事，不讓他們攬權，怕的就是這些年輕的王公貝勒們不懂事，亂辦事，招致非議。果然，這幫年輕人掌握實權之初也頗有做一番事業的架勢，都比較勤快，也小心謹慎，時間一長就暴露出了庸碌享受的本性來。清朝過了 260 多年，入關時叱吒風雲的龍子龍孫都退化了。政務那麼繁、問題那麼多，遠不如美味佳餚和歌舞美女有誘惑力。王公貴戚們很快沉浸在富貴鄉溫柔鄉裡了。

名利小人見狀，紛紛投機鑽營，聚攏在猖狂躁進的年輕宗室身邊，謀取功名利祿。內閣侍讀學士張翼原本在醇親王府飼馬，是兩代醇親王奕譞、載灃信任的人。袁世凱被罷官後，屬於袁黨的楊士驤為了自保，

向張翼大送賄賂。張翼大吹特吹楊士驤的功績，說服載灃對他網開一面。楊士驤保住了位置。張翼也不是好人，之前主管開平煤礦，竟將礦產變賣給英國人，輿論大嘩。朝廷也逼他去倫敦訴訟，要求贖回開平煤礦。載灃監國後，張翼仗著載灃的信任，顛倒黑白，吹噓自己「中外合辦」煤礦的功勞，還進一步將開平附近的唐山、西山、半壁店、馬家溝、無水莊、趙各莊、林西等處地脈相接的礦產以及秦皇島通商口岸附近土地，承平、建平等地金礦銀礦，都交給英國公司經營。河北士紳聯名反對，要求懲辦賣國賊張翼。載灃念舊，加上老福晉在一旁說張翼的好話，他非但沒有懲處張翼，還追認了張翼的賣國行為。清朝自辦礦務以來，開平周邊礦產獲利最多，最後竟然被英國人侵吞，有識之士莫不扼腕嘆息。

拉不上載灃這條線的人，就去拉其他親貴。沈幼嵐一直想透過慶親王奕劻得以升遷，但屢次求見皆被拒。同鄉的一個御史就笑著對他說：「奕劻之門不難進，只是需要巨賄方可。」沈幼嵐大悟，拿著兩萬兩銀票上門遞給慶親王看門人，並說：「這是小意思，聊為王爺買點果品。」看門人入報，奕劻馬上出中門迎接，沈幼嵐又喜又驚。告辭時，奕劻再親自送出門外。沈幼嵐更加吃驚，對人說：「金錢的魔力竟然有這麼巨大？」沒幾天，沈幼嵐就得到了升遷。

著名洋務分子盛宣懷在李鴻章死後，多年鬱鬱不得志。如今，盛宣懷賄賂載澤 60 萬兩白銀，謀得郵傳部尚書一職。載澤知道盛宣懷善於理財，將貪腐所得的百萬銀子委託他理財生利。盛宣懷大讚萍冶礦局的好處，慫恿載澤入股。載澤就用家當換來一紙股份。辛亥革命後，排滿風氣濃厚，盛宣懷將載澤的股份占為己有，載澤也不敢吱聲。

以上囉囉嗦嗦羅列了這麼多歷史的邊角料，可以證明《官場現形記》

一書的確是真實社會情形的反映，更可以證明晚清官場的腐朽沒落。一個以貪腐為能事，尸位素餐又不願意改革的朝廷，就只剩下被外力推翻一條道路可走了。

第四節
樊城鹽案

　　食鹽是每個人生活的必需品，因此中國古代王朝對鹽政非常重視。從西漢前期的「鹽鐵爭辯」開始，古代王朝就確立了「食鹽管制」的思想，將食鹽的生產和銷售置於國家控制之下。國家的管制有緊有鬆，到民國後期，國民政府對食鹽的政策是民製、民運、商銷，允許民間生產銷售食鹽，但是各個環節要向政府備案。政府不直接插手食鹽經營，其作用一方面是對食鹽生產的各個環節進行監管，防止「不法商人」造假牟利；一方面是建立「常平倉」，在食鹽供求失調的時候出面平抑價格，多買少賣。從理論上來說，這樣的制度設計是頗公正透明的。

　　我們來看看這項鹽政落實到地方後發生的一次慘案 —— 樊城鹽案，從中我們可以發現地方權力結構的複雜以及他們是如何分肥的。

　　首先，各地鹽政官府和官員，雖然在地方工作，但由中央直接任命，人事關係和財權都不在地方。他們組成一個獨立的系統，不受地方官府的指揮。因此，地方鹽政的權力結構相對比較簡單。

　　然而，鹽政官員也逃脫不了地方官的兩大特點。第一是，千里來做官，只為吃和穿。鹽政系統的相對獨立性，也為官員們的暗箱操作提供了諸多的便利之處 —— 比如，不受地方的橫向監管、參與分肥的人很少等等。第二大特點是，鹽政官員需要和地方商紳合作才能謀利。所有的官員上任之後，都面臨著人生地不熟的問題，都要面對一個全新的環境和在當地盤根錯節的胥吏階層，最終離不開地方勢力的合作。而地方勢力也習慣於把一批批的朝廷命官拉入自己陣營，推著他為大家謀利。具體到鹽政官員身上，就是他們要想從食鹽上謀利，吃上鹽政這碗飯，必須和大鹽商相互勾結。食鹽的生產和運輸的利潤薄，而且不是人人都能吃得上的（因為食鹽生產有很強的地域性），各地鹽政官員抓的基本是「銷售」的環節。民國後期鹽政制度名為開放和自由競爭，實際上是各地鹽政組織各大鹽業公司進行壟斷。鹽政官員將食鹽暗中撥給幾家大的鹽商銷售，然後從鹽商處收受好處。鹽商也樂於提供好處，來換取在當地的壟斷地位。

　　於是，這就形成了鹽政系統的第一輪分肥關係：鹽政官員和大鹽商，利用「壟斷銷售」和「高鹽價」兩大武器，從百姓身上剝削額外利潤，坐地分贓。

　　話說湖北襄樊地區不產鹽，所有的鹽都來自外地。當地鹽價很高，買鹽是當時普通家庭日常最重要的開支。一家人往往買半斤「官鹽」，用早已準備的毛巾或大布包回來，回家珍藏。精細的海鹽他們買不起，一般買的是劣質的岩鹽。有的貧困人家往往在石塊狀的鹽巴上繫一根細繩，炒菜煮湯時在鍋裡放一會兒就提起來，下次炒菜時再用。

　　民國時期的交通不發達，食鹽從產地運到襄樊很不容易。走漢江的話，得靠拉縴或合適的風，僅從漢口到樊城就要走一個多月。走陸路的

話，挑夫去宜昌進鹽，從襄陽到宜昌一個來回要走七八天。中間山高路險，很多鹽販客死他鄉。1946 年 2 月後，進入襄樊地區的食鹽日益減少，老百姓們吃鹽困難起來。價格開始猛漲。

根據法定制度，襄樊本地的鹽政機關「樊城常平鹽倉辦事處」（鹽務處）要開始銷售「常平鹽」，把常平倉裡儲存的官鹽低價投入市場，平抑鹽價，保證百姓用鹽需要。法定制度沒有對購買官鹽的人的身分提出任何限制，因此無論任何人都可以經營食鹽。但是鹽務處不會按照這個制度辦，他們既要保證第一輪分肥關係繼續有效，同時還想趁機牟取暴利。

於是，設在樊城的鹽務處規定，所有購買常平鹽的人都必須領取號碼單，再繳納稅款後換成正式的水程單，然後再憑水程單購買官鹽。其中的關鍵是水程單，人們稱之為「鹽條」。鹽務處自然不願意低價賣出官鹽，所以每天只發號碼單 200 張，限售食鹽 1,000 石。為了這每天 1,000石的低價官鹽，每天都有大量百姓去排隊搶鹽條，多數人提前到頭天夜裡就在鹽務處門前排隊了。即便如此，鹽務處勾結大鹽商，在隊伍中安插了許多托兒。這些托兒搶占了許多鹽條，低價購買官鹽後運到大鹽商那裡高價賣出。少數不法分子更是直接將官鹽買走後就坐地起價，釀成黑市。官方的牌價是每石食鹽 54,275 法幣，黑市每石 130,000 法幣。憑此，鹽務處和大鹽商不僅維持住了先前的分肥關係，還囤積居奇哄抬鹽價，額外賺了一筆。

搶到低價官鹽的希望是如此渺茫，但食鹽的市場價實在太高了，因此仍然有越來越多的百姓擁擠到鹽務處，希望能幸運地搶到鹽條。

樊城的鹽務處門口，每天都有排隊的人被擠傷。 1947 年 2 月上旬，每天購鹽增加到數千人。湖北 2 月是早春時節，天氣寒冷，尤其是深夜

更加寒冷。但是提前一天就在鹽務處門口守候的百姓們哆嗦著身子，人擠著人相互取暖，不願意離去。面對越聚越多的百姓，鹽務處長吳紳道聽之任之，毫無應對之策。

2 月 17 日凌晨，守候在鹽務處門口等著發放「鹽條」的人超過了萬人。吳紳道派鹽警彈壓，用木棍、皮帶毆打百姓，希望能驅散部分人群，但是沒有效果。8 點半，鹽務處開始發單，人群如潮水般向前擁擠。結果發生了嚴重踩踏事件，當場死亡 6 人，重傷 11 人，輕傷 4 人。這就是樊城鹽案。輿論大嘩，要求調查慘劇、處理相關責任人。

襄陽縣長指定樊城鎮鹽業公會理事長張鵬雲、商會會長鄭雲亭、鎮長趙曙、鎮民代表會主席郤則三等地方官紳組成委員會，辦理善後。這就為地方士紳插手鹽政開啟了大門，展開了第二輪的權為分肥。

吳紳道的鹽務處長是由國民黨中央黨務機關任命的，善後委員會並不能剝奪他的權力。但是善後委員會挾民憤、據縣長之命，有加害吳紳道和鹽務處的能力 —— 事情鬧大了，恐怕更高的鹽政機關就要出面查辦了。所以，吳紳道對善後委員會很買帳。他的態度很明確：「他們為買鹽而死，我賣點小鹽給他們了事。」也就是說，吳紳道明確表示願意讓出部分利益，分配給地方。他先拿出 1,700 石食鹽。其中 1,000 石送給張鵬雲、趙曙、郤則三及當地軍統特務，700 石委託張鵬雲向襄陽專員行署、襄陽地方法院、襄陽縣政府等處請客行賄。算是對之前沒有地方人士參與食鹽利潤的一種補償，爭取地方政府的支持。

吳紳道的態度很受地方政府歡迎，但後者覺得吳紳道應該「吐」出更多的「血」來。於是，張鵬雲、趙曙、郤則三又逼吳紳道拿出 500 石食鹽，說是要「撫卹死者家屬」。此外，善後委員會還利用輿論敲吳紳道竹槓，逼他加大官鹽發放幅度。而這多放出來的官鹽，都落入了地方士

紳和大鹽商的腰包。善後委員會對之前死抱著鹽務處的大腿，沒有和地方官府搞好關係的大鹽商們也沒有放過，以慘案名義從鹽商處「募捐」食鹽 2,500 石，一共變價 2,500 萬法幣。

凡此種種，善後委員會一共收入數千萬元法幣。其中有多少真正用來「善後」呢？趙曙負責撫卹死亡家屬，給死者每戶 200 萬法幣，損傷每人 50 萬醫療費。家屬不滿，紛紛上告。趙曙又給死者家屬每戶增加了 19 萬，告誡每戶：「莫告我了。」總計發放撫卹金 1,864 萬法幣，其餘金錢和食鹽都被善後委員會和相關人員私分。

這就是地方官紳利用樊城鹽案，對鹽政進行的第二輪利益分配。在這一次分肥中，失利的是被敲竹槓的吳紳道和大鹽商們，也有痛失親人的慘案受害者們。不過前者是主動「放血」，以期平息民憤，後者則是實實在在被矇蔽、被欺凌的群體。

按說，事情到此為止了。但樊城鹽案的曲折之處就在於，善後委員會的「善後工作」遭到了當地大批官紳的斥責，非但沒有善後下去，反而民情進一步憤怒。是當地的官紳們正義感強烈，還是別的原因呢？原來，第二輪權力分肥的範圍畢竟有限，很多官紳並沒有撈到油水。這些眼紅的地方官紳馬上「為民申冤」，對吳紳道和善後委員會形成了巨大的社會輿論。實質上是要求進行第三輪權力分肥。有錢大家賺，不能少數人獨吞！

不過，這些地方官紳並不能對吳紳道、對善後委員會的諸公造成威脅，更談不上侵犯他們的權力了，所以吳紳道也好，善後委員會也好，都拒絕進行第三輪分肥。「你們瞎嚷嚷，能奈我何，憑什麼讓我掏錢！」事態僵持了起來。

不久，樊城鎮鎮民代表會第二屆第二次會議召開，沒撈到油水的官

紳致函各機關團體，要求懲辦肇事元凶。襄陽地方法院迫於輿論，不得不蒐集證據，對吳紳道提出公訴。但法院相關人員參與了第二輪分肥了，早拿了賄賂。結果吳紳道被宣判無罪。其實，上告的官紳們也知道吳紳道會安然無事。不過就在他們義憤填膺前後，鎮民代表會隆重召開。善後委負會諸人在民意會議上節節敗退，而「申冤」的那些人都在百姓面前出盡了風頭，撈到了足夠的曝光率，在另外一個分肥場合中大獲全勝了。等會議閉幕了，「申冤」的地方官紳也達到了拉票的目的，不再為民做主了。樊城鹽案突然偃旗拍案：小說和筆記中的息鼓，最終不了了之了。

　　地方官紳們到底還是利用慘案，實現了第三輪分肥。獲利的是那些挾持民意自肥的官紳們，失利的還是一再失利的平頭老百姓。

後記

感謝閱讀本書。

有關官府運作以及仕途生涯，自古以來都是街談巷議的話題。那麼，古代衙門中人是如何工作和生活，又享受哪些待遇呢？進而，從古代官員的職場經歷中，我們能發現中國歷史哪些規律性的東西呢？本書就是梳理這些問題的通俗讀物。

中國古代發展出了完備的、歷史悠久、超級穩定的官僚制度，堪稱世界之最。很多朝代更替，與其說是王朝興替，倒不如說是「換皇帝不換官僚」——皇室家族變了，官僚制度雷打不動。其中可說、可寫的內容很多。本書只書寫了我熟悉或者我能想到的內容。如今，書稿已經殺青了，我再補充兩點感想：

縱觀中國歷史，做官往往帶有很現實的、功利的目的，少有將做官作為事業的人，多是將做官作為職業的人。雖然士大夫們平日裡高喊「齊家治國平天下」，但在實踐中主要把心思放在了「家」上，很少有人去管「國」，關心「天下興亡」的就更少了。很多人從年幼讀書的時候，就抱著功利的目的，讀書不是為了追求文化傳承、完善思考和精神享受，而是為了當官發財。從漢武帝設立太學開始，讀書入仕制度在中國萌芽。「自武帝立《五經》博士，開弟子員，設科射策，勸以官祿，訖於元始，百有餘年，傳業者浸盛，支葉蕃滋，一經說至百餘萬言，大師眾至千餘人，蓋祿利之路然也。」（《漢書·儒赫傳》）讀書、當官、祿利三者被畫上了等號，因此就可以解釋士大夫們和古代官場上諸多匪夷所思的言行。

　　具體到官僚個體，仕途遊宦生涯可能是一個不斷被「敲打」，不斷妥協，心態趨於平淡、為人處世圓滑的過程。人生是一系列接踵而來的妥協，官僚的職業生涯更是如此。比如，古代人所受的教育和官場實踐嚴重脫節，理想和抱負更是不受衙門世界待見，他們踏入官場後發現日常主要工作除了迎親送往，就是徵稅收糧，談不上高尚或者重要。這就需要他們調適心態，適應衙門工作。唐朝文豪白居易就一邊狠下心來收稅，一邊又寫下不少充滿悲憫之情的詩歌。如〈納粟〉一詩：「有吏夜叩門，高聲催納粟。家人不待曉，場上張燈燭。揚簸淨如珠，一車三十斛。猶憂納不中，鞭責及僮僕。昔餘謬從事，內愧才不足。連授四命官，坐屍十年祿。常聞古人語，損益周必復。今日諒甘心，還他太倉谷。」其他人怎麼完成從「民」到「官」的思想轉變，就不得而知了。又比如，有個叫宋成勛的學官撰聯云：「宦海風波，不到藻芹池上；皇朝雨露，微沾苜蓿盤中。」「藻芹池」指的是官學，「苜蓿盤」說的是學官的清苦生活，這副對聯反映了作者生活雖然有些清苦，卻平靜而滿足。從州縣到中央國子監的官辦學校中的官職，是典型的冷官、清官。宋成勛能夠調整心態、滿足現狀，殊為不易。畢竟，歷史上有多少官員因不滿足現狀而鑽營苟求啊？

　　在本書中，正史與小說、典故與白話、權力鬥爭和制度變遷、政治史和社會史並肩而立，讀者們可能穿梭在達官顯貴、下僚小吏、落第士人、隱士僧侶甚至市井小民中間，徜徉在不同的朝代和林林總總的衙門之間。

　　傳說和正史一樣得到了認真的對待，登堂入室，在本書中占有突出的地位──因為我相信，所有文字都指向事實，它們不是寫作者個人思想的反映，就是社會現實的寫照。透過口耳相傳的故事甚至純虛構的小

說，我們同樣能夠透過塵埃，觸碰到當時、當地的現實。

書中的絕大多數觀點、論據和故事，是我近幾年讀書、寫作中累積下來的。在寫《泛權力》的時候，我就「剩餘」了不少的資料，之後在將近一年的時間裡我又蒐羅、閱讀了不少史料，結合平日的思考，寫作了本書。其中的多數參考文獻，我已經附錄說明了。同時，我參考、引用了一些網路資料，其中民國李定夷著的《民國趣史》是網路文字；署名「莆陽老山」的部落格中有一系列〈莆陽名臣譜〉的文章，我在寫作過程中多有參考；網路上《古代官員退休後也做「房奴」》、趙海永的網路論文〈論清官文化對我國憲政文化產生與發展的阻礙〉和中國網〈「四善二十七最」：古代官員如何考核？〉（此文注明來源《香港文匯報》）等文也是相關章節的重要參考文獻。在此，對所有前人的辛勤勞動表示感謝。

本書所寫雖屬筆者潛心研究的政治制度史範疇，但由於筆者並非歷史科班出身，書中在史料遴選、觀點闡述上難免存在差錯，歡迎大家批評指正。

我要感謝所有為本書的出版付出心血與汗水的同行們。

謝謝大家！

張程

附錄：清代官職表

品級	中央官職		地方官職		文官年俸
	文官	武官	文官	武官	
正一品	太師、太傅、太保殿閣大學士	領侍衛內大臣 掌鑾儀衛事大臣			銀 180 兩 米 180 斛
從一品	協辦大學士 尚書 都察院右都御史 都察院左都御史	步軍統領		將軍 都統 提督	
正二品	侍郎 內務府總管大臣	統領	總督	總兵 副都統	銀 155 兩 米 155 斛
從二品	內閣學士 翰林院掌院學士	散秩大臣	巡撫 布政使	副將	
正三品	都察院右副都御史 都察院左副都御史 通政使 宗人府丞 大理寺卿 太常寺卿 詹事府詹事	一等侍衛 參領 陵寢總管大臣 圍場總管大臣 城守尉	按察使 順天府府尹 奉天府府尹	參將	銀 130 兩 米 130 斛

從三品	光祿寺卿 太僕寺卿	參領	鹽運使	游擊	
正四品	鴻臚寺卿 通政副使 大理寺少卿 太常寺少卿 太僕寺少卿 詹事府少詹事	二等侍衛 副參領	道臺 順天府丞 奉天府丞	都司	銀 105 兩 米 105 斛
從四品	翰林院侍讀學士 翰林院侍講學士 國子監祭酒 內閣侍讀學士	城門領	知府		
正五品	六科給事中 郎中 通政司參議 光祿寺少卿	三等侍衛 步軍校	同知 直隸州知州	守備	銀 80 兩 米 80 斛
從五品	御史 翰林院侍讀 翰林院侍講 員外郎 鴻臚寺少卿	四等侍衛	知州 鹽運副使	千總	
正六品	國子監司業 內閣侍讀 主事 都察院經歷 宗人府經歷 理藩院教習	藍翎侍衛 親軍校 前鋒校 護軍校 驍騎校 委署步軍校	通判 京縣知縣	千總	銀 60 兩 米 60 斛
從六品	翰林院修撰		州同 布政司經歷	千總	

正七品	內閣中書 翰林院編修 通政司經歷 各部寺司庫 筆帖式	城門吏	知縣 儒學教授 京縣縣丞 按察司經歷	把總	銀 45 兩 米 45 斛
從七品	翰林院檢討 國子監博士 國子監助教		州判 京府經歷 鹽運司經歷		
正八品	太醫院御醫 國子監學正 筆帖式 翰林院五經博士		府經歷 縣丞 儒學學正 儒學教諭	外委 千總	銀 40 兩 米 40 斛
從八品	翰林院典簿 國子監典簿	委署親軍校 委署前鋒校 委署護軍校 委署驍騎校	儒學訓導		
正九品	筆帖式 禮部大使	藍翎長	主簿	外委 把總	銀 33 兩 1 錢 米 33 斛 1 斗
從九品	翰林院待詔 國子監典籍 欽天監博士 司獄		巡檢		銀 31 兩 5 錢 米 31 斛 5 斗
不入流	翰林院孔目 各部寺庫使 崇文門副使 無頂戴筆帖式		典史 驛丞 河泊所所官 鹽茶大使 倉大使 茶引批驗所大使		

本表以陳茂同著《中國歷代職官沿革史》為主要依據，結合清朝相關人物經歷編制而成。表中官職為比較常見或者讀者可能感興趣的官職，沒有包括全部官職。封爵、差遣和清朝入關前及清末官制改革後的職位也不包括在內。

1. 清代官員的俸祿比較複雜，不僅文官和武官不同，官和爵也不同，此外在俸銀之外還有祿米。此處就以占官員隊伍大多數的文官的法定俸銀為例說明。雍正時期考慮京官清苦，特支雙俸（米除外），稱「恩俸」；同時發放「養廉銀」給文官，數額大大高於正俸。其中總督13,000-20,000兩，巡撫10,000-15,000兩，布政使5,000-9,000兩，按察使3,000-8,444兩，道員1,500-6,000兩，知府800-4,000兩，知州500-2,000兩，知縣400-2,000兩。武官的薪資收入中，雖然俸銀普遍低於文官，但武官可以支取薪銀、蔬菜燭炭銀、燈紅紙張銀等名目繁多的款項，但是武官的養廉銀要遠少於文官。（以上比較都不考慮「薪資外收入」。）

2. 步軍統領俗稱「九門提督」，負責北京城內外九座城門的守衛，還負責巡夜、救火、編查保甲、禁令、緝捕、斷獄等，是事實上的禁軍統領。

3. 都統是八旗制度下的官職，起初是一旗的最高軍政長官，清朝入關後改為駐防八旗的最高長官。清朝在有些重要的駐兵地點設定將軍，比如杭州將軍、廣州將軍，沒有設定將軍的地方保留都統。都統除掌駐防旗營軍政事務外，並兼管駐防地區的民政事務，比如察哈爾都統、熱河都統、山海關副都統等。將軍和都統名義上直轄中央，不屬於地方官職，但在實踐中被視同為地方官。同品級的提督則是綠營（漢族軍隊）的最高指揮官。

4. 清代總督一般有許多「加銜」，品級普遍上升為一品。比如「都察院右都御史」例行為總督的兼職，使得總督擁有了彈劾權，品級也就上升為了從一品；重要地區的總督還兼任「兵部尚書」，擁有轄區內調兵遣將的實權，品級自然也升了一級；還有一些資歷深的總督，頂著「內閣大學士」的頭銜總督地方，品級就升為了正一品。請看下面的頭銜：「都察院右都御史、兵部尚書，總督兩江等處地方提督軍務糧餉兼巡撫事而管鹽政操江，轄南河事務」。這是一個兼任右都御史、兵部尚書的兩江總督的頭銜，同時還督管巡撫、鹽政、江防和河道事務，品級自然不是從二品可比了。沒有加銜和兼職的總督極少，他們被稱為「白紙總督」或者「單車總督」，意思是實權小、不頂事。

5. 清代巡撫和總督一樣，擁有諸多加銜，比如都察院右副都御史、兵部侍郎等，普遍上升為正二品。

6. 順天府尹實質上是一個知府，但管理首都北京的政務和治安，並且可以插手中央各部的政務（比如受理各地百姓的訴狀、參加重要案件的會審，在實質上剝奪了刑部的部分權力）。另外，順天府尹是唯一一個可以直接上朝面聖的知府，因此品級遠高於一般的知府。同樣，奉天府尹管轄清朝「龍興之地」奉天（瀋陽）的政務，品級也升為正三品。地方官職由此分為「京縣」（順天、奉天下屬各縣）和「外縣」兩種，京縣官職遠高於外縣官職。

7. 府級領導團隊有知府、同知、通判等。府略相當於古代的郡，由於好古，讀書人都雅稱知府為太守、郡守。

8. 清代在「縣」之外有「州」的行政區劃，州分為直隸州和散州。其中直隸州直屬各省，為統治人口多、事務雜繁的地方，在編制上直隸

州與「府」等級相同，可以下轄正常的縣，領導團隊有知州、州同、州判等。散州與「縣」相等。

9. 清代都察院、通政使司、布政使司、按察使司等部門設定經歷，職掌出納文書。

10. 理藩院是處理邊疆少數民族和外交事務衙門，是古代朝貢體系的主要負責機構（另一個重要機構是禮部）。少數民族和外國使節來京面聖，需要有人教導他們禮儀，就產生了「教習」。類似地，還需要翻譯，也就是「通事」。清代，朝廷專設「朝鮮通事」，負責朝鮮來華使團的翻譯，也是正六品。

11. 州同是知州的佐官。屬於直隸州的相當於同知；屬於散州的則與州判分掌督糧、捕盜、海防、江防、水利諸事。

12. 清朝在中央各部門中設定了大量筆帖式，翻譯滿漢文字、記錄檔案文書等。筆帖式只能由滿族人出任，各部挑選滿族中熟悉滿漢文字的年輕人擔任。筆帖式一般為七、八、九品，升遷較為容易、速度較快，被稱為「八旗出身之路」。

13. 縣級領導團隊有知縣、縣丞、主簿、巡檢、典史等。表中未入流的官員都是縣裡的基層官員。

14. 與現代相似，這裡的「大使」也是處理外交事務的。外國朝貢使者來京，要入住專門的官方旅館。旅館的負責人就是大使，大使們除了安排使團的住宿吃穿，還要帶領他們去各個衙門、參加各項活動。

從科舉到青樓，你不知道的「衙門」野史：

官員腐敗定律 × 終南捷徑探析 ×「官本位」病態現象 × 文學作品暗喻……從衙門看進官場，最寫實也最荒謬的仕途寫照！

作　　　者：張程
發 行 人：黃振庭
出 版 者：崧燁文化事業有限公司
發 行 者：崧燁文化事業有限公司
E - m a i l：sonbookservice@gmail.
　　　　　　com
粉 絲 頁：https://www.facebook.
　　　　　　com/sonbookss/
網　　　址：https://sonbook.net/
地　　　址：台北市中正區重慶南路一段
　　　　　　61 號 8 樓
8F., No.61, Sec. 1, Chongqing S. Rd.,
Zhongzheng Dist., Taipei City 100, Taiwan

電　　　話：(02)2370-3310
傳　　　真：(02)2388-1990
印　　　刷：京峯數位服務有限公司
律 師 顧 問：廣華律師事務所 張珮琦律師

定　　　價：450 元
發 行 日 期：2024 年 07 月第一版
◎本書以 POD 印製

國家圖書館出版品預行編目資料

從科舉到青樓，你不知道的「衙
門」野史：官員腐敗定律 × 終南
捷徑探析 ×「官本位」病態現象
× 文學作品暗喻……從衙門看進官
場，最寫實也最荒謬的仕途寫照！ /
張程 著 . -- 第一版 . -- 臺北市：崧燁
文化事業有限公司 , 2024.07
面；　公分
POD 版
ISBN 978-626-394-520-3(平裝)
1.CST: 官制 2.CST: 中國政治制度
3.CST: 通俗史話
573.41　113009755

電子書購買

爽讀 APP

臉書